以下项目资助出版：

高职创新创业孵化基地建设研究与实践（湖北省"十三五"规划）

高职院校创新创业教育教学质量评价体系研究（湖北省"十三五"规划重点）

职业技能竞赛促推人才培养模式改革研究（湖北省"十三五"规划重点）

高职创新创业教育"五育"体系研究与实践（省教育科学规划）

高职创新创业教育"五育"体系研究与实践

■ 罗星海　著

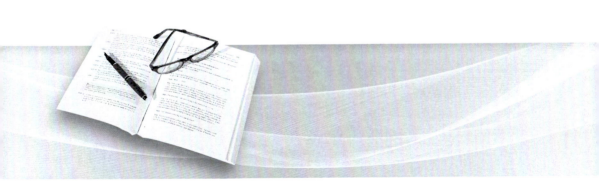

WUHAN UNIVERSITY PRESS

武汉大学出版社

图书在版编目(CIP)数据

高职创新创业教育"五育"体系研究与实践/罗星海著.—武汉:武汉大学出版社,2021.8

ISBN 978-7-307-22329-5

Ⅰ.高… Ⅱ.罗… Ⅲ.高等职业教育—创造教育—研究 Ⅳ.G717.38

中国版本图书馆 CIP 数据核字(2021)第 087911 号

责任编辑:沈继侠　　　责任校对:李孟潇　　　整体设计:韩闻锦

出版发行:**武汉大学出版社**　　(430072　武昌　珞珈山)

(电子邮箱:cbs22@whu.edu.cn　网址:www.wdp.whu.edu.cn)

印刷:武汉邮科印务有限公司

开本:720×1000　1/16　印张:15.25　字数:274 千字　插页:1

版次:2021 年 8 月第 1 版　　2021 年 8 月第 1 次印刷

ISBN 978-7-307-22329-5　　定价:48.00 元

前　言

　　创新创业教育是融合创新教育和创业教育的一体化教育活动，既注重培养学生的创新意识、创新思维和创新能力，也注重培养学生的创业实践兴趣，强化创新思维和创新方法的训练，使学生具有尊重权威但不迷信权威、尊重实际但不拘泥于实际的创新创业的勇气。

　　习近平总书记指出"抓创新就是抓发展，谋创新就是谋未来"。我国将进入全面建设社会主义现代化国家的新时代，创新位于现代化建设全局中的核心地位。贯彻"创新、协调、绿色、开放、共享"发展新理念，实施科教兴国战略、人才强国战略、可持续发展战略、创新驱动发展战略，加快建设创新型国家，推动经济转型提质增效升级，以创新推动质量变革、效率变革、动力变革，实现更高质量、更有效率、更可持续发展。创新驱动高质量发展，迫切需要高职加强创新创业教育，培养高质量创新型技术技能人才，为全面建设社会主义现代化国家提供人才支撑。加强高职创新创业教育，是服务国家战略、促进经济提质增效升级的迫切需要，是推动大众创业、万众创新的应然选择，是培养高职学生创新精神和实践能力的重要途径，是推进高等职业教育改革、促进高职毕业生更高质量创业就业的重要举措，高职创新创业教育意义重大。

　　高职创新创业教育经过近 20 年的发展，取得了一定的理论研究和实践探索成果，但高职创新创业教育与发展要求不适应、教育体系不健全、学生培养不系统等问题依然突出。为了不断提高学生就业创业质量，提升人才培养质量，高职院校高度重视创新创业教育，需要对高职创新创业教育做系统研究。笔者从 2002 年就开始关注创新创业教育研究，发表了《创新教育对教师的素质要求》《高职院校开展创新教育活动的实践与思考》等论文。2007 年，笔者参与了湖北省交通厅《高职院校职业指导和创业教育研究》立项研究与实践，并相继主持与参与了《高职创新创业孵化基地建设研究与实践》(湖北省"十三五"规划)、《职业技能竞赛促推人才培养模式改革研究》(湖北省"十三五"规划重点)、《高职院校创新创业教育教学质量评价体系研究研究》(省"十三五"规划重点课题)、《高职创新创业教育"五育"体系研究与实践》(省教育科学规划)4

1

项课题研究。笔者致力于积极营造创新创业文化氛围，创建课程体系，强化项目实战，搭建教育平台，实施评价激励。经过 14 年的探索与实践，笔者系统构建了"文化导育、课程全育、项目训育、平台保育、评价促育"培养体系，逐步形成了"四全发力、五育并举"的系统化创新创业培养实施方案，体现了职业性、综合性、系统性、创新性，并着力提升高职学生人才培养质量，提升职业院校的核心竞争力，为高职院校可持续、高质量发展奠定了基础。

　　本书对高职创新创业教育内涵进行了研究界定，从理论、历史、时代、战略、政策、经济、教育七个方面全面分析了高职创新创业教育背景，按历史发展脉络系统梳理了高职创新创业教育的发展历程，共分为五个阶段：高职复苏发展时期的无自觉意识阶段，高职加速发展时期的创新创业教育朦胧觉醒、孕育启蒙阶段，高职跨越式发展时期的创新创业教育逐步参与、学习探索阶段，高职特色科学创新发展时期的创新创业教育主动适应、改革创新阶段，高职高质量发展新时代的逐步完善、提高质量阶段。在调研的基础上分析了高职创新创业教育发展现状，深入分析了高职创新创业教育存在的问题及原因。以五个专题重点对"文化导育""课程全育""项目训育""平台保育"评价促育"体系进行了深入研究，系统构建了创新创业物质文化、制度文化、特色文化、精神文化"四位一体"文化导育生态体系；多层次、层递进、立体化"三维立体化"创新创业课程全育体系；基础培训、能力提升、创业实践"三阶多维"的创新创业教育项目训育体系；"九平台、四保障"的创新创业教育平台保育体系；"过程+结果"闭环式创新创业教育评价促育体系。以笔者所在学院近 14 年的创新创业教育实践为基础，总结了实施创新创业教育的成效，列出了部分典型案例。最后，根据研究，本书提出了创新创业教育发展的十大趋势。本书的研究内容取得的理论与实践成果，可供教育主管部门决策参考，为高职院校有效开展创新创业教育提供理论与实践参考。

　　本书在撰写过程中得到了课题组同志的大力支持，对部分内容提出了很好的意见，在此表示感谢。由于作者的研究水平与能力有限，书中存在不足之处，诚请读者批评指正。

目　　录

第一章 高职创新创业教育背景与历程

第一节 高职创新创业教育内涵界定

创新与创业伴随着人类历史发展而从未停止，永无止境。创新创业教育随着知识经济地位的凸显从 20 世纪末逐步得到重视。《辞海》中对"创新"与"创业"的定义为，创新是抛开旧的，创造新的；创业是创立基业。创新教育是产生于 20 世纪 90 年代的一种教育思想，主张教育以培养创新型人才为目标，着力促进人的创新精神和创新能力的发展。创业教育是培养人的创业意识、创业精神、创业素质、创业技能，以提高其适应社会生存和自主创业能力的教育活动。创新创业教育是创新引领发展的知识经济新时代的一种教育理念和教育形式，是创新教育和创业教育相互交融的新型教育模式。对创新教育、创业教育、创新创业教育，不同的学者有不同的理解。

创新教育。创新教育是一种新的教育思想，学者对其的理解有共同点也有不同侧重点。学者张立昌在《创新·教育创新·创新教育》中提出：创新教育是指利用遗传与环境的积极影响，发挥教育的主导作用，充分调动学生认识与实践的主观能动性，注重学生的主体创新意识、创新精神、创新技能的唤醒和开发培育，形成创新人格，以适应未来社会需要和满足学生主体充分发展的教育。[1]其强调遗传与环境影响和教育的主导作用。学者游永恒在《创新教育的基本特征》中提出：创新教育应以培养学生的创新精神和创新能力为教育目标，使学生对自己的能力自信，行动上独立，能较好地调控自己的情绪，成就动机水平高，善于自我激励，具有高度的挫折容忍力，不盲从，喜欢用自己的观点来判断问题，对事物有持久的探究欲，有幽默感等。[2]从教育目标和学生创新素质培养来理解。学者吴华在《创新教育与教育创新》中提出：创新教育是随知识经济兴起而出现的一种新的教育理念，要求教育以创造为本位，培养学生的创新意识、创新能力、创新人格。[3]从适应社会发展和教育本位来理解。

1

创业教育。创业教育是相对守业教育而言，守业教育则是指以保守的教育思想为指导，以注重传统和维护现有秩序为其宗旨的教育活动。创业教育具有广义和狭义之分。就广义而言，创业教育指以激发学生创业意识、培养与开发学生创业素质与能力为核心，以培养可能的未来企业家为最高目标的教育。就狭义而言，创业教育即指创业培训，以培养自主创业、自谋职业的小老板为唯一目标，通过培训为受训者提供创业所需的知识、技能、技巧和资源，使其能开创自己的事业。创业教育强调教育应注重培养受教育者的创业意识、创业心理品质、创业能力和创业知识结构。这是相对得到大家认可的理解。也有学者如学者张平在《创业教育：高等教育改革的价值取向》中提出：创业教育是指开发和提高青少年的创业精神和创业能力，培养未来企业家的教育思想与教育实践，是相对就业教育而言的一种教育理念，一种教育模式。[4]创业教育就是培养学生具备创业意识、创业精神和创业能力的教育。

创新创业教育。创新与创业关系密切，创新侧重于思维，创业侧重于实践，他们相互交融，互相促进，创业教育需要创新教育提供思想、方法和成果，创新教育需要创业教育提供实践、检验和动力。创新创业是一个非常有必要统一实施的教育活动。学者高晓杰在《创新创业教育——培养新时代事业的开拓者》中提出：创新创业教育是知识经济时代的一种教育观念和教育形式。[5]学者吴泽俊在《高校创新创业教育及其启示》中提出：创新创业教育目标是培养具有创新创业意识、创新创业思维、创新创业能力和创新创业人格的高素质的新型人才。[6]国内学界关于创新创业教育内涵有三种不够全面的理解：一是将创新创业教育等同于创新教育；二是将创新创业教育等同于创业教育；三是将创新创业教育理解为创新教育与创业教育的结合。

我们认为，创新创业教育是融合创新教育和创业教育的一种一体化实施的教育活动，既注重培养学生的创新意识、思维和能力，也注重培养学生的创业实践兴趣、方法和能力，强化创新思维和创新方法的训练，让学生养成尊重权威但不迷信权威、尊重实际但不拘泥于实际的勇气品格。1991年，东京创业创新教育国际会议从广义上界定创新创业教育是"培养最具有开创性个性的人，包括首创精神、冒险精神、创业能力、独立工作能力以及技术、社交和管理技能的培养"。[7]教育部关于大力推进高等学校创新创业教育和大学生自主创业工作的意见（教办〔2010〕3号）中界定为"创新创业教育是适应经济社会和国家发展战略需要而产生的一种教学理念与模式"。[8]从狭义来说，高职创新创业教育是面向全体高职学生及有创业意愿的社会群体，以创新创业基本素质和开创型个性培养为目标，以创新创业意识、精神、能力培养为主线，分阶段分层次地进行创新思维培养和创业能力锻炼的一种实用教育。高职创新创业教育本质内涵应是培养学生的创新创业精神、创新创业意识、创新创业能力、创新创业品格。主要内涵有以下几方面：

就总体而言，是根据教育学和创造学的基本原理，培养和提高人的创新创业意识、精神、素质、能力，塑造创新创业品格的教育活动。

就对象而言，是面向全体高职学生及有创业意愿的社会群体。高职社会服务功能决定了创新创业教育对象应该包括有意愿的社会群体。

就目标而言，是以培养具有创新创业基本素质和开创型个性品质，形成基本的创新创业素质。不仅培育在校学生的创业意识、创新精神、创新创业能力，而且面向全社会，针对不同社会群体，分阶段分层次开展创新思维培养和创业能力育训。

就价值取向而言，是以适应经济社会和国家发展战略需要、培养创新创业型人才的新教育思想和教育理念。

就目的而言，不以创办企业或公司为目的，而以面向全体学生将创新创业教育融入人才培养全过程，使教育对象学会学习、学会生存、学会创造，具有强烈的创新创业意识，提高适应创新型国家建设需要为目的。

就内容而言，包括创新创业知识的传授、思维的训练、意识的培植、素质技能的培养、心理品质的锤炼。

就创新与创业关系而言，创新是创业的源泉、灵魂和核心，创新是创业的实现基础，创业是创新的现实呈现，创业的本质是创新和创造，创新创业必须是一体化教育。既要开发和培养其创新精神和创造性思维，又要培养和提高其创业意识、创业基本技能和实践能力，着力培养创新创业综合素质和能力。

就方法途径而言，创新创业知识经验靠传授，创新创业精神意识靠培养，创新创业心理品质靠锤炼，创新创业思维技能靠训练。通过完善培养质量标准、创新培养机制、健全课程体系、改进教学方法和考核方式、强化实践训练、改革管理制度、加强教师能力建设、强化学生指导服务、完善资金支持和政策保障体系，建立健全"课堂教学、自主学习、实践训练、指导帮扶、文化引领"[9]的高职创新创业教育体系，不断深化高职创新创业教育改革。

第二节　高职创新创业教育的背景

"创新是一个民族进步的灵魂，是一个国家兴旺发达的不竭动力，是引领发展的第一动力"。建设富强、民主、文明、和谐、美丽的社会主义现代化强国，实现中华民族伟大复兴中国梦，必须建设现代化经济体系，必须贯彻"创新、协调、绿色、开放、共享"发展新理念，实施创新驱动发展战略，大踏步建设创新型国家。目前，"大众创业、万众创新"业已成为全社会共识，全国上下正在《国务院关于推动创新创业高质量发展打造"双创"升级版的意见》（国发〔2018〕32号）指导下，推动创新创业高质量发展、打造"双创"升级版。国务院《关于深化高等学校创新创业教育改革的实施意见》要求高校不断深化创新创业教育改革，普通本科院校创新创业教育正如火如荼，高等职业院校（以下简称"高职"）以立德树人为根本，以服务发展为宗旨，以创新创业促进就业，持续开展创新创业教育。加强高职创新创业教育，是服务国家战略、促进经济提质增效升级的迫切需要，是推动大众创业、万众创新的应然选择，是培养高职学生创新精神和实践能力的重要途径，是推进高等职业教育改革、促进高职毕业生更高质量创业就业的重要举措，高职创新创业教育意义重大，有其产生和发展的必然背景。

一、理论背景：理论支撑创新创业教育

职业教育理论。职业教育主要是指给予学生从事某种生产劳动所需要的知识技能教育。广义上讲，职业教育泛指一切能给人们提供帮助的职业知识和技能，培养人们的职业态度，使人们能顺利从事某种职业的教育活动。狭义上讲，职业教育指为年轻人进入劳动力市场前所进行的初始职业教育和为那些在职或下岗转岗的成年人进行的继续职业培训。其目的用我国近现代著名活动家和教育家黄炎培的概括：一为谋个人之发展；二为个人谋生之准备；三为个人服务社会之准备；四为国家及世界增进生产力之准备。其主要特点：一是培养有一技之长的综合素质的职业劳动者；二是培养在一线工作的技术技能型人才；三是培养出来的人才分成初等、中等、高等三个层次，以满足社会对不同层次人才的需要。[10]

创造学理论。其主要是研究人类的创造能力、创造发明过程及其规律的科学，兴起于20世纪中期，以创造发明为研究对象，主要任务是：揭示人类创造活动的规律，总结创造能力的培养途径，探索创造发明的方法，研究创造活动的组织和创造环境的形成，开发创造功能，以促进人们的创造性思维活动，提高创造发明的效率，推动整个社会的智力开发。

创业学理论。其主要是研究自主创业过程与基本技能并揭示创业一般规律的学科。主要内容包括市场创意与定位，创业计划书，创业融资，创业的财务计划与管理，创业的营销计划与管理，创业团队与人力资源管理，新创企业在成长和扩展中的管理及企业的终止与重组，创业的法律问题和创业与公关等。

创新创业教育理论。创新创业教育是根据教育学和创造学的基本原理，培养和提高人的创新精神和创业能力的教育活动，以形成创新创业基本素养为目标，注重开创性个性发展，增强大学生以自主创新为核心的创业理念，是以培养创新创业型人才为价值取向的新教育思想和教育理念。创新创业教育目标是培养具有开创性的个性，形成大学生基本的创新创业素质。创新创业教育内容包括创新思维的训练、创业意识的培养、创业知识的传授、创新创业能力的培养及创新创业心理品质的培养。在创新创业教育中，创业知识靠传授；创新精神、创业意识靠培养；创新创业心理品质靠锤炼；创新思维、创新技能、创新能力、创业能力靠训练，具体内容涉及创新创业教育的方法和途径。

各级文件政策理论。为适应经济社会转型发展，创新创业成为推动发展的根本动力，创新创业教育成为必然要求，自 1997 年至今，从国家顶层会议、规划到部门制度规范，为推动创新创业教育，印发了一系列文件，如：《教育部关于大力推进高等学校创新创业教育和大学生自主创业工作的意见》（教办〔2010〕3 号）、《教育部办公厅关于印发〈普通本科学校创业教育教学基本要求（试行）〉的通知》（教高厅〔2012〕4 号）、《国务院办公厅关于深化高等学校创新创业教育改革的实施意见》（国办发〔2015〕36 号）、《关于深化体制机制改革加快实施创新驱动发展战略的若干意见》（中发〔2015〕8 号）、《国务院关于大力推进大众创业万众创新若干政策措施的意见》（国发〔2015〕32 号）、《关于深化人才发展体制机制改革的意见》（中发〔2016〕9 号）；2016 年中共中央、国务院印发了《国家创新驱动发展战略纲要》《国务院关于推动创新创业高质量发展打造"双创"升级版的意见》（国发〔2018〕32 号）等系列政策文件，为创新创业教育研究与实践提供了丰富的政策理论。

二、历史背景：历史催生创新创业教育

人类历史发展史，就是一部创新创业史。创新创业无时无刻不在进行，但创新创业教育则起源于 20 世纪，兴起于 21 世纪。最早开始的是创业教育，创业教育作为职业指导的一部分，最先起步于欧美发达国家。美国作为在创业教育及研究领域最为先进的国家，早在 1947 年便对创业教育的理论和实践进行了深入的探索，时至今日，美国在高校创业教育方面已经形成了一套完备的科学体系，创办了 40 多种与创业相关的学术期刊，建立了 100 多个研究中心，并在 1600 多所高校开设了 2200 多门课程，创业教育已在美国各所高校中普遍实施，在全国也建立了一些全国性的创业机构。[11]世界组织高度重视创新创业

教育，1998 年联合国教科文组织在《21 世纪高等教育：展望与行动世界宣言》和《高等教育改革和发展的优先行动框架》两个文件中都强调：必须把培养学生的创业精神和创新精神作为高等教育的基本目标，从而推动创新创业教育在世界多国迅速高涨起来。世界经济一体化和产业结构的调整升级，为我国创新创业带来了更大的历史机遇，催生了创新创业教育。

1989 年，由共青团中央、中国科协、教育部、全国学联共同主办了首届"挑战杯"全国大学生课外学术科技作品竞赛，这一国内著名大学、新闻媒体联合发起的具有代表性、权威性、导向性、示范性的全国大学生课外学术实践竞赛活动，坚持"崇尚科学、追求真知、勤奋学习、锐意创新、迎接挑战"宗旨，促进了我国高校创新创业教育发展。1998 年，清华大学研究生举办了第一届"清华大学创业计划大赛"，首次将创业计划大赛引入了国内大学校园，标志着我国大学生创业的起点，并催生中国第一家大学生高科技创业公司——视美乐科技发展有限公司。中共中央国务院于 1999 年在《关于深化教育改革，全面推进素质教育的决定》中指出：高等教育要重视培养大学生创新能力、实践能力和创业精神。国家开始提倡，重点高校开始研究探索，高职创新创业教育开始学习。历史的车轮进入 21 世纪，由于科学技术高速发展，经济发展已从要素驱动转向创新驱动，创新成为推动发展的第一动力，创新创业人才成为推动发展的第一资源，高等学校深化创新创业教育改革，加强创新创业教育教学，培养创新型人才迫在眉睫，各级各类创新创业大赛和技能大赛风起云涌，创新创业教育如火如荼。

三、时代背景：时代呼唤创新创业教育

党的十九大明确指出中国特色社会主义进入了新时代。这个新时代，"是承前启后、继往开来、在新的历史条件下继续夺取中国特色社会主义伟大胜利的时代，是决胜全面建成小康社会、进而全面建设社会主义现代化强国的时代，是全国各族人民团结奋斗、不断创造美好生活、逐步实现全体人民共同富裕的时代，是全体中华儿女勠力同心、奋力实现中华民族伟大复兴中国梦的时代，是我国日益走近世界舞台中央、不断为人类作出更大贡献的时代。"这个新时代，中国发展主要矛盾发生了根本变化，从人民日益增长的物质文化需要和落后生产力之间的矛盾变为了人民日益增长的美好生活需要与不平衡不充分的发展之间的矛盾。这个新时代，中国人民从过去的站起来、富起来逐步走向现在的强起来，中国比历史上任何时候都更接近实现中华民族伟大复兴的目标。这个新时代，是一个"世界多极化、经济全球化、社会城市化、文化多元化、全球信息化、信息智慧化"的时代，世界格局深刻变化，科技进步日新月异，人才竞争日趋激烈。适应全球化，中国"一带一路"倡议和习近平总书记提出的"人类命运共同体理念"，得到了世界广泛的认同。这个新时代，是一个创新发展的时代，"创新、协调、绿色、开放、共享"发展新理念在中国大地深入人心。这个新时代，是一个需要"创新创业创造"的时代，国家之间的竞争关键是"创新创业创造"实力的竞争。创新竞争异常激烈，创新成为国际竞争优势的决定性力量。创新是应对百年未有之大变局的必由之路，通过创新要素全球流动的开放创新，着眼更高起点的自主创新。创新是推动生产力的最活跃、最原始的动力，生产力的大发展促进生产关系和上层建筑的大发展，从而促进社会的大进步、大发展。创业是科技创新的综合应用和产业化，创业靠创新牵引，主要作用于经济基础，是实现高质量发展的战略举措。创造根植于生产力领域中的高附加值创新创业劳动，致力于推动经济增长和社会进步，创造是实现中华民族伟大复兴的必然选择。创新驱动发展、创业激活经济、创造提升价值，通过"创新创业创造"塑造新的时代精神。创新创业创造关键在人，需要大量的创新创业人才，人才哪里来，当然靠创新创业教育，新时代呼唤创新创业教育。

党的十八大以来，习近平总书记多次作出重要指示，强调要加快教育体制改革，注重培养学生创新精神，造就规模宏大、富有创新精神、敢于承担风险的创新创业人才队伍。2017 年 8 月，总书记给第三届中国"互联网+"大学生创新创业大赛"青年红色筑梦之旅"大学生回信，对高等教育战线全面落实立德树人根本任务，深入推进创新创业教育改革，努力培养德才兼备的有为人才提出了明确要求。在全国教育大会上进一步强调，要把创新创业教育贯穿人才培养全过程。李克强总理多次提出要把创新创业教育融入人才培养，切实增强学生的创业意识、创新精神和创造能力，为建设创新型国家提供源源不断的人才智力支撑。2015 年，李克强总理在政府工作报告中提出：大众创业，万众创新。习近平总书记在十九大报告中指出："实践没有止境，理论创新也没有止境。""我们必须在理论上跟上时代，不断认识规律，不断推进理论创新、实践创新、制度创新、文化创新以及其他各方面创新。"因此，高职院校必须踏上时代的节拍，深化创新创业教育改革，加强创新创业教育教学，培养创新型技术技能人才，时代对创新创业教育的呼唤迫在眉睫。

四、战略背景：战略必须创新创业教育

战略是指为实现某种目标而制定的大规模、全方位的长期行动计划。国家战略是指实现国家总体目标而制定的各领域总方略。到 21 世纪中叶，国家要建成富强民主文明和谐美丽的社会主义现代化强国，实现中华民族伟大复兴中国梦，顶层总体设计是统筹推进"五位一体"总体布局、协调推进"四个全面"战略布局。这就是我国发展的总目标和总方略。为此，国家持续实施了可持续发展战略、科教兴国战略、人才强国战略、依法治国战略、推进城镇化战略、创新驱动发展战略、中国和平崛起战略、创新驱动发展战略等一系列国家战略，所有战略的实施都离不开创新，离不开持续的理论创新、实践创新、制度创新、文化创新、科技创新以及其他各方面创新，离不开创新型人才的培养。因为教育是最根本的、最基础的、最长久的开发人的全面发展的事业，所以，战略实施需要创新创业教育来支撑。下面从几个与创新创业教育相关度较高的国家战略阐述其必要性。

可持续发展战略需要创新创业教育。可持续发展是指满足当前需要而又不削弱子孙后代满足其需要之能力的发展。它强调经济、社会、资源和环境保护协调发展，其起源于 20 世纪 80 年代。1987 年，"世界环境与发展委员会"研究报告《我们共同的未来》首先提出这一概念。1996 年在"九五计划"中，中国提出了转变经济增长方式、实施可持续发展战略的主张。1999 年，中国科学院《中国可持续发展战略报告》首次提出这一战略，并将其上升为国家战略。可持续发展战略是 21 世纪中国发展战略的必然选择，中共十七大提出生态文明建设，全面实施可持续发展战略，中共十八大将生态文明建设纳入"五位一体"总体布局。为适应可持续发展必须强化终身学习理念，必须通过创新创业教育培养学生发现并抓住机遇的技能，引导学生树立科学的观念，培养富有远见的领导力和冒险精神，强化更多的风险承担意识和担当精神。通过创新创业教育，培养学生对知识的应用与迁移，鼓励相关行业多岗位实践，促进学生知识技能和创新创业双提升。坚持立德树人为根本，始终将中国特色社会主义核心价值观培养放在首位，注重以爱国主义为核心的民族精神和以改革创新为核心的创新精神的培养，注重横向技能、软性技能和生活技能的培养，促进学生更好地应对真实问题情境，引导学生学会学习、学会创新、实践创业，培养团队精神、合作能力、谈判能力、组织能力等，使学生具备岗位迁移能力和可持续发展能力。

科教兴国战略需要创新创业教育。百度百科对科教兴国作出的定义是指全面落实科学技术是第一生产力的思想，坚持教育为本，把科技和教育摆在经济、社会发展的重要位置，增强国家的科技实力及向现实生产力转化的能力，提高全民族的科技文化素质，把经济建设转移到依靠科技进步和提高劳动者素质的轨道上来，加速实现国家的繁荣强盛。科教兴国战略是中国实现社会主义现代化的必然选择，是提高国家科学技术的整体水平的关键路径，战略的实施直接推动创新创业教育的发展。1995 年，中共中央、国务院发布《中共中央、国务院关于加速科学技术进步的决定》，首次正式提出在全国实施科教兴国发展战略。这是一个必须长期实施的国家战略，是走向科技强国、教育强国、进入创新型国家行列的必由之路。历史已经证明，国家综合实力的竞争，起决定作用的是科技实力和具有高科技文化素质的创新型人才的竞争。落实科教兴国战略必须"把教育摆在优先发展的战略地位"，进行创新创业教育，只有创新创业教育才能培养出创新型人才。通过创新创业教育，使学生形成尊重知识、崇尚科学、尊重人才的观念，孕育敢为人先、敢冒风险、不怕失败、锲而不舍的创新精神，培育创新创业意识，激发创新创业激情，使"创新创业创造"成为学生的共识与使命，使"服务现代化强国建设"成为学生的责任与担当，使"利用科技造福人类"成为学生的理想与追求。

人才强国战略需要创新创业教育。人才强国就是依靠人才振兴国家，走人才强国之路，大力提升国家核心竞争力和综合国力。人才强国战略是适应新时代国家竞争的必然选择，是落实"人才资源是第一资源"理念的必然实践，是建设创新型国家和世界科技强国的基础支撑，是实现社会主义现代化强国目标的关键战略。因为，人才资源是第一资源，是最活跃的要素，是国家兴衰的最根本要素，所以，人才强国战略是实现中国梦的第一战略。实施人才强国战略是实现国家富强、民族复兴的重大战略举措，是统筹推进"五位一体"总体布局、协调推进"四个全面"战略布局的重要保证。2002 年，为适应中国加入WTO 后的新形势，应对经济全球化和综合国力的激烈竞争，中共中央、国务院发布了《2002—2005 年全国人才队伍建设规划纲要》，首次提出"实施人才强国战略"。党的十九大报告强调"人才是实现民族振兴、赢得国际竞争主动的战略资源"，明确要求"加快建设人才强国，努力形成人人渴望成才、人人努力成才、人人皆可成才、人人尽展其才的良好局面，让各类人才的创造活力竞相迸发、聪明才智充分涌流"。因此，建设一支宏大的高素质的人才队伍，是实施人才强国战略的重要基础和前提，也是人才强国战略的重要组成部分。只有长期实施这一战略，开发人力资源，拓展面向，扩大增量，提高质量，才能使我国从人力资源大国，走向人才资源强国。这就必然要求开展创新创业教育，加大创新创业教育投入，培养高职学生劳动技能和创造才能，多出高质量技术技能人才，多出创新创业创造型人才。

创新驱动发展战略需要创新创业教育。2014 年 6 月 3 日，《国家创新驱动发展战略纲要》提出：创新驱动就是创新成为引领发展的第一动力，科技创新与制度创新、管理创新、商业模式创新、业态创新和文化创新相结合，推动发展方式向依靠持续的知识积累、技术进步和劳动力素质提升转变，促进经济向形态更高级、分工更精细、结构更合理的阶段演进。创新驱动发展战略具有两层含义："一是中国未来的发展要靠科技创新驱动，而不是传统的劳动力以及资源能源驱动；二是创新的目的是驱动发展，而不是为了发表高水平论文。"[12]2012 年，党的十八大明确提出：坚持走中国特色自主创新道路、实施创新驱动发展战略，强调科技创新是提高社会生产力和综合国力的战略支撑，必须摆在国家发展全局的核心位置。"创新强则国运昌，创新弱则国运殆。"创新驱动发展战略是国家命运所系，是彰显国际竞争新优势、增强持久发展新动力、提供国家力量新支撑的核心战略；是世界大势所趋，是重塑世界竞争格局、改变国家力量对比、谋求国家竞争优势的必选战略；是发展形势所迫，是打造发展新引擎，提升发展新质效、开辟发展新空间的优先战略；是受环境资源所限，必须降低资源能源消耗、改善生态环境、建设美丽中国的长期战略。实施创新驱动发展战略，需要科技创新和体制机制创新"双轮驱动"，谁来驱动？当然是大量的创新创业人才，这就直接需要创新创业教育提供人才战略支撑。唯有培养高水平人才队伍，才能筑牢创新根基。这就必须要求高职加强创新创业教育改革，把科学精神、创新思维、创业意识、创造能力和社会责任感的培养贯穿教育全过程。倡导崇尚技能、精益求精的职业工匠精神，加快培养具有创新创业意识的技术技能人才队伍。开展创新创业文化引导、队伍建设、课程建设、平台建设、制度建设、评价体系建设，宣传大众创业、万众创新，建设创新创业孵化基地，给学生提供创新创业实践平台，依托移动互联网、大数据、云计算等现代信息技术，为学生提供工作空间、网络空间、社交空间、共享空间，搭建众创空间，孵化创业团队，鼓励学生创新。

五、政策背景：政策要求创新创业教育

1998 年，自联合国教科文组织在《21 世纪的高等教育：展望与行动世界宣言》中提出：高等学校必须将创业技能和创业精神作为高等教育的基本目标。教育部就在《面向 21 世纪教育振兴行动计划》中提出：加强对教师和学生的创业教育，鼓励学生自主创业。国家宏观方针政策和部门落实制度就不断强化创新创业教育，政策措施的强推要求，为创新创业教育发展提供了良好的政策环境。

首先是国家顶层政策要求。1997 年党的十五大报告要求："深化科技和教育体制改革，有条件的科研机构和大专院校要以不同形式进入企业或同企业合作，走产学研结合的道路……鼓励创新、竞争和合作。实施保护知识产权制度。"创新创业教育开始引起高校的关注与重视。2002 年党的十六大报告要求："引导全社会转变就业观念，推行灵活多样的就业形式，鼓励自谋职业和自主创业。""要形成与社会主义初级阶段基本经济制度相适应的思想观念和创业机制，营造鼓励人们干事业、支持人们干成事业的社会氛围，放手让一切劳动、知识、技术、管理和资本的活力竞相迸发，让一切创造社会财富的源泉充分涌流，以造福于人民。"高职开始"以服务为宗旨，以就业为导向，走产学研结合发展道路"。2007 年党的十七大报告指出："实施扩大就业的发展战略，促进以创业带动就业。"要求"完善支持自主创业、自谋职业政策，加强就业观念教育，使更多劳动者成为创业者"。高职开始开展创新创业教育探索与实践。2012 年党的十八大报告指出："推动实现更高质量的就业。"要求贯彻"政府促进就业和鼓励创业的方针"，"实施就业优先战略和更加积极的就业政策。引导劳动者转变就业观念，鼓励多渠道多形式就业，促进创业带动就业，做好以高校毕业生为重点的青年就业工作和农村转移劳动力、城镇困难人员、退役军人就业工作。加强职业技能培训，提升劳动者就业创业能力，增强就业稳定性。"高职开始全面开展创新创业教育。2017 年党的十九大报告要求："大规模开展职业技能培训，注重解决结构性就业矛盾，鼓励创业带动就业。提供全方位公共就业服务，促进高校毕业生等青年群体、农民工多渠道就业创业。"在国家顶层政策引导下，高职创新创业教育不断深入。

其次是国家层面政策要求。1999 年《中共中央国务院关于深化教育改革全面推进素质教育的决定》要求："高等教育要重视培养大学生的创新能力、实践能力和创业精神，普遍提高大学生的人文素养和科学素质。"2002 年《国务院关于大力推进职业教育改革与发展的决定》（国发〔2002〕16 号）要求："注重培养受教育者的专业技能、钻研精神、务实精神、创新精神和创业能力，培养一大批生产、服务第一线的高素质劳动者和实用人才""职业学校要加强职业指导工作，引导学生转变就业观念，开展创业教育，鼓励毕业生到中小企业、小城镇、农村就业或自主创业……"2004 年《中共中央国务院关于进一步加强和改进大学生思想政治教育的意见》（中发〔2004〕16 号）要求："要进一步建立健全大学生就业指导机构和就业信息服务系统，提供高效优质的就业创业服务。"2005 年《国务院关于大力发展职业教育的决定》（国发〔2005〕35 号）要求："职业教育要为提高劳动者素质特别是职业能力服务""面向初高中毕业生、城镇失业人员、农村转移劳动力，开展各种形式的职业技能培训和创业培训，提高他们的就业能力、工作能力、职业转换能力以及创业能力""坚持以服务为宗旨、以就业为导向的职业教育办学方针……加强职业指导和创业教育，建立和完善职业院校毕业生就业和创业服务体系。"2008年《国务院办公厅转发人力资源社会保障部等部门关于促进以创业带动就业工作指导意见的通知》（国办发〔2008〕111号）要求："加大培训力度、提高培训质量、建立孵化基地、健全服务组织、完善服务内容"等政策，这是我国第一个较为完整的创业培训政策体系。2010年《国家中长期教育改革和发展规划纲要（2010—2020年）》要求："职业教育要面向人人、面向社会，着力培养学生的职业道德、职业技能和就业创业能力。"2015年《国务院关于进一步做好新形势下就业创业工作的意见》（国发〔2015〕23号）要求："利用各类创业培训资源，开发针对不同创业群体、创业活动不同阶段特点的创业培训项目，把创新创业课程纳入国民教育体系。"《国务院关于大力推进大众创业万众创新若干政策措施的意见》（国发〔2015〕32号）要求："把创业精神培育和创业素质教育纳入国民教育体系，实现全社会创业教育和培训制度化、体系化。加快完善创业课程设置，加强创业实训体系建设。加强创业创新知识普及教育，使大众创业、万众创新深入人心。加强创业导师队伍建设，提高创业服务水平。"《国务院办公厅关于深化高等学校创新创业教育改革的实施意见》（国办发〔2015〕36号）对创新创业教育改革作出系统设计、全面部署，要求："完善人才培养质量标准、创新人才培养机制、健全创新创业教育课程体系、改革教学方法和考核方式、强化创新创业实践、改革教学和学籍管理制度、加强教师创新创业教育教学能力建设、改进学生创业指导服务、完善创新创业资金支持和政策保障体系""到2020年建立健全课堂教学、自主学习、结合实践、指导帮扶、文化引领融为一体的高校创新创业教育体系。"总结和提升了前期高等学校创新创业教育工作实践与探索。国务院《关于积极推进"互联网+"行动的指导意见》（国发〔2015〕40号）要求："鼓励联合培养培训""实施产学合作专业综合改革项目，鼓励校企、院企合作办学，推进'互联网+'专业技术人才培训。深化互联网领域产教融合，依托高校、科研机构、企业的智力资源和研究平台，建立一批联合实训基地。建立企业技术中心和院校对接机制，鼓励企业在院校建立'互联网+'研发机构和实验中心。"2015年国家层面连发4个文件，创新创业教育得到国家空前重视。2016年国务院印发《国家创新驱动发展战略纲要》要求："推动创新创业，激发全社会创造活力。"国务院印发《北京加强全国科技创新中心建设总体方案》（国发〔2016〕52号）要求："完善创新创业服务体系。"2017年《国务院关于做好当前和今后一段时期就业创业工作的意见》（国发〔2017〕28号）要求："促进以创业带动就业、抓好重点群体就业创业、强化教育培训和就业创业服务的若干政策。"并在优化创业环境、发展创业载体、加大政策支持、拓宽融资渠道、鼓励高校毕业生多渠道就业、提高教育培训质量、完善职业培训补贴方式、强化公共就业创业服务等方面提出了具体明确的要求。国务院《新一代人工智能发展规划》(国发〔2017〕35号)要求:"大力加强人工智能劳动力培训。"2017年,中办国办《关于深化教育体制机制改革的意见》要求:"完善提高职业教育质量的体制机制。强调要健全德技并修、工学结合的育人机制。坚持以就业为导向,着力培养学生的工匠精神、职业道德、职业技能和就业创业能力。"《国务院关于强化实施创新驱动发展战略进一步推进大众创业万众创新深入发展的意见》(国发〔2017〕37号)要求:"要贯彻'人才优先、主体联动'的理念,以人才支撑为第一要素,改革人才引进、激励、发展和评价机制,激发人才创造潜能,鼓励科技人员、中高等院校毕业生、留学回国人才、农民工、退役士兵等有梦想、有意愿、有能力的群体更多投身创新创业。"提出了加快科技成果转化、拓展企业融资渠道、促进实体经济转型升级、完善人才流动激励机制、创新政府管理方式等举措。2018年《国务院关于推行终身职业技能培训制度的意见》(国发〔2018〕11号)要求:"坚持以促进就业创业为目标,瞄准就业创业和经济社会发展需求确定培训内容,加强对就业创业重点群体的培训,提高培训后的就业创业成功率,着力缓解劳动者素质结构与经济社会发展需求不相适应、结构性就业矛盾突出的问题。"提出了完善终身职业技能培训政策和组织实施体系、大力推进创业创新培训、建立职业技能培训质量评估监管机制、加强职业技能培训基础平台建设等举措。2018年《国务院关于推动创新创业高质量发展打造"双创"升级版的意见》(国发〔2018〕32号)指出:"近年来,大众创业万众创新持续向更大范围、更高层次和更深程度推进,创新创业与经济社会发展深度融合,对推动新旧动能转换和经济结构升级、扩大就业和改善民生、实现机会公平和社会纵向流动发挥了重要作用,为促进经济增长提供了有力支撑。当前,我国经济已由高速增长阶段转向高质量发展阶段,对推动大众创业万众创新提出了新的更高要求",就推动创新创业高质量发展、打造"双创"升级版提出了总体要求,就着力促进创新创业环境升级、加快推动创新创业发展动力升级、持续推进创业带动就业能力升级、深入推动科技创新支撑能力升级、大力促进创新创业平台服务升级、大力促进创新创业平台服务升级、进一步完善创新创业金融服务、加快构筑创新创业发展高地、切实打通政策落实"最后一公里"提出了八条具体措施要求,形成了我国迄今为止最为全面的创新创业政策体系。

再次是部门层面政策要求。1998 年教育部《面向 21 世纪教育振兴行动计划》要求："加强对教师和学生的创业教育，采取措施鼓励他们自主创办高新技术企业。"2004 年《劳动和社会保障部教育部关于印发 2004 年高职院校毕业生职业资格培训工程的通知》（劳社部发〔2004〕12 号）要求："为毕业生实现自谋职业和自主创业创造条件""组织高等院校和高职院校有意自主创业的学生，参加学校自己开发或当地劳动保障部门实施的创业培训""劳动保障部、教育部将选择若干所高职院校和高等院校，进行创业培训试点，组织开展国际劳工组织开发的《创办你的企业（SYB）》培训。"创设首个国家级的创业培训项目。2006 年《十四部门关于切实做好 2006 年普通高等学校毕业生就业工作的通知》（教学〔2006〕8 号）要求："高等学校要加强对毕业生的创业指导、创业培训和创业实践活动，培养学生的创业观念和创业能力。"2006 年《教育部关于全面提高高等职业教育教学质量的若干意见》（教高〔2006〕16 号）要求："要针对高等职业院校学生的特点，培养学生的社会适应性，教育学生树立终身学习理念，提高学习能力，学会交流沟通和团队协作，提高学生的实践能力、创造能力、就业能力和创业能力，培养德智体美全面发展的社会主义建设者和接班人。"2007 年《劳动和社会保障部关于进一步加强创业培训推进创业促就业工作的通知》（劳社部发〔2007〕30 号）要求："进一步完善创业培训、开业指导、项目开发、融资服务、创业孵化、跟踪扶持等'一条龙'服务体系，全面推进创业促就业工作。"2010 年，人力资源和社会保障部、教育部等《关于实施"2010 高校毕业生就业推进行动"大力促进高校毕业生就业的通知》（人社部发〔2010〕25 号）要求：各地人社部门与有关部门密切配合，共同组织实施"创业引领计划"，完善整合就业税收优惠政策，鼓励高校毕业生自主创业。《教育部关于大力推进高等学校创新创业教育和大学生自主创业工作的意见》（教办〔2010〕3 号）要求："加强创新创业教育课程体系建设、加强创新创业师资队伍建设、广泛开展创新创业实践活动、建立质量检测跟踪体系、加强理论研究和经验交流"，形成创新创业教育、创业基地建设、创业政策支持、创业服务"四位一体"的格局。要求："把创新创业教育有效纳入专业教育和文化素质教育教学计划和学分体系，建立多层次、立体化的创新创业教育课程体系；突出专业特色，创新创业类课程的设置要与专业课程体系有机融合，创新创业实践活动要与专业实践教学有效衔接，积极推进人才培养模式、教学内容和课程体系改革；加强创新创业教育教材建设，借鉴国外成功经验，编写适用和有特色的高质量教材。"《人力资源社会保障部发推进技工院校改革发展意见》（人社部发〔2010〕57 号）要求："通过加强职业素质、专业技能和社会能力培养，开展职业指导、创业教育，提高学生综合职业能力、就业竞争力和创新创业能力。"2011 年《教育部关于推进高等职业教育改革创新引领职业教育科学发展的若干意见》（教职成〔2011〕12 号）要求："推进高等职业教育质量评估工作，建立和完善学校、行业、企业、研究机构和其他社会组织共同参与的质量评价机制，将毕业生就业率、就业质量、企业满意度、创业成效等作为衡量人才培养质量的重要指标。各地和各高等职业学校都要建立人才培养质量年度报告发布制度，不断完善人才培养质量监测体系。"2012 年《教育部 财政部关于印发高等学校创新能力提升计划实施方案的通知》（教技〔2012〕7 号）要求："加快高校机制体制改革，转变高校创新方式，集聚和培养一批拔尖创新人才，产出一批重大标志性成果，充分发挥高等教育作为科技第一生产力和人才第一资源重要结合点的独特作用，在国家创新发展中做出更大的贡献。"《教育部办公厅关于印发〈普通本科学校创业教育教学基本要求（试行）〉的通知》（教高厅〔2012〕4 号），这是我国颁布的第一个国家级创业教育教学基本要求，从"教学目标、教学原则、教学内容、教学方法、教学组织"五个方面提出了明确要求，为高校开展创新创业教育提供了遵循。2014 年《教育部等六部门关于印发〈现代职业教育体系建设规划（2014—2020 年）〉的通知》（教发〔2014〕6 号）要求："系统设计现代职业教育的体系框架、结构布局和运行机制，推动教育制度创新和结构调整，培养数以亿计的工程师、高级技工和高素质职业人才，传承技术技能，促进就业创业，为建设人力资源强国和创新型国家提供人才支撑。""职业院校和普通教育学校开展以职业道德、职业发展、就业准备、创业指导等为主要内容的就业教育和服务""完善毕业生就业创业政策。"2015 年人力资源社会保障部办公厅《关于进一步推进创业培训工作的指导意见》（人社厅发〔2015〕197 号）要求："明确创业培训对象和内容、建立健全创业培训制度、加强创业培训课程开发、加强创业培训师资队伍建设、规范创业培训机构发展、创新创业培训模式、强化创业服务。"全面完善和提升了 2008 版的创业培训政策体系。《教育部关于深化职业教育教学改革全面提高人才培养质量的若干意见》（教职成〔2015〕6 号）要求："高等职业学校要按照教育部相关教学文件要求，规范公共基础课课程设置与教学实施，面向全体学生开设创新创业教育专门课程群""推动校企共建校内外生产性实训基地、技术服务和产品开发中心、技能大师工作室、创业教育实践平台等，切实增强职业院校技术技能积累能力和学生就业创业能力""各地、各职业院校要加强教育教学质量管理，把学生的职业道德、职业素养、技术技能水平、就业质量和创业能力作为衡量学校教学质量的重要指标。"共青团中央办公厅印发《关于高校共青团积极促进大学生创业工作的实施意见》(中青办发〔2015〕2 号)要求："发挥高校共青团在组织动员、资源整合、载体搭建、氛围营造等方面的工作优势,推动大学生勇于创新创业,努力造就大众创业、万众创新的生力军。"《人力资源社会保障部教育部关于实施高校毕业生就业创业促进计划的通知》(人社部发〔2016〕100 号)要求:实施能力提升、创业引领、校园精准服务、就业帮扶、权益保护五大行动,对创新创业教育作出了具体明确的行动要求。2017 年,科技部办公厅印发《国家科技企业孵化器"十三五"发展规划》(国科办高〔2017〕55 号)要求:"以创业者的需求为导向,强化'创业导师+创业辅导师'制度和职业化管理服务队伍建设,扩大孵化器与第三方专业服务机构合作,建立专业化、网络化、开放化的服务机制,扩大创业服务供给,提升增值服务水平。"提出深化落实"中国火炬创业导师行动"、加快管理服务队伍职业化建设、以创业者需求为导向提升增值服务能力等举措。2018 年《教育部关于印发〈中等职业学校职业指导工作规定〉的通知》(教职成〔2018〕4 号)要求:"各地各校要高度重视,把职业指导摆在人才培养的重要位置,贯穿于教育教学全过程,不断提高职业指导工作水平。"《中等职业学校职业指导工作规定》第 9 条要求"开展创新创业教育。帮助学生学习创新创业知识,了解创新创业的途径和方法,树立创新创业意识,提高创新创业能力"。第 26 条要求"中等职业学校应拓展和用足用好校内外职业指导场所、机构等资源。有条件的学校可建立学生创新创业孵化基地"。

各层面的政策要求,为高职创新创业教育指明了方向,提供了政策支撑,搭建了政策平台,提出了方法指导,有力保障和推动了创新创业教育的深入发展。

六、经济背景:经济发展需要创新创业教育

经济发展离不开创新创业。从农业经济到工业经济再到知识经济,每一步都是科技创新和人类创业推动实现的。蒸汽技术创新推动了第一次工业革命,电力技术创新推动了第二次工业革命,计算机及信息技术创新推动了第三次工业革命,人工智能,机器人技术,虚拟现实,量子信息技术,可控核聚变、清洁能源以及生物技术等创新推动了第四次工业革命,经济发展进入知识经济时代。知识经济是以知识、信息和技术为基础,以创新创业为动力的经济发展模式。知识经济时代不仅要求新型生产方式,而且要求有适应新型生产方式的人力资源,需要全体人民创新创业,这就更要求有适应新时代的创新创业教育。国家"十二五"规划纲要中明确提出把"创新驱动"作为"转变经济发展方式"的主线。迫切要求经济发展方式从"资源驱动"向"创新驱动"转变。"十三五"规

划纲要进一步强调，创新是引领发展的第一动力，必须把其摆在经济发展的核心位置，深入实施创新驱动发展战略。这就要求从劳动力、生产资料、资金等资源要素驱动转向依靠全体劳动者的创造力、创新精神与创新能力等创新创业驱动。实施创新创业驱动，必须要大力推动"大众创业，万众创新"，必须要求高职大力开展创新创业教育。

创新创业教育是经济社会发展到一定阶段的必然选择。创新创业教育对提高劳动者素质、创新经济增长方式、解决就业与再就业问题、促进社会和谐进步、推动经济高质量发展等方面具有重要作用。首先，经济发展方式的转型需要创新创业教育。我国经济发展从改革开放初期高速发展，到经济发展新常态时期的中高速增长，靠低人力成本、高资源消耗的粗放式发展已经不可持续，由于人口红利消失、老龄化社会临近、资源消耗枯竭、环境制约凸显等原因，资源驱动经济已经面临增长的极限，传统发展动力不断减弱，粗放型增长方式难以为继，要求推动经济科学发展、转型发展、可持续发展、健康长期发展，就必须从原来依赖物质资源耗损增加推动发展，转向依靠先进的科学技术、全面提升劳动人员素质及创新管理模式推动发展转变。适应这一发展转型变化，离不开高等教育对知识创新和创新型人才的培育和造就，通过创新创业教育，培养创新创业人才，提高人力资源素质，推动全民自主创新、理论创新、制度创新、文化创新、技术创新能力提升，为经济转型发展提供人才支撑。其次，经济高质量发展更需要创新创业教育。从经济发展新常态到经济高质量发展新时代，新时代的经济高质量发展，起决定作用的是科学技术创新发展，"大众创业、万众创新"成为国策，前所未有地吹响了"经济发展方式由要素驱动向全面创新驱动转变"的号角，加快建设质量强国、制造强国、科技强国，推动产业迈向中高端，着力提高经济的效益和竞争力。经济高质量发展，使创新创业型经济成为新时代经济发展必然，这对推动大众创业、万众创新提出了更高的要求，教育必然要从注重技能教育和能力教育的传统教育转向更注重创新创业教育的现代教育。创新创业是一个系统工程，创新创业链与产业链、资金链、政策链等相互交织、相互支撑，创新创业人才的培养和使用必须贯穿于创新创业链的各环节之中，在创新创业实践中培养和使用人才，高职学院要发挥创新创业人才培养的基础性作用，加强产教融合，促进产学研用深度融合，将创新创业素质和技术技能培养全面纳入人才培养目标，加强创新创业教育研究，加大创新创业教育投入，搭建创新创业平台，全面实施创新创业教育，为经济高质量发展提供创新型技术技能人才支撑。

七、教育背景：高职教育高质量发展需要创新创业教育

推动国家经济高质量发展必须要有高职教育的高质量发展。《国家职业教育改革实施方案》明确提出了"推进高等职业教育高质量发展"重要任务，高职教育高质量发展必须深刻把握"引领改革、支撑发展、中国特色、世界水平"质量内涵，创新人才培养模式，全面深入实施创新创业教育，为落实新时代国家创新驱动发展战略提供人才支撑。高职教育的高质量体现在培养人才的高质量，创新创业教育是促进高职学生成长成才、实现人生价值的必然需要。高职学生不仅要学习和掌握适用的技术理论知识，还要有创新思维和创业意识，勇于投身社会主义现代化建设事业的伟大实践，在创新创业中成就事业，在创新创业中成长成才，在创新创业中建功报国。加强创新创业教育，符合高职学生成长成才的需要，有利于帮助高职学生更新就业思路，转变就业观念，树立创新精神、强化创业意识；有利于帮助高职学生树立创新思维，掌握创业方法，养成克服困难、承担风险的心理和意志；有利于帮助高职学生积累实践经验，增强实践能力，增长实践本领，为成长成才奠定创新创业的实践基础；有利于帮助高职学生在未来人生事业征程上创造辉煌的业绩，实现自己的人生价值。

高职教育高质量发展需要创新创业教育。2020年6月10日，习近平总书记在宁夏之行提出，要推动经济发展实现量的合理增长和质的稳步提升，要把握扩大内需这一战略基点，要推动产业向高端化、绿色化、智能化、整合化方向发展。在危机中育新机，于变局中开新局，中国将更坚定、更稳健地走高质量发展之路。高职教育在服务中发展，在发展中创新，在创新中提质。特别是近十年来，创新发展更为明显，不断实现了规模迅速扩展，而且实现了办学水平质量提升，为促进经济社会发展发挥了无可替代的作用。职业教育的重要职责是培养多样化人才、传承技术技能、促进就业创业。《教育部 财政部关于实施中国特色高水平高职学校和专业建设计划的意见》(教职成〔2019〕5号)明确提出：集中力量建设一批引领改革、支撑发展、中国特色、世界水平的高职学校和专业群(简称"双高计划")，带动职业教育持续深化改革，强化内涵建设，实现高质量发展。高职教育高质量发展成为新时代高职发展的最强音。高职教育高质量发展，核心体现在"服务发展、促进就业"，高职教育必须树立"就业是民生之本"理念，不断加强创新创业教育，深入推进大众创业万众创新，着力开展创新创业教育交流合作，加快培养创新创业人才，促进创新驱动创业、创业引领就业。唯有创新才能引领改革、支撑发展，唯有创新才能办出

中国特色、世界水平。一个高水平的高职学校和专业群，一定是一个创新创业教育实施得好的高职学校和专业群，只有创新创业教育才能更好培养创新型技术技能人才，高职教育高质量发展需要创新创业教育。

第三节　高职创新创业教育的历程

从 1978 年起，高等职业技术教育经历了复苏发展、加速发展、跨越式发展、特色科学创新发展、高质量发展，从"大力发展"到"加快发展"，从"政府主导、社会参与"到"政府推动、市场引导"，从"组织动员社会力量参与办学"到"引导支持社会力量兴办"，从"以服务为宗旨、以就业为导向"到"以立德树人为根本、以服务发展为宗旨、以促进就业为导向"，从"积极发展高等职业教育"到"创新发展高等职业教育"，从"层次"到"类型"，从"与其他教育相互沟通与衔接"到"系统培养、多样成才"，从"实用人才"到"技能人才"再到"技术技能人才"，从"产教结合"到"产教融合"，从"管理"到"治理"，从"把职业教育纳入经济社会发展总体规划"到"推动职业教育与经济社会同步发展"，从"建设中国特色现代职业教育体系"到"建设中国特色、世界水平的现代职业教育体系"。国家正在"创新、协调、绿色、开放、共享"新理念指引下，实施创新驱动发展战略，加速创新型国家建设，"大众创业、万众创新"成为社会共识，着力推动创新创业教育高质量发展。加强高职创新创业教育，是服务国家战略、促进经济提质增效升级的迫切需要，是推动大众创业、万众创新的应然选择，是培养高职学生创新精神和实践能力的重要途径，是推进高等职业教育改革，促进高职毕业生更高质量创业就业的重要举措。因此，梳理高职创新创业教育的探索与实践历程意义重大深远。[13]

一、高职复苏发展时期的无自觉意识阶段

1978—1990 年，高职教育在逐步探索与实践中复苏发展，创新创业教育处于无自觉意识阶段。

十一届三中全会后，国家以经济建设为中心，实行改革开放，经济加速发展，经济发展与人才紧缺的矛盾突出。1982 年，全国人大通过了《中华人民共和国宪法》和国务院《关于第六个五年计划的报告》，提出"要试办一批花钱省、见效快、可收学费、学生尽可能走读、毕业生择优录用的专科学校和职业大学"。原国家教委批准成立了南京金陵职业大学等全国首批 13 所职业大学，1983—1985 年又先后批准成立了 55 所。这批职业大学响应市场需求，实行

"收费、走读、不包分配"，突破了我国普通高校长期以来国家"一包二统"的体制，打破了以前大学生一律按国家计划公费培养，包上学、包住校、包分配的传统格局。1985 年，《中共中央关于教育体制改革的决定》明确提出："要积极发展高等职业技术院校，逐步建立起一个从初级到高级、职业配套、结构合理又能与普通教育相互沟通的职业技术教育体系。"首次提出了"高等职业技术院校"的概念，1986 年，《国务院关于发布〈普通高等学校设置暂行条例〉的通知》指出，高等职业学校"主要培养高等专科层次的专门人才"。[14]

高职教育得到复苏发展，其目标主要是解决人才紧缺矛盾，人才培养以普通本科压缩模式为主，为适应学生自主就业要求，学校比较重视就业指导教育，以就业为导向，开设就业指导课程，加强就业指导。创业教育作为职业指导的一部分，最先起步于欧美发达国家。美国作为在创业教育及研究领域最为先进的国家，早在 1947 年便对创业教育的理论和实践进行深入的探索，时至今日，美国在高校创业教育方面已经形成了一套完备的科学体系，创办了 40 多种与创业相关的学术期刊，建立了 100 多个研究中心，并在 1600 多所高校开设了 2200 多门课程，创业教育已在美国各所高校中普遍实施，在全国也建立了一些全国性的创业机构。1989 年，由共青团中央、中国科协、教育部、全国学联共同主办了首届"挑战杯"全国大学生课外学术科技作品竞赛，这一国内著名大学、新闻媒体联合发起的具有代表性、权威性、导向性、示范性的全国大学生课外学术实践竞赛活动，始终坚持"崇尚科学、追求真知、勤奋学习、锐意创新、迎接挑战"宗旨，促进了我国高校创新创业教育。国家开始提倡，重点高校开始研究探索，但高职创新创业教育只是零星探索，没有进入高职院校的自觉意识。

二、高职加速发展时期的创新创业教育朦胧觉醒、孕育启蒙阶段

1991—2000 年，高职教育在国家以史无前例的大力推动下加速发展，就业指导与创业教育受到充分重视，创新创业教育处于朦胧觉醒、孕育启蒙阶段。

1991 年《关于加强普通高等专科教育工作的意见》指出"普通专科教育改革目标是逐步发展为高等职业教育，培养经济建设需要的各类应用型人才"。首次规范提出"高等职业教育"概念，国务院颁布《关于大力发展职业技术教育的决定》，原国家教委批准建立了第一所高中起点的三年制高等职业技术学校——邢台高等职业技术学校。1993 年发布了《中国教育改革和发展纲要》。1994 年全国教育工作会议提出"三改一补"方针，突破职业大学"一枝独秀"办

高职。1995 年成立高等职业教育协调领导小组，实施高教、职教、成教"三教统筹"。1996 年第一部《中华人民共和国职业教育法》颁布实施，使高职办学有了法律依据。1997 年原国家教委印发《关于高等职业学校设置问题的几点意见》，掀起了更名"职业技术学院"的热潮。1998 年，国家教委更名为教育部。同年，第一部《中华人民共和国高等教育法》颁布，确立了高职教育的法律地位。国务院颁布《面向 21 世纪教育振兴行动计划》，提出了"高等职业教育必须面向地区经济建设和社会发展，适应就业市场的实际需要，培养生产、服务、管理第一线需要的实用人才，真正办出特色"。教育部坚持"三改一补"，又提出多种形式、多种途径、多种机制，重在教学改革的"三多一改"发展高职教育方针，提倡本科院校设立高等职业技术学院。1999 年教育部、国家计委印发《试行按新的管理模式和运行机制举办高等职业技术教育的实施意见》提出高等职业教育由"短期职业大学、职业技术学院、具有高等学历教育资格的民办高校、普通高等专科学校、本科院校内设立的高等职业教育机构(二级学院)、经教育部批准的极少数国家级重点中等专业学校、办学条件达到国家规定合格标准的成人高校"等机构承担。[15]中共中央国务院颁布《关于深化教育改革全面推进素质教育的决定》进一步明确了高等职业教育是高等教育的重要组成部分，并作出了大力发展高等职业教育的决定。

　　高职在"政府推动、外生拉动、内生自发"相互作用下得到加速发展，就业指导与创业教育开始得到高校充分重视，成立就业指导中心，就业指导课程逐步开设。创新教育在国际上刚刚萌芽，1991 年，东京创业创新教育国际会议后，我国高校开始逐步重视创新教育。1998 年举办的首届清华大学"创业计划大赛"，是我国高校创新创业教育实施起步的标志。1999 年 1 月，国务院批转教育部《面向 21 世纪教育振兴行动计划》，正式提出了"要加强对教师和学生的创业教育，采取措施鼓励他们自主创办高新技术企业"，这是我国政府文件中首次出现的开展"创业教育"的要求。同年，由共青团中央、中国科协、教育部和全国学联主办的首届"挑战杯"中国大学生创业计划竞赛在清华大学举行，全国"挑战杯"竞赛已发展成两个并列项目："挑战杯"中国大学生创业计划竞赛和"挑战杯"全国大学生课外学术科技作品竞赛，两个项目全国竞赛交叉轮流开展，每两年举办一届。普通本科院校以创业大赛推动创业教育迅速兴起，创业活动日益活跃，创新教育开始进行探索研究。高职院校仍以就业指导为主，创业教育受本科院校启发，进行跟随性思考探索，高职创新创业教育开始朦胧觉醒、孕育启蒙。

三、高职跨越式发展时期的创新创业教育逐步参与、学习探索阶段

2001—2010 年，高职教育伴随我国经济社会的高速发展，不断扩大规模并深入改革，在政府大力推动下实现跨越式发展，创新创业教育进入逐步参与、学习探索阶段。

2000 年，教育部印发《关于加强高职高专教育人才培养工作的意见》，高职教育在我国国民教育体系中的地位得到确立。2002 年、2003 年、2004 年，教育部先后召开了 3 次全国高等职业教育产学研合作教育经验交流会，确立了"以服务为宗旨，以就业为导向，走产学研结合的高等职业教育发展之路"。2002 年 8 月出台《国务院关于大力推进职业教育改革与发展》推动高职教育教学改革发展。2003 年 9 月，教育部成立高职高专院校人才培养工作水平评估委员会。2004 年，《高职高专院校人才培养工作水平评估方案》正式发布，全国范围内开展了高职高专院校人才培养工作水平评估工作。2005 年，国务院颁布了《关于大力发展职业教育的决定》，提出建设 100 所示范性高等职业院校。2006 年，《教育部 财政部关于实施国家示范性高等职业院校建设计划加快高等职业教育改革与发展的意见》出台，推动了示范院校建设。2008 年，教育部出台《高等职业院校人才培养工作评估方案》，进一步推动了高职院校提高办学实力和水平。政府不断加大对职业教育的投入，通过中央财政资金支持建设 100 所国家示范性高职院校、9 所培育扶持高职院校和 440 个专业，有效地带动了全国 1200 多所高职院校的教育教学改革。我国独立设置的高职院校数量从 2000 年的 184 所增至 2010 年的 1246 所，招生数量从 104.09 万人增至 310.5 万人，高职教育占据高等教育的半壁江山，大大缓解了高等教育资源的短缺局面，较好地满足了人民群众接受高等教育的迫切需求。[15]

高职院校在"国家大力推动、办学评估规范、高职教育改革"中实现跨越式发展，大学生就业压力加大，就业难问题开始突出。党的十七大提出"提高自主创新能力，建设创新型国家"和"促进以创业带动就业"发展战略。2002 年 4 月，教育部确定清华大学、中国人民大学、上海交通大学等 9 所高校作为"创业教育"改革试点，并给予试点院校政策和资金支持，创业教育作为一种新生事物开始正式进入政府的视野。[16] 2005 年，为了引导大学生创业，共青团中央引进 KAB(Know About Business)创业教育项目，大学生 KAB 创业教育(中国)项目开始实施。"挑战杯"全国大学生竞赛在高校开展得如火如荼，竞赛成绩已经成为衡量高校创新创业教育质量的标杆。2006 年教育部《关于全面

提高高等职业教育教学质量的若干意见》提出"要针对高等职业院校学生的特点，培养学生的社会适应性……提高学生的实践能力、创造能力、就业能力和创业能力，培养德智体美全面发展的社会主义建设者和接班人"。这标志着创新创业教育成为高职重要的教育内容并逐步规范。2010年教育部《关于大力推进高等学校创新创业教育和大学生自主创业工作的意见》要求"创新创业教育要面向全体学生，融入人才培养全过程……大力推进高等学校创新创业教育工作，不断提高人才培养质量"。同年5月，教育部成立了高等学校创业教育指导委员会，着力将创新创业教育面向全体大学生，创新创业教育纳入教育教学改革重点内容，把高校创新创业教育融入人才培养全过程，鼓励高校从实际出发，探索多样化的创新创业模式。创新创业教育成为高职教育的重要内容，高职坚持"以服务为宗旨，以就业为导向"的办学方针，普遍成立了就业指导中心，培训就业指导教师，开发就业指导教材，开设就业指导课程，普遍开展各类技能比赛活动，加强就业指导与创业教育研究与实践，开始逐步参与创新创业教育，模仿学习本科院校，开启创新创业教育探索与实践。2007年，浙江省开始举办职业院校"挑战杯"赛，随后天津、辽宁也在本地"试点"针对职业院校的创新创业大赛。湖北交通职业技术学院通过省交通厅"高职院校就业指导与创业教育研究"课题，探索建立了"三级四段"的职业指导和创业教育培养模式。"三级"指"学校、二级学院、系室"三级管理工作体系，"四段"指"创业意识启发、创业知识培养、创业能力提升、创业成果评估"四阶段培养实施体系。高职教师也在课程中融入创新创业理念，高职创新创业教育在逐步参与中进步，在学习探索中成长。

四、高职特色科学创新发展时期的创新创业教育主动适应、改革创新阶段

2011—2020年，高职全面加强内涵建设，全面推进特色发展、科学发展、创新发展，创新创业教育进入主动适应、改革创新阶段。

2010年发布的《国家中长期教育改革和发展规划纲要（2010—2020年）》提出"大力发展职业教育，建立现代职业教育体系"，职业教育类型说得到确立；教育部、财政部《关于进一步推进"国家示范性高等职业院校建设计划"实施工作的通知》提出"新增100所左右骨干高职建设院校"，推动高职内涵建设。2011年，为促进"政府主导、行业指导、企业参与"办学机制的形成，教育部出台了《关于充分发挥职业教育行业指导作用的意见》；为增强职业教育吸引力，教育部出台了《关于推进中等和高等职业教育协调发展的指导意见》；为

推动体制机制创新，深化校企合作、工学结合，促进高职办出特色，教育部出台了《关于推进高等职业教育改革创新引领职业教育科学发展的若干意见》；为推动和加强高职教师队伍建设，教育部出台了《关于实施职业院校教师素质提高计划的意见》。2012 年，国务院出台了《关于加强教师队伍建设的意见》，教育部等四部委印发了《职业学校兼职教师管理办法》。为推动高校教师评价改革，2013 年教育部出台了《关于深化高等学校科技评价改革的意见》，2016 年出台了《关于深化高校教师考核评价制度改革的指导意见》。2014 年，《国务院关于加快发展现代职业教育的决定》提出"到 2020 年，形成适应发展需求、产教深度融合、中职高职衔接、职业教育与普通教育相互沟通，体现终身教育理念，具有中国特色、世界水平的现代职业教育体系"的宏伟目标。同年，为落实决定，教育部等六部委印发《现代职业教育体系建设规划（2014—2020 年）》，全面加强现代职业教育体系建设；为推动高校学术民主，教育部发布了《高等学校学术委员会规程》；为推进现代学徒制，教育部出台了《关于开展现代学徒制试点工作的意见》。2015 年，教育部出台了《关于深化职业教育教学改革全面提高人才培养质量的若干意见》；教育部、人力资源社会保障部出台了《关于推进职业院校服务经济转型升级面向行业企业开展职工继续教育的意见》；教育部印发了《高等职业教育创新发展行动计划（2015—2018 年）》《职业院校管理水平提升行动计划（2015—2018 年）》。特别是 2014 年 6 月 23 日，习近平总书记在全国职业教育工作会专门就职业教育工作作出重要系统化指示："职业教育是国民教育体系和人力资源开发的重要组成部分，是广大青年打开通往成功成才大门的重要途径，肩负着培养多样化人才、传承技术技能、促进就业创业的重要职责，必须高度重视、加快发展。""要树立正确人才观，培育和践行社会主义核心价值观，着力提高人才培养质量，弘扬劳动光荣、技能宝贵、创造伟大的时代风尚，营造人人皆可成才、人人尽展其才的良好环境，努力培养数以亿计的高素质劳动者和技术技能人才。要牢牢把握服务发展、促进就业的办学方向，深化体制机制改革，创新各层次各类型职业教育模式，坚持产教融合、校企合作，坚持工学结合、知行合一，引导社会各界特别是行业企业积极支持职业教育，努力建设中国特色职业教育体系。要加大对农村地区、民族地区、贫困地区职业教育支持力度，努力让每个人都有人生出彩的机会。""要求各级党委和政府要把加快发展现代职业教育摆在更加突出的位置，更好支持和帮助职业教育发展，为实现"两个一百年"奋斗目标和中华民族伟大复兴的中国梦提供坚实人才保障。"[16] 为职业教育指明了方向，高职教育处于"高度重视，加快发展"新阶段。

　　高职院校在"国家高度重视、示范院校引领、内涵建设提升"中实现特色科学创新发展，"服务发展、促进就业"成为高职办学方向。党的十八大提出"实施创新驱动发展战略"和"促进就业和鼓励创业"，对创新创业人才培养作出重要部署，国务院对加强创新创业教育提出了明确要求。2012 年，教育部办公厅印发了《普通本科学校创业教育教学基本要求(试行)》，首次系统提出了高校创业教育的教学目标、教学原则、教学内容、教学方法和教学组织，同时，以附件颁发了《"创业基础"教学大纲(试行)》，规定课程性质"是面向全体高校学生开展创业教育的核心课程，要纳入学校教学计划，不少于 32 学时、不低于 2 学分"。这对高校深入开展创新创业教育具有里程碑意义，将创新创业教育从"副食"变成了"主食"，创新创业教育不再是只针对少数有创业意愿学生的个别教育，而是面向全体学生，促进学生创业就业和全面发展的素质教育，服务学生终身可持续发展。2015 年 5 月，国务院出台的《关于深化高等学校创新创业教育改革的实施意见》明确提出了"到 2020 年建立健全课堂教学、自主学习、结合实践、指导帮扶、文化引领融为一体的高校创新创业教育体系，人才培养质量显著提升，学生的创新精神、创业意识和创新创业能力明显增强，投身创业实践的学生显著增加"的改革目标，要求"面向全体、分类施教、结合专业、强化实践……努力造就大众创业、万众创新的生力军"。高职院校创新创业教育全面实施，坚持"创新引领创业，创业带动就业"，高职院校创新创业教育主要类型有知识普及型、实训模拟型、竞赛引领型、项目培育型、精英小班型。"挑战杯"已经形成了国家、省、高校三级赛制，高职以"挑战杯"竞赛为龙头，不断丰富活动内容，拓展工作载体，把创新教育纳入教育规划，使"挑战杯"竞赛成为高职学生参与科技创新活动的重要平台。在浙江、天津、辽宁等地先行"试点"针对职业院校学生的创新创业大赛的基础上，2014 年 7 月，首届"挑战杯——彩虹人生"全国职业学校创新创业大赛在浙江杭州举行，"彩虹人生"挑战杯赛成为全国级的统一竞赛，变"零星试点"为全国级的统一竞赛。2015 年 10 月 24 日，由南京工业职业技术学院牵头举办的全国高等职业院校创新创业教育联盟成立大会在武汉召开，标志着高职创新创业教育进入正规化发展。2016 年 10 月 14 日，第二届中国"互联网+"大学生创新创业大赛总决赛在武汉举行。湖北交通职业技术学院"挖掘机智能管家"项目获银奖。国务院副总理刘延东在湖北调研时强调，深化创新创业教育改革，全面提高人才培养质量，为创新型国家建设提供有力支撑。2016 年 7 月，《湖北省自主创新促进条例》出台，条例指出应鼓励高等院校开发、开设创新创业培训课程和平台，加强大学生创新创业培训，丰富创新创业活动，允许大学生调整学业进程、保留学籍休学创新创业，创业实践可以按照相关规定计入学分。对入驻科技企业孵化器或大学生创业基地的大学生创业者应当给予房租优惠、创业辅导等支持。至此，高职创新创业教育有了地方法律依据。2017年，党的十九大报告指出："大规模开展职业技能培训，注重解决结构性就业矛盾，鼓励创业带动就业。提供全方位公共就业服务，促进高校毕业生等青年群体、农民工多渠道就业创业。"创新创业教育改革得到空前重视，政策文件密集出台，2017年，国务院出台《国务院关于做好当前和今后一段时期就业创业工作的意见》（国发〔2017〕28号）、《新一代人工智能发展规划》（国发〔2017〕35号），《国务院关于强化实施创新驱动发展战略进一步推进大众创业万众创新深入发展的意见》（国发〔2017〕37号）提出："大众创业、万众创新深入发展是实施创新驱动发展战略的重要载体"。科技部出台《国家科技企业孵化器"十三五"发展规划》（国科办高〔2017〕55号）。中办国办出台《关于深化教育体制机制改革的意见》指出"完善提高职业教育质量的体制机制。着力培养学生的工匠精神、职业道德、职业技能和就业创业能力"。国家政策导向强力推动了高职创新创业教育，高职学校普遍开展了创新创业教育，改革实践不断深入。高职创新创业教育在主动适应中普及，在改革创新中发展。

高职全面贯彻"创新、协调、绿色、开放、共享"五大发展理论，全面落实《国务院办公厅关于深化高等学校创新创业教育改革的实施意见》（国办发〔2015〕36号），坚持"服务发展、促进就业"办学方向，以"增强学生就业创业能力为核心"提高人才培养质量，以"创新引领创业、创业带动就业"主动适应经济发展新常态，创新创业教育普遍得到高职学校高度重视。这一时期高职创新创业教育改革的位置更加突出，成为高职的普遍共识和共同行动，创新创业教育理念不断更新、体制机制逐步健全、工作机制基本形成，创新创业教育融入教育教学全过程，创新创业协同育人机制得到强化，创新创业课程体系不断健全，创新创业思想方法融入课堂教学，学校的考核更加注重学生的创新创业素质能力；创新创业实践平台不断丰富，各校都有自己专业特色的创新创业实践基地、创业孵化基地、创业示范基地、创新创业大赛培训基地，有利于创新创业教育教学和学生创新创业的教学和学籍管理制度的建立，有利于不断加强教师创新创业教育教学能力建设；学生创新创业指导服务机构不断健全、平台不断完善、指导更加有效、帮扶更加到位，创新创业资金支持和政策保障体系不断完善，创新创业素质能力纳入人才培养质量标准和高职教育教学评估指标体系；高职创新创业教育情况成为教学质量年度报告和毕业生就业质量年度报告的重点内容之一，"课堂教学、自主学习、结合实践、指导帮扶、文化引领融为一体的高职创新创业教育体系"基本建立,"敢为人先、敢冒风险、宽容失败"的创新创业氛围环境逐步形成,高职学生的创新精神、创业意识和创新创业能力不断增强。

五、高职高质量发展新时代的逐步完善、提高质量阶段

2019 年开始,国家推动实施中国特色高水平高职学校和专业建设计划(以下简称"双高计划"),建设一批当地离不开、业内都认同、国际可交流的高职学校。"双高计划"通过"引领改革、支撑发展、中国特色、世界水平"的质量内涵建设,推动高职高质量发展,创新创业教育步入逐步完善、提高质量新阶段。

党的十八大以来是新时代的历史起点。习近平总书记在党的十九大报告中用"五个是"概括了新时代的实质内容:这个新时代,是承前启后、继往开来、在新的历史条件下继续夺取中国特色社会主义伟大胜利的时代;是决胜全面建成小康社会、进而全面建设社会主义现代化强国的时代;是全国各族人民团结奋斗、不断创造美好生活、逐步实现全体人民共同富裕的时代;是全体中华儿女勠力同心、奋力实现中华民族伟大复兴中国梦的时代;是我国日益走进世界舞台中央、不断为人类作出更大贡献的时代。2018 年 9 月,全国教育大会在北京召开,习近平总书记指出:党的十九大从新时代坚持和发展中国特色社会主义的战略高度,作出了优先发展教育事业、加快教育现代化、建设教育强国的重大部署。尤其是在强化大学生创新创业教育培训中提出:在全国高校推广创业导师制,把创新创业教育和实践课程纳入高校必修课体系,允许大学生用创业成果申请学位论文答辩。支持高校、职业院校(含技工院校)深化产教融合,引入企业开展生产性实习实训。

国家实施创新驱动发展战略,经济转型推动高质量发展。2019 年 2 月,国务院印发《国家职业教育改革实施方案》,明确提出"推进高等职业教育高质量发展"的重要任务。高职院校根据《教育部 财政部关于实施中国特色高水平高职学校和专业建设计划(以下简称"双高计划")的意见》(教职成〔2019〕5号)、《中国特色高水平高职学校和专业建设计划项目遴选管理办法(试行)》(教职成〔2019〕8 号)、《教育部办公厅 财政部办公厅关于开展中国特色高水平高职学校和专业建设计划项目申报的通知》(教职成厅函〔2019〕9 号)的要求,开始申报"双高计划"。2019 年 12 月 18 日,教育部、财政部正式公布了"双高计划"建设名单,共有 197 所高职学校入选,包括 56 所高水平学校建设和 141 所高水平专业群建设。这是继我国普通高等教育"双一流"后,国家在

职业教育领域的一次重要制度设计，目的是打造一批当地离不开、业内都认同、国际可交流的职业教育"样板房"。至此，高职步入了高职高质量发展的新时代，高职创新创业教育进入逐步完善、提高质量阶段。

习近平总书记指出"抓创新就是抓发展，谋创新就是谋未来"，经济高质量发展要从"有没有"向"好不好"转变，从"旧动能"向"新动能"提升，从"积累量"到"提升质"发展，以创新为支点推动中国经济高质量发展，这就要求高职高质量的创新创业教育适应新发展要求。如何完善高职创新创业教育体系，推动高职创新创业教育高质量发展将成为重要课题。高职创新创业教育将在"双高计划"的落地中，扮演高质量发展的重要"角色"，为培养高质量创新型技术技能人才发挥重要作用。

在指导思想上，服务国家创新驱动发展战略。要以习近平新时代中国特色社会主义思想为指导，全面贯彻新发展理念，主动适应高质量发展新要求，打造创新创业教育升级版，坚持创新引领创业、创业带动就业，以推进素质教育为主题，以提高人才培养质量为核心，以创新人才培养机制为重点，以完善创新创业教育服务为支撑，加强学校与科技、经济、社会紧密结合，加快培养富有创新精神、勇于投身实践的创新创业人才，服务国家创新驱动发展战略，为建设创新型国家、实现"两个一百年"奋斗目标和中华民族伟大复兴的中国梦提供创新型技术技能人才支撑。

在理念上，创新创业教育理念更加符合时代要求。要树立"大众创业，万众创新""人人可创新，人人可成才""全域教育、全程教育"理念，坚持以立德树人为根本，面向全体高职学生，全领域、全方面、全课程、全过程开展创新创业教育，同时面向社会有创业意愿群体，开放共享创新创业资源，开展创新创业培训。在政策环境上，国家和地方政府应出台有针对性的创新创业教育促进政策，优化创新创业教育服务体系，政行企校合力营造有利于创新创业教育的社会环境，进一步优化创新创业环境，大幅降低创新创业成本，增强创新引领创业作用，提升创业带动就业能力，提升支撑平台服务能力，坚持线上线下结合、产学研用协同、校企深度融合，形成"敢为人先、敢冒风险、宽容失败"的创新创业氛围环境，引导更多学生心仪创新创业、投身创新创业、成就创新创业。

在目标上，学校创新创业教育目标更加明确。服务创新型国家建设，以培养具有创新思维品质、创业基本素质和开创型个性的人才为目标，融合校内外资源，内外协同，开放共享，育训结合，着力培育高职学生的创业意识、创新精神和创新创业能力，同时面向社会有创新创业意向群体，分阶段、分层次、有针对性地开展创新思维培养和创业能力训练，创新创业服务全面提升。

在体制机制上，学校创新创业体制机制更加完善。落实学校创新创业教育主体责任，以"全域教育"理念为引领，强化创新创业教育组织管理体制，学校应提升创新创业教育在学校发展中的重要战略地位，把创新创业教育工作作为人才培养的重要内容，实施"一把手工程"，成立由校内外专家组成的创新创业教育顾问委员会和高职教育集团下的校企合作指导委员会"2个委员会"，建立学校创新创业领导小组、各二级学院创新创业领导小组、各专业创新创业团队领导小组"三级领导"，强化教务处、学生处、团委、创就业中心、财务处、人事处、科研处、国际交流处8个部门密切协作，加强领导，健全组织，构建责权分明、科学高效的创新创业教育组织管理体制，形成校内外专家全程参与高层决策管理、指导教育教学改革，内部各组织机构相互配合、通力合作、制度健全、协同高效的管理运行机制。并使高职创新创业教育体现时代性，把握规律性，富有创造性，体制机制不断健全，形成多元参与、统一领导、齐抓共管、开放合作、协同高效的"1238"创新创业教育组织管理体制机制，推动高职创新创业教育治理能力现代化。[17]

在文化上，创新创业教育文化体系不断健全完善。在国家大力推动创新创业教育背景下，加强创新创业文化的宣传和舆论引导，高职学校更加重视创新创业教育文化建设，将从顶层设计置入、人才培养方案纳入、全部课程贯入、文化氛围营造、创业环境打造、创新创业活动开展、创业学子激励、创新创业教育宣传等全域打造创新创业文化，不断健全完善创新创业教育文化体系。通过创新创业教育实践形成特有的创新创业文化，孕育创新创业精神，创新创业文化引导创新创业教育，推动创新创业教育不断深入，播种创新创业种子，发挥创新创业价值导向作用，使师生在潜移默化中接受创新创业教育，主动参与创新创业教育实践，更好培养高职学生的创新创业意识、创新创业思维、创新创业能力和创新创业行为，吸引更多学生投身创新创业。

在标准上，完善人才培养质量标准。制订实施高职教学质量标准，修订实施高职专业教学标准，明确高职创新创业教育目标要求，使创新精神、创业意识和创新创业能力成为评价人才培养质量的重要指标。高职各专业要制修订专业人才评价标准，完善专业教学质量标准，完善人才培养方案。

在课程上，创新创业教育课程体系不断健全。高职院校将根据人才培养定位和创新创业教育目标要求，促进专业教育与创新创业教育有机融合，调整专业课程设置，挖掘和充实各类专业课程的创新创业教育资源，在传授专业知识过程中加强创新创业教育。面向全体学生开发开设研究方法、专业前沿、创业基础、就业创业指导等方面的必修课和选修课，纳入学分管理，建设依次递进、有机衔接、科学合理的创新创业教育专门课程群。各高职院校将加快创新创业教育优质课程信息化建设，推出一批资源共享的慕课、视频公开课等在线开放课程。建立在线开放课程学习认证和学分认定制度。组织专业带头人、行业企业优秀人才，联合编写具有科学性、先进性、适用性的创新创业教育重点教材。

在队伍上，高职教师创新创业教育教学能力建设不断加强。高职院校将明确全体教师创新创业教育责任，完善专业技术职务评聘和绩效考核标准，加强创新创业教育的考核评价。配齐配强创新创业教育与创业就业指导专职教师队伍，并建立定期考核、淘汰制度。聘请知名科学家、创业成功者、企业家、风险投资人等各行各业优秀人才，担任专业课、创新创业课授课或指导教师，并制定兼职教师管理规范，形成学校创新创业导师人才库。将提高高校教师创新创业教育的意识和能力作为岗前培训、课程轮训、骨干研修的重要内容，建立相关专业教师、创新创业教育专职教师到行业企业挂职锻炼制度。加快完善高职科技成果处置和收益分配机制，支持教师以对外转让、合作转化、作价入股、自主创业等形式将科技成果产业化，并鼓励带领学生创新创业。

在平台上，创新创业教育平台体系不断健全。高职院校将普遍建立健全学生创业指导服务专门机构，做到"机构、人员、场地、经费"四到位，对自主创业学生实行持续帮扶、全程指导、一站式服务。基础平台更加扎实，为全体学生提供良好的创新创业学习平台。校企合作平台更加深入融合，建立校企联合的创新创业教育机制。地方、高职两级信息服务平台不断完善，全国大学生创业服务网功能更全面，能为学生实时提供国家政策、市场动向等信息，并做好创业项目对接、知识产权交易等服务。网络培训平台不断优化，各地区、各有关部门将积极落实高校学生创业培训政策，研发适合学生特点的创业培训课程，鼓励高校自主编制专项培训计划，或与有条件的教育培训机构、行业协会、群团组织、企业联合开发创业培训项目。学生创业指导服务持续改进，各地区和具备条件的行业协会针对区域需求、行业发展，将定期发布创业项目指南，引导学生识别创业机会、捕捉创业商机。政策保障和资金支持平台更加有力，大学生创业引领计划深入实施，各项扶持政策和服务措施有效落实，有利于互联网创业的扶持政策更加有力，各地区、各有关部门将整合发展财政和社会资金，支持高校学生创新创业活动；各高等院校将优化经费支出结构，多渠道统筹安排资金，支持创新创业教育教学，资助学生创新创业项目；中国教育发展基金会设立大学生创新创业教育奖励基金，用于奖励对创新创业教育作出贡献的单位；更多社会组织、公益团体、企事业单位和个人将设立大学生创业风险基金，以多种形式向自主创业大学生提供资金支持，提高扶持资金使用效益。

在考核评价上，教学方法和考核方式持续改进。高职院校教育教学将广泛开展启发式、讨论式、参与式教学，扩大订单班教学覆盖面，持续推动教师把国际前沿技术发展、最新研究成果和实践经验融入课堂教学，注重培养学生的批判性和创造性思维，激发创新创业灵感。充分应用信息化教学手段，运用大数据技术，掌握不同学生学习需求和规律，为学生自主学习提供更加丰富多样的教育资源。改革考试考核内容和方式，注重考查学生运用知识分析、解决问题的能力，探索非标准答案考试，破除"高分低能"积弊，建立学分银行，将学生创新创业成果替换学分，用评价引导学生主动参与创新创业活动。

在国际交流上，推进创新创业教育国际化发展。坚持引进来与走出去相结合，加强国际交流合作，促进国际国内创新创业教育资源集聚共享，学生参加国际技能大赛项目和人数不断增多，成绩不断提高，创新创业教育国际化水平得到提升。

在体系上，创新创业教育体系更加完善有效。国家政策支持体系更加有力，国家通过改革科技管理体制，加强创新政策评估督查与绩效评价，形成职责明晰、积极作为、协调有力、长效管用的创新治理体系，政府推进创新的作用发挥更好，为创新创业教育提供正向引导和有力支持。高职院校创新创业教育体系日臻完善，创新创业文化逐步形成，文化建设宣传体系化；根据人才培养定位和创新创业教育目标要求，人才培养方案更加注重专业教育与创新创业教育有机融合，调整专业课程设置，强化创新创业课程，挖掘和充实各类专业课程的创新创业教育资源，在传授专业知识过程中加强创新创业教育，面向全体学生开发开设创新方法、专业前沿、创业基础、就业创业指导等方面的必修课和选修课，纳入学分管理，建设依次递进、有机衔接、科学合理的创新创业教育专门课程群，创新创业教育全程育人课程体系化；组织专业带头人、行业企业优秀人才，联合编写具有科学性、先进性、适用性的创新创业教育教材，创新创业教材体系化；创新创业教育优质课程信息化建设加快步伐，资源共享的慕课、视频公开课等在线开放课程不断推出，在线开放课程学习认证和学分认定制度不断建立，创新创业课程教学信息化；高职技术技能培养更加突出，产教融合更加深入，"1+X"证书在各专业试点后普遍实施，技能大赛覆盖面不断扩大，学生技能大赛体系化；教育教学评价更加注重学校创新创业教育成果和教师学生创新创业成果，开展多元教育教学评价，创新创业教育教学评价多元化、体系化；在高职学院，创新创业学院、创业孵化基地、技能实践基地、合作研发基地、创客空间等平台不断健全完善，创新创业实践不断深入，创新创业平台体系化。

第二章　高职创新创业教育现状与主要问题

第一节　高职创新创业教育现状

一、高职创新创业教育理论研究

国外的创新创业教育起步较早，创业思想渗透性较强，课程丰富，形式多样。国外很多高校不仅较早地开设了创业课程，还积极将创业思想渗透到各科教学和教师教学中去。美国高校要求所有教学科目都要体现创业教育思想，所有教师都要传授与创业有关的内容，积极培养当代大学生良好的创业意识和创业基本素质。李萍，郑旭（2012）分析了美英日大学生科技园创新创业人才培养特点并提出了对我国创新创业教育的建议。[18]胡桃，沈莉（2013）介绍了以"创新创业课程"著称的百森商学院的创业课程体系改革和斯坦福大学的"产学研一体化"创新创业教育模式，并提出了发展建议。[19]R. Radharamanan（2014）研究了工程专业创新创业教育问题，指出工程专业学生应该通过创新创业教育，来解决当今很多专业和社会问题。[20]林雪治（2015）研究了国外创新创业课程体系的课程对象、课程性质、课程模块、课程类型、课程内容，提出了集基础教育、孵化培养、精英培育于一体的连贯性、递进式、金字塔型、全覆盖、分层次的创新创业人才培养课程体系。[21]郝杰等（2016）研究了美国创新创业教育体系中政府、学校、社会三个重要主体在推动创新创业教育的做法，对我国创新创业教育改革提出了建议。[22]

国内的创新创业教育起步较晚，近几年很多学者关注创新创业教育。谭德新（2014）介绍了创新创业教育、培养大学生创新创业能力的意义与培养大学生创新创业能力的重要性。[23]张伟娟（2015）研究了高职院校创新创业存在的问题，从自己学校的角度给出了较好的对策和建议，对其他学校有很好的借鉴作用。陈怡（2015）分析了高职院校在创新创业人才培养模式上存在的问题及原因，进而提出了优化创新创业人才培养模式的对策。[24]刘洋（2015）探究个性化教育的基本内涵及其与大学生创新创业人才培养的关系。[25]刘喻等(2017)研究了高职创新创业课程体系的构建。[26]

　　以上文献关注的是创新创业教育模式和专业教育问题,较少文献关注创新创业教育质量评价问题。Jones(2017)研究了创新创业教育课堂中,情感影响的作用。[27]Johannisson(2018)分析了创新创业教育目前存在的问题,以及未来的实施方向。[28]白桂银等从人才培养模式的界定入手,研究了职业教育人才培养模式改革的意义,提出了基于职业技能大赛的人才培养改革途径。[29]陈燕等(2020)对新时代高职院校大学生创新创业实践进行了探索。[30]李德平等(2020)对高校创业教育文化体系构建进行了研究。[31]杨勇等(2020)对高质量发展导向下高职创新创业教育系统构建的意义、取向与路径进行了探讨。[32]研究理论主要包含以下几方面:首先是高职创新创业教育研究,主要包含创新创业教育现状和创新创业教育体系研究两个方面。其次是关于高职学生创业意愿方面的研究,主要从高职学生创业意愿的影响因素开展论述。再次是高职学生创业政策内涵,主要涵盖创业政策的历史演变、基本内涵、分析框架和实施模式进行了研究。最后就创新创业文化、课程、大赛、服务平台、实践案例进行了探索。但缺乏对高职创新创业教育系统化设计、体系化构建。

二、高职创新创业教育实践基地研究

　　创新创业孵化基地的研究最早起源于美国,开始于 20 世纪 80 年代,最重要的理论是在 1996 年发表的《经济发展中的企业孵化器》一文,这篇文章就孵化基地进行了全面的、科学的、系统的、多角度的分析和研究,详细介绍了概念的来源、功能和作用、目前的发展情况和将来可能出现的情况,并提出了该机构将可能会影响到地区、国家的经济发展趋势和水平。

　　德国高度重视创新创业教育,德国政府是创新创业孵化基地的第一支持者,除在宏观上为创业者提供政策、经费等方面的支持,还鼓励德国各大银行和大型公司都成立有创新创业基金,强化企业在大学生创新创业孵化基地建设中的引导作用,许多企业会经常组织创新创业相关的讲座和培训,为大学生及时有效地提供支持,帮助他们解决发展中的各种困难。

　　新加坡是亚太地区较早推行创新创业教育的国家。1998 年新加坡制定了"全国创新行动计划",由政府带头,联合学校、企业共同实施这一方针。经过二十年的发展,新加坡已具有一套完备的创新创业教育体系和丰硕的创新创业教育成果。新加坡高校十分鼓励师生将其创新成果产业化,并在校园开设"企业培育所"(相当于创新创业孵化基地),为创业者提供充足的服务。据统计，1997 年以前新加坡仅有 9 家科技企业，1998 年到 2001 年间，每年平均诞生 10 家科技企业，2003 年到 2005 年每年平均诞生 20 家。其创业孵化基地的建设对学生开展创业实践的作用十分明显。

就当前国际经济发展态势来看，各个国家都高度重视科技创新对本国经济发展的贡献，中小企业的发展成为国际各国普遍关注的问题，也成为未来国际经济竞争中重要且有力的一环。坚持创业孵化基地的建设，有利于大学生创业、促进中小企业质量与数量的双重提高、营造创新创业的社会潮流、提供更多的就业岗位、减轻社会就业负担、带动经济发展、实现产教深度融合。

国家和地方高度重视高校"双创"工作，颁布了一系列支持大学生创新创业的举措。在创业孵化基地建设领域，2015 年，国务院先后出台《关于发展众创空间推进大众创新创业的指导意见》和《关于加快构建大众创业万众创新支撑平台的指导意见》，明确提出要加快构建众创空间，推广新型孵化模式，充分利用大学科技园和高校、科研院所的有利条件，构建一批低成本、便利化、全要素、开放式的众创空间。鼓励各类科技园、孵化器、创业基地等加快与互联网融合创新，打造线上线下相结合的大众创业万众创新载体。2016 年和 2017 年国务院办公厅连续两年发布《关于建设大众创业万众创新示范基地的实施意见》，明确提出建设一批双创示范基地、扶持一批双创支撑平台、突破一批阻碍双创发展的政策障碍、形成一批可复制可推广的双创模式和典型经验。2018 年国务院发布《关于推动创新创业高质量发展打造"双创"升级版的意见》，提出大力促进创新创业平台服务升级，提升孵化机构和众创空间服务水平。引导众创空间向专业化、精细化方向升级，鼓励具备一定科研基础的市场主体建立专业化众创空间。在国家宏观政策的推动下，国内各高职院校都十分支持创新创业孵化基地的建设，并积极进行了理论与实践方面的分析研究及有益尝试。

在理论研究层面，高等院校对大学生创业孵化园的探索和研究，主要集中在国家和地方政府引导、决策和规模化效应的分析上，集中在对名优高校创业孵化园区建设的关注和探讨层面。高职院校对大学生创新创业孵化基地的研究主要集中在对高职院校创业孵化园建设的 SWOT 分析上和问题与对策层面，如晋中职业技术学院王丽洪老师的《基于 SWOT 分析的大学生创业孵化园现状研究》、广州科技贸易职业学院的杨珩老师的《高校创新创业孵化基地建设研究》等。

在实践探索层面，位于四川成都龙潭总部的大学生创业孵化园，是我国第一个综合型的大学生创业孵化园。开园当天，21 个大学生创业项目通过审核并入驻。孵化园引进了关于现代大学生自主创业的相关项目，这些项目基本是大学生作为志愿者来参与的，在岗位上进行实习实践、提升能力，最后在此基础上完成就业需要或者进行自主创业。在这个孵化园里，有提供创业、就业扶持帮助的大创中心，它能进一步帮助大学生创业项目快速发展、健康成长。该大学生创业孵化园和学生教学实践、顶岗实习无缝对接，对于研究职业类院校创新创业孵化基地的建设具有借鉴意义。

苏州市大学生创业工作起始较早，但真正自觉进行创业思考和实践并形成社会热点效应，是在近年来政府有针对性的政策引导、政策扶持和政策推动之下逐步形成的，特别是苏州市以创建创业型城市为契机，大力开展创建工作以带动大学生创业促进就业活动。苏州市相关部门从组织领导、目标任务、政策引导、服务保障和监督考核等多方面深入开展创建工作，尤其是主动抓好组织领导体系、政策支持体系、创业培训体系、创业服务体系和工作考核体系五大工作体系的构建，为推动大学生创业促进就业工作营造了良好的政策和环境氛围。目前，苏州市已拥有苏州大学科技创业园、苏州沧浪区大学生创业孵化基地、苏州市职业大学大学生创业园、姑苏区大学生创业园、吴中区大学生创业园和苏州工业职业技术学院阳光观前大学生创业基地等大学生创业孵化基地。

随着高职快速发展，高职学生就业压力加大。为解决就业难问题，湖北交通职业技术学院在招生就业处成立了就业指导中心，加强就业指导教师培养与培训，开发就业创业指导教材，开设就业指导课程、建立就业指导保障体系。2007年通过省交通厅"高职院校就业指导与创业教育研究"课题，探索建立了"三级四段"的职业指导和创业教育培养模式。"三级"指"学校、二级学院、系室"三级管理工作体系，"四段"指"创业意识启发、创业知识培养、创业能力提升、创业成果评估"四阶段培养实施体系。主要方法是创建校企合作实习实训基地，强化就业指导，组织各类专业技能比赛，开展就业创业知识教育，提高学生就业率和就业质量，使毕业生就业率始终保持在96%以上。以扶持学生创新创业为目标，建立创新创业教育体制机制，打造创新创业教师队伍，开展创新创业教育与实践，突出"服务性、公益性、示范性、专业性"特征，创建"社团、竞赛、基地"等学生创新创业实践平台，致力于培养一批技术服务型、产品开发型和特色商业服务型自主创业典型，使得每年有2000余名学生在实践平台得到锻炼，每年有20余支创业团队(项目)进入学校创业基地孵化，参与创业项目人数140人，其中由学校教师牵头的创业团队9支，参与创业项目人数124人，实现创业带动就业的倍增效应。一批批优秀学生参加全省、全国大学生科技创新创业等大赛，获得优异成绩，学校毕业生就业率上升到98%以上，2016年学校成为湖北省高校毕业生就业统计省级核查免检单位之一，毕业生自主创业率4.5%，高于全国3.9%的平均水平(来自麦可思数据公司的调查)。

三、高职院校创新创业教育调研

通过面对面填写纸质文件的方式，笔者开展了湖北交通职业技术学院、武汉软件工程职业学院、荆州职业技术学院、武汉交通职业学院、长江工程职业技术学院、武汉城市职业学院、武汉城市职业学院、湖北轻工职业技术学院、湖北国土资源职业学院、湖北青年职业学院、武汉警官职业学院、湖北城市建设职业技术学院、长江职业学院等高职院校的创新创业教育现状调研，通过以下10个问题，了解各高职院校创新创业教育落地实施情况、人才培养状况等现状。

(1)学校提供了哪些创新创业条件？

(2)本校学生创新创业项目的主要形式？

(3)本校学生创新创业项目有何特色？

(4)本校学生创新创业项目实施的盈利状况？

(5)本校创新创业项目如何推广？

(6)人才培养方案是否针对新的形势有所调整？

(7)创新创业类课程所占比重是多少？

(8)创新创业教育课程体系构建如何？

(9)创新创业教育师资情况如何？

(10)其他成功经验。

通过调研得知，大部分院校投入大量资金开展创新创业教育。77.78%的学校设置了创新基地或特区，85.19%的学校提供了齐全的办公设备和较好的办公条件，81.48%的学校启动了创业项目校内选拔赛，62.96%的学校有专门负责的部门，59.26%的学校提供了配套管理机制。88.89%的学校为学生创业项目推广提供了较好的平台，81.48%的学校学生创业项目实现盈利，85.19%的学校学生的创新创业项目分散在各个专业类别。

通过问卷星平台发布创新创业教育满意度问卷，学生匿名填写方式调研学生对学校创新创业教育满意度情况。收到来自湖北交通职业技术学院、湖北青年职业技术学院、湖北城市建设职业技术学院、武汉职业技术学院、武汉船舶职业技术学院等问卷文件1044份，其中977份有效问卷，问卷有效率93.6%。前4题为基本信息题，学校、专业、性别、就读年级。第5—12题为信息获取或多选题，对学校创新创业教育现状做一个基本调研。第13题为学校目前创新创业教育能否满足需求。

课程设置满意度题目为：

第14题：课程数量设置能够满足学生的需求

第15题：课程设置系统性，全面性

第16题：课程类别满足各专业需求

第17题：课程入门门槛低

师资满意度题目为：

第18题：教师规模保证各类创新创业课程的开设

第19题：各种类型教师组成创新教育团队

第20题：教师专业性强有深入见解

第21题：教师具有创新意识

第22题：教师上课形式多样，对学生创新创业有较强启发

第23题：教师实践能力强，能够给予较好的指导

对学校支持满意题目：

第24题：学校实践基地能满足各专业学生的需求

第25题：学校对学生项目孵化资金支持充足

第26题：学校创新创业项目展示平台较好

第28题：学校对创业学生奖励设置较好

第27题：学校对项目评判标准客观、公正

通过抽样当面咨询，了解到学生填"一般"的大部分对这一选项不太满意，少部分是无所谓，因此我们将"一般及以下"记为不满意选项。通过数据可以看出，认为学校创新创业教育对自己有帮助的学生，对课程设置满意度最高为52.95%，对师资满意度最高为61%左右。认为对自己没帮助的同学里，对课程设置满意度仅15%左右，对师资满意度均在26%以下。对学校支持的满意度在54%以下。

四、高职院校创新创业孵化基地建设调研

随着大学生创新创业的浪潮日益兴起，为了帮助扶持大学生创新创业，全国各地政府和高校陆续建立了自己的大学生创新创业孵化基地，包括各类大学科技园、大学产业园、大学创业园(街)、大学生创客空间、大学生创业特区等。各高校创业基地通过对大学生创业项目的孵化，对提高大学生创业的成活率与创业企业竞争力，提升大学生整体就业率均起到了较为积极的作用。采用

访谈与问卷调查相结合的方式，笔者走访了湖北省内 15 家在创新创业孵化基地建设方面有代表性的高职院校，就大学生创新创业孵化基地现状及其表现特征进行了调研。

(一) 襄阳职业技术学院——搭建立体多元创新创业平台

学校构建了"大学科技园+院士工作站+研究机构+创客空间+职教集团"立体多元的创新创业平台体系。襄阳市大学科技园助力近 200 家企业逐步壮大，提供就业岗位 2261 个，年创产值 2.5 亿元；由中国科学院刘嘉麒院士、中国工程院王天然院士领衔的院士工作站，积极推进区域产业技术革新、新技术推广示范；组建了湖北麦冬工程技术中心等 17 个技术研究机构，18 个科研团队，合作共建了 4 个产业公共服务平台；建有国家级、省级、校级专业型创客空间 22 个；作为汉江流域创新创业联盟、鄂西高职教育联盟、湖北汽车工程职教集团、湖北现代畜牧业职教集团、襄阳高校科协联盟、襄阳职教集团牵头单位充分发挥了创新创业教育资源整合、带头示范的功效，有效促进了跨地域、跨高校、跨学科的交流与合作。

(二) 咸宁职业技术学院——多元化构筑教育实践体系，做实"一园两院"基地平台

为了落实咸宁市"十三五"规划提出了"支持咸宁职业技术学院办好大学科技园，与咸宁高新区，各县市(区)人民政府共建创业创新学院、特色产业学院"的要求，学校积极推进"一园两院"建设，逐步夯实"创新创业型大学"的基石。一是校企合作共建大学科技园。2017 年，学校与湖北省供销合作总社合作建设供销 e 家电商创业园，建成创业实训基地 3000 余平方米；2018 年年初，学校与中科院深圳先进技术研究院旗下企业合作共建香城科创小镇，一期 2500 平方米已建成，二期、三期共 30000 平方米正在分期推进。目前，学校大学生科技园共有在孵创业实体 89 个，其中科技型创业项目 15 个。二是校企共建创新创业学院。早在 2015 年 12 月，学校与广东茂名商会、广东万讯网农业股份有限公司、广东工贸职院、广东工程职院等 7 家单位共同发起成立万讯创新创业学院高校联盟，并于 2016 年 3 月在学校率先独立设置了创新创业学院，开设了中小企业创业与经营、电子商务等 3 个专业，现有专任教师 33 人，兼职导师 86 人，学生 1230 人。2017 年 12 月，来自广东、山西等 20 多个高校和企业的代表，在学校成功召开"万讯创新创业学院高校联盟"第三次峰会，并形成了"咸宁共识"。三是政校企共建特色产业学院。为了服务地方发展，带动大众创业，2015 年以来，学校按照"一县一品一专业"的思路，积极推进与县市(区)政府及优势企业合作，相继成立了"通城电子产业学院""通山电商产业学院""咸安机电产业学院"和"赤壁智能制造产业学院",同时开设地方创新创业培养班"共 53 期、共培训 2934 人。

(三)湖北生态工程职业技术学院——立足"一主两翼",打造创新创业孵化基地

学校创新创业孵化基地实行"一主两翼"的布局,即建设有 2600 平方米的校内创新创业孵化基地,校外有占地 1400 亩的大冶和崇阳两个实验林场。校内主基地设有创业孵化区、校企共建孵化区、创业交流互动区、公共服务区四大功能区,统一配备办公桌椅、空调等相应的设施,同时各二级学院的大学生创新创业实践基地达到 2000 平方米。为规范大学生创业孵化基地管理,学校制定了《关于进一步加强大学生创新创业工作的实施意见》《大学生创新创业基金管理办法》《大学生创新创业孵化基地管理办法》《大学生创新创业俱乐部章程》《大学生创新创业孵化基地管理细则》等一系列规章制度。每年学校专门拨付 20 万元的创业工作经费和 50 万元的创业基金,保障孵化基地的正常运行。

(四)武汉船舶职业技术学院——依托优势专业,搭建校企共建创新创业教育实践平台

学校部分专业如:计算机信息类、艺术设计类、电子商务类、船舶设计类等也积极探索专业教育与大学生创新创业教育的深度融合,积极将创新创业元素部署到专业实训室建设中,例如目前已运作的以酒店管理专业实训室为依托的校园酒吧项目;以船舶工程技术专业实训室为依托的"上海佳豪—武汉船院工作站"项目;正在筹建的电子商务、艺术设计中心等,都是学院大学生创新创业基地的有机补充。截至 2018 年 9 月,学院大学生创新创业基地入驻大学生创业项目 7 个,另有近 50 个项目处于申请、审核阶段,目前已实际实施创业项目的在校生有 18 人,2018 届毕业生领取自主创业项目证 10 个。

(五)武汉职业技术学院——搭建实践平台,强化创业实践

学校加大校院两级的创业基地场所建设。一是实现了校内大学生创业基地的升级。2017 年 4 月,在关山校区建成了集大学生创新创意成果作品展示交流、创意活动沙龙、创意作品订制等多个功能的创业基地。2017 年 2 月,在光谷东校区建成了"凌家山创客厅"。集文化交流、创新创业、文体娱乐等功能于一体的"蚂蚁梦工坊"。包括书咖吧、创意工坊、路演汇展厅、乒乓球室、形体房、健身房及团学联办公室等,目前用于大学生创业的校级基地建筑面积达 3300 平方米。二是广泛搭建创新创业专业实践平台。依托专业实验实训室,先后建成"创工坊""梦工坊""喜达"咖啡饼屋、3D 打印中心等专业性的创新创业基地 49 个,与湖北省科协科技发展中心等企事业单位共建"大学生创业实践基地"2个。三是新增一批校外创新创业实践基地。分别与武汉地铁集团、长江存储等企业合作，新建学生校外创新创业实践基地56个。

总之，目前高职创新创业教育在国家的强力推动下，得到高职院校的普遍响应和高度重视，创新创业教育研究逐步深入，所有学校都建立了创新创业工作体制机制，经费投入逐步加大，课程设置不断完善，技能大赛逐步普及，从行业企业引进企业家、技术专家和专业学者作为学校的创业导师，进行校内教师培训，提升师资教育教学能力，创新创业基地或创业特区建设方兴未艾，加大硬件条件建设，出台相关扶持政策，为学生提供政策咨询、项目开发、开业指导、创业培训、融资服务、跟踪扶持等"一条龙"服务，注重实战平台建设，创建创业社团平台、技能竞赛平台、校企合作实践平台、创业孵化平台、网络平台等方式，强化学生创新创业实践，培养学生创新创业意识，激发学生创新创业热情，提高学生创新创业技能，推动学生创新创业实践，展示和推广学生创新创业成果。通过对高职创新创业教育现状调研，各高职院校创新创业教育主要有几种类型：一是以职业技能竞赛为载体，开展创新创业教育；二是以学生就业指导课为依托，开展创新创业教育；三是以学生创业基地（园区）为平台，开展创新创业教育；四是以成立专门组织机构为保证，推动创新创业教育开展；五是以人才培养模式改革创新，培养技术技能型的创新创业人才；六是搭建创新创业教育课程体系，实施创新创业教育；七是融入人才培养方案，全面实施创新创业教育。但学生对学校创新创业课程培养体系、师资水平、实战训练、学校支持的满意度并不是很高，高职创新创业教育仍然存在亟待解决的问题。

第二节　高职创新创业教育主要问题

一、创新创业教育理念普及度不高

就业难、就业不充分、就业质量不高是大学大众化时代高职院校的普遍问题，推行创新创业教育最初、最直接的原因是解决就业难问题。为了有效解决就业难问题，不断提高就业质量，学校领导、就业指导部门和主动参与创新创业教育和研究的教师比较重视高职创新创业教育，创业意愿强烈的学生比较认同，但多数教师和学生仍处于被动参与阶段，创新创业理念普及度不高。其原因有三：一是立意不高。没有从"建设创新型国家"的高度来认识，缺乏人人可创新、个个能出彩的思维。二是价值取向偏差。创新创业理念处在"以就业为导向的价值取向"，没能上升到"适应经济社会和国家发展战略需要、培养创新创业型人才的新教育思想和教育理念的价值取向"。三是眼光太短。只看到高职创新创业教育相对本科院校起步较晚，学生创新创业能力相对本科院校较弱，没看到"大众创业、万众创新"的深远意义。只看到加强学生的专业能力培养，有利于学生择业成功，没看到学生的全面可持续自由发展的需要，创新创业意识和创新创业精神将影响学生终身。只看到学生创业成功率不高，没看到创业成功的学生不但自己解决了就业，还带动了一批学生就业的长远效果。

二、创新创业教育文化引领度不高

创新创业教育文化是注重创新创业教育、重视创新创业实践、提高创新创业倾向的文化，对高职学生的思想、心理、行为产生潜移默化的影响，是一种不可替代的持久引领力量。创新创业需要人人参与，但并非人人都能够创新创业，主要通过文化引领，让学生树立创新创业意识，培育创新创业精神，培养创新创业素质。目前，高职创新创业文化建设系统性、整体性、完备性不够，文化氛围不是很浓厚，文化引领度不高。主要体现在：一是总体规划缺失。学校文化建设规划只有碎片化提及，没有系统化设计。二是创新创业教育制度不够完备。高职都建立了创新创业教育组织机构，但机制制度有待完善。三是全员创新创业教育意识不强。教师缺乏全课程创新创业教育意识，学生缺乏全过程创新创业学习意识，教师就业指导多，创新创业意识培养少，学生参与创新创业活动不普及，学生参与活动主要是技能大赛活动和文化娱乐活动。四是组织创新创业讲座讨论相对较少。相对本科院校，高职开展创新创业讲座相对较少，主要是有创新创业意愿的同学参加创业园讲座，进行小班化研讨性的教学较少。主要原因有：一是文化积淀不够。积淀需要时间，高职教育是以就业为导向的教育，类型教育理念是新时代才逐步被大家认同的，创新创业教育在高职起步较晚，所以，创新创业文化在逐步建立。二是制度欠完善。制度完善是制度文化形成的关键，学校创新创业教育制度要随着教育实践的不断完善，适应创新创业教育发展的要求，形成创新创业教育制度文化。三是文化宣传不到位。要将创新创业文化纳入学校文化建设总体规划，强化创新创业优秀教师、优秀学生、优秀课程、优秀社团和团队、优秀成果案例宣传，提高全员创新创业教育意识，使学校人人知晓、人人参与。四是创新创业讲座组织单一。学校的创新创业管理办公室要积极组织，形成学校、学院、专业三级讨论组织机制，增加讲座研讨密度，提高受众学生面积。

三、创新创业教育师资队伍适应度不高

高职创新创业教师队伍需求缺口较大，整体适应度不高。主要体现在：一是总体数量不适应。作为新兴的学科和课程，创新创业教学师资培养还很难满足实际教学的需要。二是队伍结构不适应。高职从事创新创业的教师主要来自转型的思政课教师、辅导员、团委和极少专业教师，缺少来自企业的教师、缺少实践能力较强的专业课教师、缺少经过创新创业培训的专家型教师。三是队伍素质不适应。高职教师大多是从学校毕业后直接从事教育工作，多数在接受相关知识培训后就为学生授课，讲授内容以理论为主，创新创业意识和能力培养不足，实践指导能力不强。其原因有三：一是高职教师总量不足。相对学生人数，高职专任教师普遍紧张，学校专任教师聘任自主权还没完成放开，只能靠大量聘请兼职教师完成专业教学，专门从事创新创业的教师结构与数量不适应。二是校企深度融合不够。由于合作不深入，企业兼职教师多数担任学生顶岗实习指导教师，难以融入创新创业教育全过程，聘请的企业家或创业人士，也只能进行有限的几次讲座，教学缺乏系统性，有些还缺乏教学经验，教学效果有限。三是创新创业教师培养不够。"双师型"教师培养各高职院校都很重视，有培养规划和措施，但少有创新创业教师培养规划和措施。

四、创新创业教育课程体系科学度不高

在创新驱动发展战略背景下，高职创新创业教育得到普遍认同，并积极开展教育教学探索与实践，但创新创业课程体系科学度不高。主要体现在开设的课程数量偏少且形式单一、缺乏一体化设计。主要原因有三：一是课题开发力度不足。高职普遍重视专业技术技能课程开发与建设，而创新创业教育由于起步较晚、专职教师少，创新创业教育课程开发力度不足，主要借用本科课程，造成课程数量偏少。二是创业实践课程不足。创新创业教育是实践性很强的教育，只进行课堂教育介绍一些创新创业理论，而不开展团队模拟、市场调查、创业实训、实战模拟、实践体验等多种实践教育，增加其在创新创业课程中的比重，很难起到良好效果，由于高职创新创业实践平台发挥不充分，使创新创业实践课程开设不足，这也是造成课程数量偏少、形式单一的重要原因。三是课程一体化规划不足。高职基本上是在已有的课程体系中，加入创新创业教育相关课程，以满足希望了解和学习创新创业教育课程学生的需要，缺乏对创新创业教育课程一体化的整体设计。必修课主要是就业指导和创业知识普及，加上一些创新创业选修课程，对专业课程融入创新创业教育缺乏强制性规定，也

没有通过课程规划进行课程细分，以满足不同类型和层次的学生培养需求，造成创新创业教育的课程少、课时短和学分低。创新创业课程体系科学度不高，影响了学生创新创业的学习和创业实践的积极性，难以有效提高学生的创新创业知识和技能。

五、创新创业教育与专业教育结合度不高

高职创新创业教育与专业教育存在两张皮问题，而且重视专业教育轻视创新创业教育，创新创业教育与专业实践脱离，与专业教育结合度不高。其主要原因有三：一是认识不足。由于创新创业教育在高职起步较晚，是全新的教育理论，高职学生创新创业人数不多、成功人数更少，大家比较认同就业指导和专业教育，认为通过专业教育与就业指导让学生获得专业技术技能，以尽快就业是最好的选择，只看到了立竿见影的就业率，而忽视了学生长远发展和就业倍增的效益，使得专业教师结合专业开展创新创业教育缺乏自觉性和主动性。二是参与不足。高职院校多数只开设了就业指导和少量创业指导课程，创新创造学课程开设率普遍偏低，在专业课中融入创新创业教育内容更是凤毛麟角，没有达到全员参与创新创业教育的新境界。三是应用不足。由于从事创新创业教育的教师绝大多数是非专业课教师和有专业生产实践经验的企业技术人员，他们在创新创业教学中，以创新创业理论知识教学为主，引入少量案例教学，而难以进行创新创业实践指导，造成专业应用不足。

六、创新创业教育保障体系完善度不高

目前高职创新创业教育保障体系完善程度不高。主要体现在：一是政府层面的政策支持力度不足。二是社会企业的供给机会和资金支持不足。三是学校层面的教育资源保障不足。四是对创业学生缺乏有效的激励机制。其主要原因有三：一是教育保障体系亟待建立健全。高职创新创业教育兴起时间不长，其教育保障体系刚刚开始建立，需要有一个健全完善的过程，没有形成支持学生创新创业的一系列稳定政策和体系化制度。二是创业教育资助体系不健全。政府对高职学生缺少创业培训和创业技术支持，有关创业资金资助以及创业税收减免等政策内容也不完善。三是社会企业认识的滞后性。对高职创新创业教育有一个认识提高的过程，只有当学生创新创业取得一定成效时，社会企业才会主动提供机会和资金支持。四是高职院校在规模扩大中，资金相对紧张，用于创新创业教育资源建设投入更是捉襟见肘，使得创新创业教育的硬件和软件设施投入难以有效保障。五是学校制定了激励学生创新创业的制度，但资金不

多，没有形成政行企校合力而进行的多方位激励机制。

七、创新创业教育评价力度不高

目前创新创业教育评价力度整体不高。主要体现在：一是评价体系不健全。二是评价形式表象化。三是评价与学生学业分离。其主要原因有：一是缺乏系统评价。没有一个统一的标准，缺乏从体制机制、资金支持、专业融入、课程体系、技能大赛、创新创业平台、学生学业等全方位评价，建立健全有效的评价体系。二是注重形式评价。在建立创新型国家，推动高质量发展的当下，明确提出"以创新带动创业，以创业促进就业"，国家在重要会议上多次提出要大力加强创新创业教育，培养创新创业型技术技能人才，鼓励个人自主创业，加快经济发展。高职院校形式上都很重视创新创业教育，为了响应"双创"号召，纷纷成立诸如"创新创业中心""创客中心""众创空间""创业孵化基地"等机构或基地，虽名称多样，但实质内容和成果并不多，对部分学校来说，其主要功能并非助力创新创业实践活动的开展，而成为用于对外宣传的"形象工程"，对学校创新创业教育缺乏实质性评价。三是学生创新创业成果没有纳入学生学业评价。高职学生在学习期间，愿意学习新技术，有接纳新事物的积极性，有些学生有很好的创新点子，很多学生很愿意花时间和精力来参加创新创业实践活动，但是，由于学校对于他们的鼓励大多仅限于精神层面，或是对参加创新创业和技能大赛取得成绩的学生给予一次性奖励，与学业成绩联系不多或几乎没有联系，对学生的创新创业活动缺乏系统性引导，缺乏奖励学分和替换学分的激励，导致学生参与此类活动的积极性和持久性不足，仅凭一时热情是很难收到较好效果的。

八、创新创业教育体系健全度不高

"创新创业教育体系亟待健全。"这是《国务院办公厅关于深化高等学校创新创业教育改革的实施意见》（国办发〔2015〕36号）提出的主要问题，同时，文件对创新创业教育改革作出了系统设计、全面部署，要求："到2020年建立健全课堂教学、自主学习、结合实践、指导帮扶、文化引领融为一体的高校创新创业教育体系。"目前，创新创业教育体系健全度不高，主要体现在：一是创新创业文化体系不丰富。二是创新创业教育管理体系不规范。三是创新创业教育教学体系不系统。四是创新创业教育实践基地建设不完善。五是创新创业教育保障体系不完善。其主要原因有：一是部分高职院校重视不够。创新创业文化开发、课程挖掘、宣传引导不够，创新创业教育组织机构不健全，没有设立专门的教育机构，把创新创业教育随意归口，导致管理机构责任不明，分工不清。二是创新创业教育制度不健全，制度缺乏统一的标准，规范性不够。三是专创融合研究不够。创新创业教育的课程设置应建立在专创融合的基础之上，具有多元化和全面化。但是高等职业院校的创新创业教育形式单一，缺乏独立性，专创二者之间缺乏有效的对接，在开展教育过程中往往脱离实际，没能按照高等职业院校自身的特点和优势展开。四是高职财力、物力和场地的限制。导致创新创业教育理论转为实践环节投入不足，学生在校内不能够广泛有效地开展创新创业模拟实训。有一些高等职业院校与企业合作建立了创新创业教育企业实践基地，但是实践基地多是与企业合作，更多的是关心学生的就业而非创业。五是高职创新创业教育兴起时间不长。政府层面没有形成支持学生创新创业的一系列稳定政策和体系化制度。企业认识具有滞后性，企业的供给机会和资金支持不足，还没有形成政行企校合力而进行的多方位激励机制。六是创新创业教育评价有待加强改进。在加强以教师和学生评价为主的校内评价的同时，需要引入校外第三方的评价主体对其客观评价。在评价内容上，需要建立健全包括教学、师资、实践、管理、环境、效果等全方位的创新创业教育评价。

九、创新创业教育成效显著度不高

高职学生是否有创业意向、创业行动以及取得创业成功的数量的多少，是衡量创业教育成败的一个关键指标。目前高职创新创业教育虽然在各地轰轰烈烈地开展着，高职学生创业虽然是凤毛麟角，但也不乏成果的案例。高职创新创业教育应该说是取得了一些成效的，受到了社会关注，技能大赛参与学生数年年增加，从事自主创业的学生也有增加，学生创新创业素质有不同程度的提高，但总体而言，创新创业教育成效不是很显著。主要体现在：一是有强烈创业倾向的学生不多。二是创业的成功率不高。其主要原因有：一是创新创业风险本身很高，成功率本来就低，学生有畏难心理和情绪实属正常。二是就业导向决定了家长的选择，高职订单式培养比较普遍，大部分学生入学时就已决定进企业就业，求稳的思想影响了学生的创业热情。三是隐性成效短期难以被大家认识，学生创新创业知识技能和能力素质短时间不易发现。四是在创业团队（项目）方面，入驻创新创业孵化基地的创业学生团队以本校在校学生为主，学生往往容易忽视对自身创业思维、创业意识和创业能力的培养，忽视实践能力的锻炼和创业经验的积累，一有想法就直接进行产品设计，制订创业计划，过度着眼于项目本身，容易产生短视效应，导致自身创业专业化不足。主要是：第一，知识结构比较单一，知识面比较狭窄。对于产品的市场定位与开发、项目融资、商业模式、风险管理等方面往往缺少专业素养。第二，社会经验尤其是创业经验和市场经验缺乏考虑，创业问题短视化、简单化、理想化，导致在项目选择、规划设计、市场运作等方面出现困难，难以向金融机构或风险投资证明自己的盈利能力，容易造成创业的盲目性，进而导致项目创业失败。第三，心理承受能力较弱，经受不起坎坷和挫折，尤其缺乏对可能遭遇风险和失败的必要准备，容易导致半途而废。五是惠及全体高职学生的创新创业教育全方面、全课程、全过程实施态势尚未形成。创新创业创造本来就不是容易的事。正如 2018 年 5 月 28 日，习近平总书记在出席中国科学院第十九次院士大会、中国工程院第十四次院士大会上，在讲到矢志不移自主创新，坚定创新信心，着力增强自主创新能力时，指出创新从来都是九死一生，但我们必须有"亦余心之所善兮，虽九死其犹未悔"的豪情。高职创新创业教育必须着眼于长远，培养学生创新创业意识、精神、品质和能力，让学生树立创新创业的豪情壮志。

第三章　高职创新创业教育"文化导育"体系研究

第一节　高职创新创业教育文化体系研究的意义

一、国家层面：建设创新型国家的要求

当前，我国已经明确提出建设创新型国家的目标，而建设创新型国家最需要的是人才，并且是具有创新意识和创业精神的优秀人才。因此，首先需要实施创新创业型人才的培养。国外很早就意识到创新创业型人才的重要性，由此而兴起的创新创业教育思潮在经过了几十年的磨合以后，已经逐渐形成了独具特色的创新创业文化。但是，创新创业的相关研究在中国兴起较晚，直到20世纪末，中国才将"创新创业"一词引入国内。之后对于创新创业的研究在中国一直发展得不温不火。直到2014年，李克强总理在夏季达沃斯论坛上，提出要在我国掀起"大众创业""万众创新"的新浪潮，对于创新创业的研究才如雨后春笋般涌现。《国务院办公厅关于深化高等学校创新创业教育改革的实施意见》(国办发〔2015〕36号)指出："深化高等学校创新创业教育改革，是国家实施创新驱动发展战略、促进经济提质增效升级的迫切需要，是推进高等教育综合改革、促进高校毕业生更高质量创业就业的重要举措。"而在创新创业教育改革实施过程中，创新创业教育文化建设是创新创业教育改革成功与否的重要标志，也是响应国家"建设创新型国家"发展战略的要求。[33]

二、市场经济层面：促进经济增长和转型

创新创业教育文化的构建是国家转型期的需要，是经济增长的必然选择。2015年《政府工作报告》明确指出"大众创业、万众创新"是中国经济转型和保增长的"双引擎"，这充分表明了国家对创新创业的重视程度。当前，我国经济正处在高质量发展期，需要创新创业来助力中国经济的发展。中国处在"三

期叠加""去四化"的经济特殊期,要将产业链和价值链推向中高端,保持经济持续稳定的增长,急需创新创业来加速中国经济结构的转型和升级。中国处在新旧动力转换期,要保持中国经济稳定持续的中高速增长,就必须特别鼓励创新创业,以创新供给促进需求的扩张;必须特别支持创新创业企业及其活动,因为它能给中国经济注入新活力,它是刺激经济增长的新动力。[34] 随着我国社会主义市场经济体制的建立和完善,市场供求关系和人才需要相应发生着一系列变化,经济建设对劳动者提出了更高的要求。高职院校人才培养的主要目标是面向社会需求,积极为社会经济发展服务。为社会经济培养具有创新精神、创业意识和创新创业能力的高素质人才是其内在要求。高等职业教育作为高等教育的重要组成部分,不仅要培养懂技能的职业人,还要培养高素质的社会人,要培养具有创新创业精神、适应市场需求的创新创业技术技能人才。而这些,都对高职院校构建创新创业教育文化体系提出了更高的要求。用创新创业教育文化引导创新创业教育,高职院校开展创新创业活动不仅可以带动社会活力、促进就业,实现学生的人生价值,也可以有效地促进中国经济向创新创业型经济的转变。

三、学校层面:培养具有创新创业能力、适应市场需求的人

在国家各级各类文件中,对创新创业教育要求的引领下,各地高职纷纷实施了创新创业教育改革。而在高职院校中进行创新创业教育的改革,是一项系统的工程,不仅要依靠国家政策扶持,更需要高职院校挖掘自身内部潜力,集聚资源,汇聚智慧,建设创新创业教育的文化土壤和生态系统,在高校根植新时代的创新创业精神,从文化培育先行引导,鼓励学生树立敢于实践、宽容失败的心态。当前,创新创业教育文化建设的重要性和必要性日益凸显,许多高职院校积极采取一系列合理有效的措施,在加强创新创业教育文化建设上取得了较大的成效。与此同时,社会的就业压力也在迫使职业院校对创新创业进行深入研究。党中央和国务院极其重视高职院校创新创业教育及其文化建设,它是高职院校教育教学改革的重点之一,也是提高高职院校毕业生就业质量的主要推手。

具体来说,在高职院校构建创新创业教育文化体系,有以下三方面的作用。

(一)提高对创新创业教育的认可度

创新创业教育文化通过构造一个浸润式环境,使师生理解"什么是创新创业、为什么创新创业、什么是创新创业教育、为什么开展创新创业教育、怎样开展创新创业教育"等问题。面向全体教师开展创新创业教育讲座、创新创业

教育教学理论与技能培训，提高广大教师对开展创新创业教育对提高人才培养质量的重要性和紧迫性的认识，使广大教师了解、宣传、研究、实践创新创业教育。面向全体学生开展创新创业教育有关的咨询讲座、资源共享、分享交流活动，提高全体学生对创新创业教育必要性的认识。通过多种方式让师生明确，开展创新创业教育是建设创新型国家的客观需要，是高等学校深化教育教学改革的必然选择，是学生成长成才的内在要求，实现广大师生从了解认识到深刻理解创新创业教育，并主动参与到创新创业教育教学和实践中来。

(二)营造有利于创新创业的浓郁学术环境

通过创建一个鼓励创新、不惧权威的学术环境，可使师生时刻感受到科学精神的熏陶和滋润。党的十八大报告提出"要形成有利于创新创业的发展环境"，因此要发扬学术民主，保证学术自由的权力和环境，允许不同的学术立场与学术观点存在，鼓励各种学派学术思想的自由讨论、师生之间不同观点的学术交流，倡导师生对各种学术思想提出疑问、发表个性看法。为培养创新创业型人才，高职院校必须加强对学生科技发明和创新创业活动的引导，开展各种形式的创新创造和创业实践活动，将第一课堂的理论学习与第二课堂的实践活动有机地结合起来。

(三)打造创新创业教育优势

高职院校依托各类社会媒体，广泛宣传创新创业教育理念、措施、效果及典型案例，宣传结合专业教学的创新创业教育特色做法和效果，宣传人才培养模式改革成效，打造创新创业教育品牌，使广大师生对创新创业教育产生自我认同。高职院校依托校内外媒体和媒介平台，制作创业学子案例集、校友学子创业风采录，评选"创新之星""创意之星""创业之星""创业示范团队"，全面展现优秀创业学子的创业经历、成功经验、失败教训和心路历程，以典型和榜样的力量带动更多学生参与创新创业。

总之，高职院校的创新创业教育文化是注重创新创业教育、重视创新创业实践、提高创新创业倾向的文化，通过发挥文化的引领引导作用，来达到创新创业教育的目的，使学生的创新精神内化、创业意识增强、创新创业能力提高。

四、学生层面：全面提升创新创业能力

当前，高职院校在对学生进行创新创业教育时，普遍存在的问题是学生的创新创业意识不强，创业信息沟通不畅。部分学生即使对创新创业感兴趣，仍然很少人愿意主动去了解相关信息，主动参与创新创业的意愿不够强，缺少真正投入创新创业的勇气。另外，部分学生表示不清楚创新创业是什么，所以即使存在创新创业的想法，也有可能因为缺少丰富的相关信息支撑，最后无法将计划付诸实践。对创新创业不够热情，也会让他们在面对就业压力时，缺少客观科学的分析，因而更容易倾向保守选择，放弃创新创业。归根结底，这都是因为高职院校没有建立完善的创新创业教育文化导育体系，缺少全面的创新创业教育文化引导和熏陶。

在此种背景下，建设创新创业教育文化及其体系就具有了重要意义。其一是能充分发挥创新创业教育的实践性与启蒙性。通过创建鼓励创新、宽容失败的良好环境，弘扬"敢为人先、追求创新、百折不挠"的创业精神，不断增强创新创业意识，使创新创业成为共同的价值追求和行为习惯。学生通过参与校园活动，感受创新创业文化氛围，了解创新创业文化，逐渐产生对创新创业的感知和认可。通过了解创新创业案例，走访创新创业基地，接触创新创业人物，学生能够获得新的启发和感悟。其二是能促进学生良好品格的形成。创新创业文化是积极进取、大胆追求、勇于创造的生活态度的体现。创新创业文化以其影响的持久性和深刻性，深入挖掘学生潜在的积极品质，培育学生积极和乐观向上的情感体验。其三是具有价值导向作用。学生能够深刻认识到创新创业的价值在于获得创造性的工作岗位和实现个人的价值提升，同时也能为促进社会经济发展、创造社会财富贡献力量。最后，它还具有指导实践作用。培育高职院校的创新创业文化可以为高职院校学生的创新创业搭建一个文化平台，为学生毕业之后的创新创业活动提供经验。

在高职院校中构建全面的创新创业教育文化及其体系，让"创新创业"成为毕业生找寻出路的新方法，不仅能缓解学生的就业压力，也有利于高职院校学生创新创业能力的提升。在良好的创新创业教育文化"导育"中，高职院校学生能够理性分析创业环境和有效利用自己的专业优势，将创新创业机会转化为创业的成功实践。同时，也能帮助学生了解创业帮扶政策、掌握创业基本方法、实现自身全面发展等。

第二节　高职创新创业教育文化的基本内涵

一、文化的内涵

"文化"一词在西方来源于拉丁文 Cultura，原义是指农耕及对植物的培育。中西方对"文化"一词的来源解释不同，但一致认为文化是人类社会的精神现象，抑或泛指人类所创造的一切物质产品和非物质产品的总和。对文化的解释，首推英国人类学 E. B. 泰勒。他指出："据人种志学的观点来看，文化或文明是一个复杂的整体，它包括知识、信仰、艺术、伦理道德、法律、风俗和作为一个社会成员的人通过学习而获得的任何其它能力和习惯。"现代西方学者普遍接受美国文化人类学家克罗伯和科拉克洪的观点，他们在分析考察了100多种文化定义后对文化下了一个综合性的定义，即文化存在于各种内隐的和外显的模式之中，借助符号的运用得以学习与传播，并构成人类群体的特殊成就，这些成就包括他们制造物品的各种具体式样，文化的基本要素是传统（通过历史衍生和由选择得到的）思想观念和价值，其中尤以价值观最为重要。文化要素主要包括精神要素、语言和符号、规范体系、社会关系和社会组织、物质产品。[35]文化的一般特征：（1）文化是由人类进化过程中衍生出来或创造出来的。（2）文化是后天习得的。（3）文化是共有的。（4）文化是一个连续不断的动态过程。（5）文化具有民族性和特定的阶级性。[35]国内学者高振发认为，文化是一种具有强烈时代感的综合体，它凝结着人类的生活和生存的方式，以知识、艺术、信仰、道德、法律、风俗等为主要表现形式。我国对文化认同度较高的定义源自《辞海》，分为广义和狭义之说，"广义上，文化指人类社会历史实践过程中所创造的物质财富和精神财富的总和。从狭义上来说，文化指社会意识形态，以及与之相适应的制度和组织机构"。我国学界目前一般取广义文化的概念，将其划分为精神文化（核心）、制度文化（中层）、行为文化（浅层）和物质文化（表层）4 个层次。[36]

二、创新创业文化的内涵

创业文化是一个复杂的生态系统，渗透于整个社会的每一处角落。创业文化是社会发展到一定历史阶段的产物，它是整个社会经济发展的重要体现，同时也是推动社会经济持续发展的主要动力。创业文化内涵主要包括开拓、冒险和创新，即鼓励技术创新、管理创新和文化创新，具有开拓向上的勇气和激情，直面和容许失败，拥有和弘扬团队精神，注重学习培训，把知识经济时代的科学精神与创业精神相融合，通过知识和创业价值的发掘来实现区域经济和社会经济的腾飞。[37]国内学者高振华认为，可以将创业文化结构分为内层文化、幔层文化和表层文化三层次的认知分析，将创业文化看作由价值观、组织制度与标志品牌三个部分组成的相互制约、相互促进的统一体。从经济发展角度来讲，创业文化主要包括创业精神、创新意识和流动偏好三方面内容。[38]

创新是创业文化的灵魂，它是一个社会性的、地域性的、嵌入的互动过程。熊彼特所讲的"创新"，是指建立一种新的生产函数，即把一种从未有过的有关生产要素和生产条件的"新组合"引入生产体系之中。吴刚等认为，高校创新创业文化是高校师生在创新创业教育与实践中所产生的一切信念、思想、价值、物质等成果的总和，它是以创新创业为主导价值观，其精神层、制度层、物质层等要素均有利于创新创业行为的文化；是一种激发创新意识、崇尚创新精神、鼓励创新活动、促进创新发展的文化生态。高职创新创业文化的要素包括创新创业的价值追求、创新创业的思维方式、创新创业的传统风气、创新创业的心理氛围、创新创业的制度保证和创新创业的物质支撑等。陈向军指出创新创业文化最初由熊彼特提出，创新创业文化是个人价值观念、管理技能、经验和行为的组合体，主要包括观念文化、制度文化和环境文化三个方面，具有激励、导向、凝聚和协调四个功能。[39]

创新创业文化是人们在从事创新创业实践中所形成的思想理念、精神追求、价值取向、制度经验、物质形态等成果的总和，其主要内容包括创新创业思想理念、创新创业精神、创新创业价值、创新创业思维、创新创业管理制度、创新创业经验、创新创业风气氛围和创新创业物质支撑等，具有激励、引导、凝聚和协调创新创业行为的作用。

三、创新创业教育文化的内涵

创新创业教育文化，是指与创新创业教育密切相关的创新创业精神文化、物质文化、制度文化和特色文化的总和，其本质是对创新创业价值的认同和导向，是营造和发展创新创业教育文化的过程。其中，创新创业精神文化是核心，它是和高职院校创新创业活动有密切关系的一种文化，结合高职院校的教学模式来看，创新创业精神文化应该包含校园价值观(比如学校规划、办学思想、办学理念等)和人才培养方案等的文化。物质文化是指创新创业的环境氛围和传播载体。制度文化是指有利于创新创业教育实施的机制、政策中的文化因素的总和，可以从顶层制度建设和个性化扶持创业制度两个方面来理解。特色文化是指高职院校在创新创业教育过程中，需要融合区域文化、行业文化、企业文化、学校文化、专业文化，服务于区域经济，与行业、企业深度合作，发挥学校和专业优势，走特色发展的道路。

创新创业教育文化具有创新性、渗透性、导向性、传承性等特征，使之在创新创业教育中发挥重要的作用。创新创业教育文化对高职学生的思想、心理、行为产生"润物细无声"的影响，是一种不可替代的教育力量，能潜移默化地传达创新创业教育理念，使创新创业思维对学生学习、生活、成长、发展产生深远影响。具体而言，一是它能转变思想观念，加深创新创业教育与人才培养模式改革关系的理解，从而真正将创新创业教育内化到教与学的过程中。二是培养创新创业意识，完善创业品格，从而具有开创性、创新性的勇气和胆识，强化创业意识，做好创业思想准备。三是弘扬创新创业精神，使创新创业文化成为学生参与创新实践、热衷创业行为的滋养土壤。

四、创新创业教育文化体系的内涵

创新创业教育文化体系是指职业教育创新创业文化各要素相互连接的整合系统。美国地理学家 J. E. 斯潘塞和 W. L. Jr. 托马斯认为，文化体系是文化特质和文化复合体的组合。相关的文化特质的集合构成文化复合体；相关的文化复合体集合，则形成一个文化体系。以养牛为例，养牛不论其用途如何，均是一种文化特质。饮用牛奶并制造和消费奶制品是一个文化复合体；而食用牛肉并用牛拉犁、穿牛皮制的皮靴和皮衣，则是另一个与养牛有关的文化复合体。这些文化复合体集合起来，便形成"养牛"的文化体系。同样的道理，创新创业教育文化体系也是职业教育创新创业文化特质和与它相关的文化复合体的组合。职业教育创新创业文化有精神引领作用、制度保障作用、物质支撑作用、特色文化浸染作用，与这些作用相关的集合分别形成相对独立的精神文化复合体、制度文化复合体、物质文化复合体、特色文化复合体，这些文化复合体集合起来，即形成创新创业教育文化体系。它具有模式化和整合化的特征，即文化各要素之间在功能上相互作用，并形成某种模式，且体系中诸要素之间互相依赖，和谐共存。创新创业教育文化体系具有创新性、渗透性、导向性、传承性等特征，使之在创新创业教育中发挥重要的作用。它对高职学生的思想、心理、行为产生"润物细无声"的影响，是一种不可替代的教育力量，能潜移默化地传达创新创业理念，使创新创业思维对学生学习、生活、成长、发展产生深远影响。

第三节　高职创新创业教育文化体系研究现状

当前，在建立高职院校创新创业教育文化体系的过程中，广泛存在以下几个问题。

首先，是创新创业教育文化普及度不高。调查发现，高职院校的创新创业教育文化普遍处于初级阶段，师生对此的重视程度不高。这导致当前高职院校对于创新创业教育文化及其体系建设的重要性认识匮乏，在校园内没有形成对于创新创业活动的指导与思想引领，没有营造良好的创新创业氛围。也导致学生对于学校和政府出台的一系列鼓励创新创业的政策和规定的关注度不高。此外，高职院校在对学生进行创新创业教育过程中，对创新创业的理念还处在"以就业为导向的价值取向"，没能上升到"适应经济社会和国家发展战略需要、培养创新创业型人才的新教育思想和教育理念的价值取向"。这也导致了师生对创新创业教育文化的理解度不高。

其次，目前高职院校创新创业教育文化体系中，支撑体系和保障体系完善程度也不高。主要体现在：一是政府层面的政策支持力度不足；二是社会企业的供给机会和资金支持不足；三是学校层面的教育资源保障不足；四是对创业学生缺乏有效的激励机制及物质支持；五是缺乏支持鼓励创新创业活动有力的制度保障，包括学生课外科技创新创业活动支持办法、创业教育实施办法、创业项目管理办法、创业孵化基地管理办法等。六是文化传播的载体不成熟，没有充分发挥校园活动、展览、讲座、校报、电视等传播载体的作用。

最后，高职院校中创新创业教育文化建设系统性、整体性、完备性不够，文化氛围不是很浓厚，文化特色不突出，文化引领度不高。创新创业教育文化是注重创新创业教育、重视创新创业实践、提高创新创业倾向的文化，能对学生的思想、心理、行为产生潜移默化的影响，是一种不可替代的持久引领力量。要通过文化引领，让学生树立创新创业意识，培育创新创业精神，培养创新创业素质。

建立创新创业教育文化体系，通过创新创业教育文化在高职院校创新创业教育中的精神引领作用、制度保障作用、物质支撑作用和特色文化浸染作用，能在潜移默化中普及创新创业理念，引导高职学生创新创业行为，从政府、社会、学校三个层面对创新创业行为给予保障，从而培养出站在时代前列、具有创新创业能力的高质量创新型技术技能人才。

第四节　高职创新创业教育文化体系研究的目标

高职院校可以充分发挥学校和专业的特色与优势，突出专业应用背景，全域打造创新创业文化，培养学生的创新精神、创业意识和创新创业能力，以满足社会对人才创新创业能力的需求。为更好地培养具有创新创业能力的人才，在职业教育过程中建立创新创业教育文化体系就非常必要。高职院校应更加重视创新创业教育文化体系建设，通过加强创新创业文化的宣传和舆论引导，将从顶层设计置入、人才培养方案纳入、全部课程贯入、文化氛围营造、创业环境打造、创新创业活动开展、创业学子激励、创新创业教育宣传等全域打造创新创业文化，不断健全完善创新创业教育文化体系，强化文化导育，更好培养高职学生的创新创业意识、创新创业精神、创新创业能力，引导高职学生的创新创业行为，促进高职学生全面发展，培养创新创业技术技能人才，提升人才培养质量。

一、增强高职学生创新创业意识

创新创业意识是创业行为产生的逻辑起点，没有创新创业意识，就谈不上创新创业行动。受传统思想的影响，找一份稳定的工作、端上"铁饭碗"仍然是当前学生群体求职就业的首选，而要催生学生的创新创业行动，首要在于让学生逐渐摒弃传统的守业观念，了解创新创业的必要性和重要性，逐步增强创新创业的意识。高职创新创业教育文化建设就是要营造浓郁的创新创业氛围，让学生切实感受到创新创业对于自身、家庭和社会长远发展的重要价值，从而转变就业观念，树立强烈的创新创业意识，积极投身创新创业实践。

二、培养学生创新创业精神

创新创业是具有较大风险性和挑战性的实践活动，这是创新创业活动区别于一般工作实践的重要方面，也是创新创业的独特魅力所在。敢于拼搏、敢于尝试、敢于承担风险是创新创业主体必须具备的基本精神。受应试教育体制的深刻影响，我国高职学生群体普遍存在遇事退缩、承受挫折能力差、艰苦奋斗精神薄弱等问题。创新创业文化建设就是要培养学生敢于行动、勇于尝试、敢冒风险的精神信念，激发学生创业激情，培养学生勇于承担风险和压力，艰苦奋斗、百折不挠、越挫越勇的意志品质，同时帮助学生树立积极健康的创新创业心态，为其创新创业行为奠定坚实的精神基础。

三、提升学生创新创业能力

创新创业能力包括人际交往能力、组织管理能力、市场营销能力、风险控制能力等要素，涵盖了一个人职业生涯发展中的能力品质方方面面，因而它是学生有效开展创新创业实践的重要支撑。创新创业能力的培养主要来自创业实践，长期以来，我国高职创新创业教育重理论而轻实践，因此有必要通过高职创新创业文化的建设，促使学生能在实践中体验创新创业，将所学的理论知识运用于创新创业活动中，并在实践中清楚地认识创新创业能力方面的不足，从而有针对性地进行弥补，有效提升自身的创新创业能力。

构建高职院校创新创业教育文化导育体系，发挥创新创业文化对培养行业创新创业人才的引导作用，需要结合区域经济的发展需求、行业的自身特点和高职院校的办学特色及专业优势，激发学生的创新创业意识，同时健全高职课程体系，打造创新创业优秀师资队伍，加大对创新创业文化宣传，丰富校园文化活动，搭建创新创业实践平台，从而培养学生的创新创业意识、创新创业思维、创新创业能力，引导创新创业行为，促进学生全面发展，更好地培养高素质的创新创业技术技能人才。

第五节　高职院校创新创业教育文化体系结构与构架

一、创新创业教育文化体系结构

创新创业教育文化体系是一个系统性概念，应该包含四个方面的内容：创新创业的精神文化、特色文化、制度文化、物质文化。它们的关系是金字塔结构，具体来说，创新创业精神文化位于金字塔结构的最顶层，是整个创新创业教育文化体系的核心，突出先导性和引领性；创新创业特色文化位于金字塔结构的第二层，它是创新创业教育文化体系的导向，注重方向性和发展性；创新创业制度文化位于金字塔结构的第三层，作为创新创业教育文化体系的保障，注重管理性和扶持性；最底层则是物质文化，是整个创新创业教育文化体系的基础，支撑起整个金字塔结构，强调基础性和浸润性。具体如图 3-1 所示。

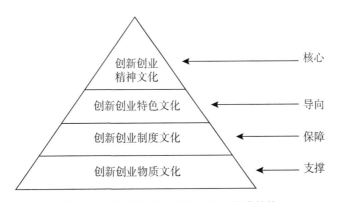

图 3-1　高职创新创业教育文化金字塔结构

二、创新创业教育文化体系要素框架

结合以上分析，再将金字塔结构的每一层细化到各个要素，从而进一步得

出创新创业教育文化体系的整体要素框架。其中，金字塔结构第一层，创新创业的精神文化可以从学校规划、办学思想、办学理念、办学传统、办学特色、人才培养方案这些要素来导入；第二层的特色文化需要结合区域文化、行业文化、企业文化、学校文化和专业特色文化，其中学校文化又包含校风、教风、学风、行为规范、榜样文化等；第三层的制度文化则可以由顶层制度文化、个性化扶持制度文化和评价制度文化三个要素来导入；最底层的物质文化则可以由环境文化、景观文化、标识文化、文化传播载体来导入。通过全要素导入创新创业文化元素，形成创新创业文化教育体系的要素框架。具体如图 3-2 所示。

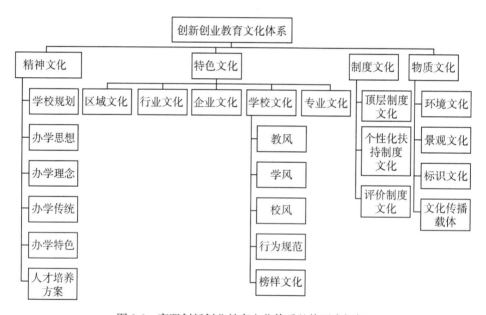

图 3-2　高职创新创业教育文化体系整体要素框架

三、创新创业教育文化体系的功能架构

从功能上看，创新创业教育文化体系是为了解决当前高职院校创新创业教育文化发展中所暴露出来的文化载体不够成熟、文化支撑未落到实处、文化特色不突出、文化体系引导作用不够等问题而建设的，因此，从问题解决的切入点入手，可以从如图 3-3 所示的几方面构建"四位一体"的高职院校创新创业文化体系功能架构。

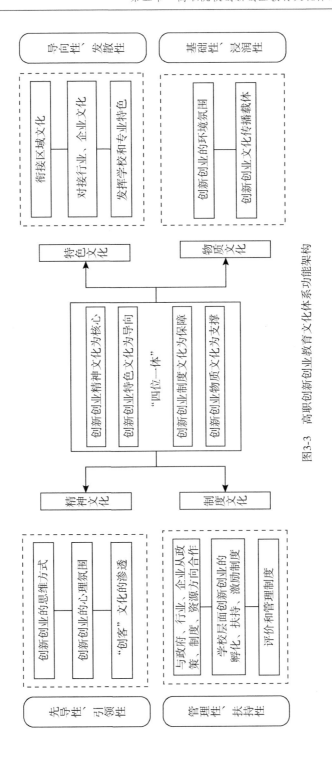

图3-3 高职创新创业教育文化体系功能架构

（一）以创新创业精神文化为核心

以创新创业精神文化为核心，具体来说，就是从创新创业的思维方式、创新创业的心理氛围、"创客"文化的渗透三个方面，突出创新创业精神文化的先导性和引领性。

1. 创新创业的思维方式和心理氛围

培养创新创业型人才，重要的是要培养学生的创新创业精神，这就需要在加强学校精神文明建设时，注重传承创新，让学生在耳濡目染中，建立创新创业的价值追求和思维方式。要让学生树立与创新创业相适应的价值观及思想、道德和行为准则，倡导善于创新、敢于创业的文化氛围，既要鼓励创新、保护个性，又要鼓励合作、宽容失败，既要让学生有创新创业自信心、自豪感、荣誉感，又要让学生明白创新创业的艰辛不易，帮助学生树立正确的价值观和成败观。

2. "创客"文化的渗透

高职院校存在创新创业教育与专业教育相分离的状态，创新创业教育没有正式纳入专业序列，只是开设了"职业素养""职业生涯规划""创业指导""就业指导"等全校性公共课，课时很有限。另外，开展的一些与创业有关的活动和竞赛，学生热情很高，但是受众人数比较少。

近几年，创客运动席卷全球，创客运动的发展理念为高职院校培养高素质创新创业人才提供了全新的思路。高职学生作为实现中国梦的重要力量，需要接受创客教育的熏陶，因此高校要注重培养高职学生创客的主动创造、合作协作、探索分享方面的素养。通过对授课方式和授课内容进行改革、引进先进教学技术，教师与学生共同成长，推进特色发展，从而培养学生创客的创新创业热情和创新创业意识，提升他们的创新创业能力。另外，教师要充分认识到创客文化对高职学生创新创业能力培养和职业生涯规划的重要性。

创客文化是当前社会发展的必然产物，以"大众创业、万众创新"为基本内容的创客文化正在与高校创新创业相结合，对其产生深刻的影响。把创客文化融入高职创新创业教育文化之中，对高职创新教育的开展和创业精神的培养具有重大意义。

（二）以特色文化为导向

高职院校需要以特色发展为导向，结合行业特点，衔接区域文化、对接企业文化、发挥学校和专业特色，与行业企业深度合作，强调特色发展的方向性和发散性。一个好的创新创业文化体系应有鲜明的个性和高职院校自己的特色，在内容、形式和架构上需要摆脱同质化。由于大多数高职院校的类型不

一、发展过程不同、地域环境不同以及所面向的行业、所办专业结构不同，因此，学校文化的规划和建设内容又具有不同的个性特征。在建设内容上，应坚持创新创业文化为核心，以物质文化和制度文化来为创新创业保驾护航，同时高职院校又要结合社会经济文化特色，进一步加深与行业企业、所在区域的融合，结合学校专业优势和行业特色，整合与凝练区域特色、行业特色、地方特色、校本传统特色和时代特色，提升学校创新创业教育文化体系建设的特色凝聚度、彰显度。例如：与地铁集团建立地铁订单班联合培养学生，教学中安排学生工学结合到知名企业实习实践，等等，学生能够感受和传承职业教育文化、企业文化和行业文化的创新精神和创业干劲，不断在实践中激发创新创业意识和创新创业精神，增长创新创业能力，培养创新创业行为。与行业企业深度合作，打造特色校园文化，突出创新功能，才能为学生的创新创业素质的培养搭建好的活动平台。高职院校要注重学校的品牌培育工程、特色项目建设，通过不断创新和拓展校园文化建设新思路、新载体、新形式，走特色发展的道路。

(三) 以制度文化为保障

以制度文化为保障，即从创新创业的孵化制度、创新创业的扶持制度、创新创业的激励制度，强调制度文化的导向性和扶持性。而从高职院校的角度来说，学校制度文化是由学校制度所承载、表达、衍生和推动的文化，是一所学校渗透在组织架构、规章制度、工作流程、岗位职责中的价值观念和风格特色，也是在生成和执行各类制度过程中折射出来的价值取向和行为准则，是有形制度与无形价值的有机结合。对高职学生进行创新创业教育，建立创新创业教育文化体系，制度建设是保障。要进一步深化体制机制改革，鼓励创新创业思想、保障创新创业环境、激励创新创业行为，更好地激发创新创业意识。除了学校层面的制度文化，还有政府层面、社会层面和市场层面等制度文化。因此，还需要建立好与政府、行业、企业的创新合作机制，从政策、制度、资源等方面推进创新创业教育工作。

(四) 以物质文化为支撑

以物质文化为支撑，就是从创新创业的环境氛围、创新创业的文化传播载体两个方面，强调物质文化的基础性和浸润性。

1. 创新创业的环境氛围

创新创业的环境氛围包括学校创新创业文化氛围和社会创新创业环境氛围。学校文化氛围为创新创业教育开展提供良好环境，影响和制约着学校群体成员的活动方式、精神面貌与文化素养。创新创业教育的本质是育人，重在培养学生的创新精神、创业意识和创新创业能力。它是一种传播理论知识为辅、营造文化氛围为主的综合教育。因此，依托学校创新创业文化建设，营造良好创新创业文化氛围十分重要和必要。

2. 创新创业的文化载体

高职院校在搭建不同种类不同特色的高职学生创业园、孵化基地或创客空间等场所设施时，要充分考虑到学校定位、学生特点、开设专业和区域环境，尽可能地为学生开展创新创业提供完善的硬件条件。除了有这些实际的落地平台，还要建设线上的虚拟体验平台，为师生提供相应的基础设施和创新创业指导。另外，学校可以结合校园不同区域的功能定位，科学规划文化景观和文化设施。针对定位为创新创业教育的区域，设置一批彰显创新创业特色的人造景观、标志性符号或经典性元素，让校园里的景致传递奋斗、创新的力量。同时，可以通过宣传文字与图片、校园 LED 屏、校园广播、网站、微博、微信等各种媒体宣传创新创业成功案例，树立创新创业典型，助力创新创业教育与实践。

第六节　高职创新创业教育"文化导育"体系构建

根据以上探究的高职创新创业教育文化体系要素框架和功能架构，分别从顶层设计、人才培养方案、课程渗透、实践文化、特色文化、制度文化、环境氛围、文化传播载体八个方面来导入创新创业教育文化元素，全面渗透创新创业思想、理念、制度、资源，从而构建一个完善的全方位的创新创业教育文化导育体系。

一、顶层设计导入

创新创业教育文化体系建设是一项庞大的系统工程，具有长期性和复杂性，高职学校的创新创业文化体系建设既要体现职业教育特点，又要展现职业模式，需要纳入到高职院校的总体发展规划，通盘考虑创新创业教育的发展全局。因此，在创新创业教育的背景下，建设高职院校创新创业教育文化要充分认识到创新创业文化对学校人才培养的重要性，做好顶层设计，实施系统推进。比如在校风或者校训中，融入创新创业的思想理念；成立专门的创业组织和机构，将高职学生的创新创业文化建设纳入学校的整体发展规划当中；成立诸如学生创业服务指导中心、创业工作组织领导小组，为高职创新创业提供专门的组织机构，保障学生创新创业工作的落实；将学生的创新创业活动纳入学分考核当中，完善现有的学分制度……在明确目标和责任的前提下，理清阶段性目标和推进措施，把创新创业教育全面融入创新创业教育文化建设中。

二、人才培养方案导入

高职院校要构建一个全面完善的创新创业教育文化体系，除了要在顶层设计中导入创新创业理念外，更重要的是要在人才培养方案上根植创新创业教育文化，突出创新创业的特色，即培养高质量的创新创业型技术技能人才，提高毕业生的职业成熟度和创新创业持续度。因此，在各专业的人才培养方案制订中，为了实现这一目标，需要在专业课程体系中植入创新创业课程体系；要在所有课程教学中融入创新创业元素；要使创新创业教育文化在人才培养整个过程中具有延续性、系统性。

(1)要将专业教育与创新创业教育课程进行有效融合。无论从顶层设计还是具体组织、实施和执行，都要以培养和提升学生创新创业能力为己任。具体来讲，学校层面要进一步明确创新创业人才培养目标，要求教师要在原有层面的专业教育的基础上充分融入专业领域的创新创业教育理念。要将创新创业教育思想融进学校人才培养方案的公共基础课、专业基础课以及专业方向技能课，通过课堂理论授课加强案例教学，培养学生具有创业者或企业家所必备的开拓进取的精神、顽强拼搏的毅力、敏锐的市场洞察力和勇往直前的信心。通过课程体系建设、教学手段提升、考核评价方式改革等，进一步加强实践教学的现场亲历性和通识教育课程的立体性，从而体现专业课及选修课的特色，实现创新创业教育与专业教育有效融合。

(2)要将创新创业教育理论教学与实践教学紧密结合。创新创业教育与一般课程教育有着明显的不同，创新创业教育是一个学生创新创业能力的提升、创新创业精神的激发和创新创业意识培养的综合体，尤其在培养学生具有较强的实践能力、发散的创新思维和灵活的应变能力方面。如果在教育教学中一味只注重理论教学，没有很好地与生产实践相结合，最后培养的学生也难以适应市场需求，更谈不上创新创业。要通过校企共同制订人才培养标准和培养方案，共同建设学校或企业产业孵化园，共同打造校内外实习实训基地，共同成立协同创新中心等，进一步实现校内实践教学体系与企业生产实践体系的无缝对接，培养学生的动手能力、实际操作能力和创新创业能力。

(3)要使创新创业教育文化在人才培养整个过程中具有延续性、系统性。通过氛围营造，帮助大一年级的学生规划正确、科学的职业生涯，使其树立正确的职业观，为后期顺利走进职场奠定良好的基础；通过创新创业相关理论学习，一方面培养大二年级的创新思维、创业意识和创业观念，另一方面要对创新创业的学生进行创业技能的全面培训，最终使他们具备一定的创新创业知识和创业能力。对临近毕业的大三年级开设学生就业创业指导、创业实践等实操性课程，通过到企业一线顶岗实习、现场实践等方式，对相关行业的市场需求和能力要求有进一步的了解，客观全面把握就业形势和掌握就业技巧，帮助大三年级的学生树立正确的择业观、就业观，使他们尽快适应社会、融入社会，做好就业创业前的准备工作。通过高职三年的系统学习，从入学到毕业、从专业到通识、从素质培养到能力提升，切实将创新创业教育融入人才培养全过程。

三、课程体系渗透导入

高职院校课程体系是学生接受创新创业教育文化熏陶的最直接的载体，因此需要从课程体系入手，融入创新创业教育文化，完善高职创新创业课程体系，从而启迪创新创业思维。师资作为高职院校课程体系的实施主体，要通过研究学生所学专业的市场特点，在教学中与专业相结合，让课程内容更有专业针对性和创新创业元素的融入性；通过学习创新创业教育的基础理论与实务，增强创新创业指导能力，在专业教学中融入创新创业元素，在课程改革建设中融入创业范例。因此，建立一支校内、校外聚合的师资队伍，根据校内外教师的工作基础与工作特性，分类指导、取长补短，从而全方位融入创新创业教育文化。

（一）完善高职创新创业课程体系，强化创新创业教育

要实现"人人皆可创新、人人皆为创客""大众创业、万众创新"的目标，培养学生的创新精神、创新意识，最根本还是要落实到人才培养的重要载体——课程上，要深化专业教育教学改革，不断完善课程体系，改革教学模式。应将创新创业理念融入课程，针对不同年级的学生，根据实际情况，设置不同课程。力求实现有针对性、有重点地培养学生创新创业理念。高职要开设相关课程，注重创新创业课程的学术性和实效性，使创新创业通识课程与专业课程相结合，二者相互补充、有机结合。在此基础上，还要结合本校专业优势，针对全校学生开设通识课程，丰富学生的专业知识结构，培养学生的学习能力。湖北交通职业技术学院基于专业群各岗位操作特点，按照专业的实际岗位要求，分析胜任岗位所需要的能力要素，按照能力要素设置课程，搭建集基础能力、专项能力与拓展能力培养于一体的三层次课程构架；构建满足创新创业就业需求的素养课程和满足个性化学习需求的特色项目模块课程，贯穿人才培养的全过程，实现创新创业教育全课程渗透。

在教学过程中，注重学生个性发展，引导学生制订个性化的学习方案，在

扩大创新创业教育受益面的同时，又考虑到不同学生特点，为在创新创业方面需求强烈的学生提供针对性的创新创业教育服务。可以面向全体学生开设创新创业公共必修课，不同专业设置专业特色的创新创业课程，并充分利用慕课、视频公开课等在线开放课程，实现创新创业课程与日常教育的有机融合。可以对有创新创业潜质的、有职场创业意向的、有创新创业想法的学生进行重点培养，开展创新创业实践训练，提高其创新创业能力。

(二)实现优质文化传承，打造创新创业优秀师资队伍

创新创业师资队伍的建设是开展创新创业教育的重点和关键，要真正开展创新创业教育，教师队伍建设必须专业化，要培养具有创新精神的学生，教师就必须拥有创新精神和创新创业实践经验。通过制定相应的制度，鼓励优秀教师参与创新创业教育、研究创新创业文化与学生成长相关课题。要制定创新创业师资培养计划，打造一支优秀的创新创业讲师团队，通过举办创新创业论坛、讲座等活动，让每位教师根据个人擅长的领域与学生进行分享，充分发挥不同专业背景教师在创新创业中的引导作用，提高学生的创新、创业和实践能力。鼓励校内教师进入行业企业实践，分期分批安排教师进行创业指导师资培训，提升教师创新创业指导能力。高职要把校外技术骨干、能工巧匠、企业家、律师和产品经理"明媒正娶"进来，到校内不是简单地做讲座，而是完整地设计并讲授课程，负责任地担任指导老师，与其他教师一起参与科研。不仅创新创业方面的教学需要这些教师，在各类专业建设项目中都普遍需要这样的教师。通过制度性的改革，实现外引内培、专兼结合。另外，要强化"立地式"科技服务，鼓励教师积极进行技术创新和服务，实现科技成果转移转化，促进教师或团队的技术创新服务能力。加强创新团队建设，培养骨干、带动全体。湖北交通职业技术学院坚持党建引领，落实立德树人根本任务，围绕专业群布局，形成了一只具有活力和竞争力的师德高尚、结构合理、素质优良、勇于创新、能上讲台、能下工地、专兼结合、适应新时代发展要求的教师队伍。

四、实践文化导入

高职院校通过建立开放式、多元化的创新创业实践平台，整合学校、企业、社会的各种资源，将创新创业教育文化潜移默化地融入各种社会实践活动、实习实训活动、创新创业实践活动中。

(一)突破实践瓶颈，搭建创新创业实践平台

打造专业实践平台，组建师生协同科技服务团队，做到机构、人员、场地、经费四到位，信息、培训、项目对接，为学生创新创业实践提供全程指

导。比如开设学生创新创业论坛、组建创新创业社团、建立创新创业 QQ 群或微信群、举办职业生涯规划比赛、创业计划大赛、学生创新创业训练营等赛训活动，这些活动有助于提高学生创新创业积极性和参与度，激发学生的创新创业意识和热情，让学生树立自信心，重新认识自我。

充分利用互联网等各类资源，鼓励支持学生积极参与各项创新创业大赛、创业项目申报等。同时利用"平台+项目""互联网+专业"及"竞赛+孵化"等平台优势，以"产教融合、创教融合、专业融合"为理念加强专业内涵建设，以开放的思路对接移动互联网产业经济发展，最大限度地为学生创新创业训练提供物质条件和理论指导，提升创业项目的成功率，使之逐步走向成熟、走向市场，最终实现成功创业，从而促进项目的成果转化以及与市场的有机融合。

(二)校企合作，打造创新创业实践基地

通过校企合作共建的方式建设校内外实践基地，为学生创造良好的实训环境，一方面，整合政府、行业企业、校友资源，吸引市场进入校内投资建设生产性实训基地；另一方面，依托国家政策和企业家的社会责任，通过提升高职院校社会服务能力，建设对职业教育开放、立足于培养未来技术技能型人才的校外实训基地。要统筹规划校内外实践基地的建设，根据培养创新创业人才要求的专业教学特点，建设满足培养学生各阶段实践的实训场地，比如在仿真工作环境开展实习实训教学等。同时，企业能够在实践基地中为学生展示先进的生产技术、管理模式，展现企业"创新是第一生产力"的文化要义，能够极大地促进学生创新创业意识的培养。湖北交通职业技术学院整合现有的教学设备，优化教学功能配置，科学布局，完善实训室环境氛围建设，建立健全实训室管理制度，对现有校内实训场地继续进行理实一体化改造，以产教融合、服务企业技术需求为导向，融入创新创业文化，升级完善教学、培训、技术服务与创新创业孵化等功能，建成集创新创业、师资培养、教学、生产、技术研发与服务、职业资格鉴定六大功能于一体的实习实训基地。

五、特色文化导入

(一)衔接区域文化

创新创业教育文化的培育需要根植于区域文化的土壤之上。高职可以挖掘区域文化中有利于促进创新创业精神的因素，带动青年群体的价值取向，激发学生为家乡发展贡献力量的热情与动力，充分发挥区域文化的创新创业教育功能。如"敢为人先，追求卓越"的武汉精神，展示了武汉这座城市独有的精神气质，高职可以挖掘武汉精神中武汉人勇于创新、积极进取的价值观，凭借武汉大力发展创新创业的东风,发挥区域文化的教育功能。又比如,借"四大资智聚汉工程",邀请创新创业精英来校做讲座,分享经验。武汉市首届"资智回汉杰出校友"梅海涛,就回校为广大学弟学妹们贡献了自己的创业经验,从而给他们以莫大的创新创业激励;健全政府与学生之间的沟通渠道,通过政府的一系列创新创业政策,比如创业贷款、补贴政策,让学生得到资金支持,从而更好地促进学生创新创业的发展,形成良好的创新创业政策合力。

(二)对接行业企业文化

学校要充分对接行业企业文化,将行业企业文化融入学校文化之中,学习行业企业精神、制度、作风、工作规范。如湖北交通职业技术学院坚持"立足交通,面向社会,以服务发展为宗旨,以促进就业为导向,走产学研结合之路",将"特别能吃苦、特别能战斗、特别能奉献"的湖北交通精神引入学校文化,广泛开展校企合作,开设"中交班""丰田班""顺丰班""武汉地铁班"等68个冠名订单班,将企业文化引入订单班的教育教学之中,培养企业精神、工匠精神、创新创业精神。

(三)发挥学校和专业特色文化

每所学校都有自己的学校和专业文化特色,因此,必须充分挖掘学校精神、制度、行为文化,各专业要建立自己的专业文化品牌,宣传优秀毕业生。如湖北交通职业技术学院除建立学校特色文化外,要求各二级学院建设"一院一品"专业特色文化。学校充分发挥时代先锋、全国交通工程技术人员的楷模、杰出校友陈刚毅这一重大先进典型的感召作用,用其"生命不息、奋斗不止的拼搏精神,刻苦钻研、勤奋好学的进取精神,不懈探索、勇于突破的创新精神,胸怀祖国、热爱边疆的爱国精神,恪尽职守、忘我工作的敬业精神,淡泊名利、清正廉洁的自律精神"培育和弘扬以"爱国、拼搏、进取、创新、敬业、自律"为主要内涵的"刚毅精神",激励学生创新创业、成长成才。学校以此涌现了以"资智回汉"杰出校友梅海涛为代表的一大批交通人才,培养的学生中有很多参与了"一带一路"建设、港珠澳大桥等超级工程、火神山医院建设工程。学校的人才培养成效曾被中央电视台专题报道。

六、制度文化导入

高职院校制度文化是由学校制度所承载、表达、衍生和推动的文化,是一所学校渗透在组织架构、规章制度、工作流程、岗位职责中的价值观念和风格特色,也是在生成和执行各类制度过程中折射出来的价值取向和行为准则,是有形制度与无形价值的有机结合。制度的完善能明确高校创新创业工作指导思想、基本目标、政策措施、保障办法和奖惩制度，确保创新创业教育文化体系科学化、规范化运作。从制度文化来导入创新创业教育文化，可以从三个要素来切入，一是顶层制度文化建设，二是个性化扶持制度建设，三是评价制度文化建设。

顶层制度文化建设可以从人才培养目标、课程设置、教学方法、师资培养、基地建设、效果评价等来不断改进并完善创新创业教育活动的制度文化。以湖北交通职业技术学院为例，学院改革了教学管理制度和学生学业考核评价办法，探索学生综合职业素养学分积累与转换制度；启动"物流管理""汽车车身维修技术""计算机应用"等专业的现代学徒制试点，深化人才培养模式改革；成立大学生创业特区，遴选入驻项目，开展专业指导，培育创新创业团队，推动创新创业教育进入人才培养方案。

个性化扶持创新创业制度文化建设包括创新创业的孵化制度、创新创业的扶持制度、创新创业的激励制度几个方面。高职院校在推进创新创业教育过程中会遇到以下问题：教师的时间、精力不够；高职学生在接受创新创业教育时主动性不强，对自己的专业缺少兴趣和自信心，在时间分配上也有困难。在创客精神、工匠精神的号召下，高职院校要构建相应的体制机制，通过激励约束、优化考评来推进创新创业教育。将全员育人、专业建设、课程改革、平台建设、双创教育等纳入教师工作量，将竞赛指导、社团建设、参与企业实践等促进学生双创实践活动的工作纳入绩效考评体系；完善双创实践、创新成果与学分认可机制，探索成果转化的路径，对想休学创业的学生提供一对一的指导，为学生自主创业提供资金方面的支持。在双创平台建设机制构建上，完善内部管理机制，包括团队章程、项目负责管理办法、公共资源共享管理办法、资金使用与管理办法、绩效考核与激励办法等来调动起教师和学生的积极性，实现上下呼应，共同推进双创教育。湖北交通职业技术学院出台了《大学生创业特区管理办法》《大学生创业特区物业管理规定》《大学生创业基金管理办法》等文件，学生创新创业保障制度基本完善。通过科技制度的修订与完善，营造了人人创新的良好氛围。

评价制度文化可以从学生评价办法、师资评价办法、教学评价制度等要素入手。湖北交通职业技术学院通过改进评价制度和学生学业考核评价办法，探索学生综合职业素养学分积累与转换制度，率先在航海类专业开展船员教育培训质量管理体系建设，建立教学工作诊断与改进制度，开展第三方评价，定期撰写和发布人才培养年度质量报告，初步构建了教学质量评价体系；聘请麦可思数据有限公司对学校人才培养质量进行监测，形成第三方评价报告。

七、环境氛围导入

作为物质文化的一部分，创新创业教育的环境氛围对创新创业教育文化的发展起着至关重要的作用。好的环境氛围能够有效地激发学生的创业意识和心理品质，对学生的创新创业素养和能力的提升具有引导、塑造和培养的功效。环境的营造需要政府、学校、社会多方面的配合努力，政府可以在政策方面提供方便，学校可以通过学风、校风、校园活动传递创新创业理念，利用相关媒体营造创新创业环境氛围，并通过相关校园文化标记、活动和各类竞赛，创新创业实践活动、表彰活动、创新创业成果展示活动为学生营造积极向上的创新创业环境氛围。

(一) 丰富校园文化活动，锻炼创新创业能力

在高职院校中建立课外实践、社会实践、校园活动、多位一体的创新实践育人平台，将创新创业教育融入学生各项活动中，包括主题教育活动、科技创新活动、文体竞赛活动、各种社团活动、公益实践活动等，强化学生的创新创业意识。

学生社团是大学不可缺少的重要文化载体，社团在高职中往往起到先锋的作用。在各类社团中，有不少创客类社团组织，如电子竞技协会、动漫社、网络营销协会、数学建模天地、船模工作室、光影视界数字媒体爱好者协会、科学技术协会等，会员都是有着共同兴趣、乐于创新创造的学生群体。这些社团平时组织会员开展活动，也会协助学校开展创新创业文化活动，如学生创业大赛、创业讲座、创业沙龙、专业技能竞赛、各类型的文化指导服务等，这些活动既在校园内进行，也面向社会、服务社会，使学生创新创业能力得到锻炼和提高。

此外，各种各样的仪式活动、重大节日是校园文化传播的重要形式，可以通过这些仪式进行创新创业文化的熏陶，在各类仪式中渗透创新创业的内容。

(二) 培育高职校园创客文化，发挥学生主体功能

比如，基于专业群，建设文化多媒体资源平台，打造文化品牌活动，如文化节、科技节、技能比武、产业调研和暑期实践等，开展文化科普教育活动为学生创客提供锻炼和展示的舞台，营造校园创客文化。把更多的高职学生吸引进来，积极投身到创新创业实践中去，只有通过实践，创新创业目标才会更加明晰，创业信念才会更加强烈。同时，要充分发挥身边师生中的创客典型的示范作用，用他们的人格行为去引导学生，这些鲜活的形象会使学生倍感亲切，更具有可信度和感染力。还可以与社团结合，"创业启蒙"知行合一，激发团员创业意识、培养创新创业能力；与专业结合，让学生利用专用优势，更好地

进行创新创业活动；与就业结合，让学生思索职业方向，科学规划职业生涯，从而让学生变得积极主动，培养学生自主思考能力和动手能力，努力提高自身专业知识，争取实现学以致用、知行合一的实践观。

八、文化传播载体导入

高职院校需要重视文化宣传，畅通创新创业信息传播渠道。加强创新创业政策宣传工作，邀请创新创业导师或者行业企业优秀创新创业者代表与学生进行深入交流，通过真实项目或案例，增强学生对创新创业文化的认识与体会，帮助学生更加深刻了解创新创业文化的内涵与意义，进而激发学生的创新创业兴趣。

充分利用传统媒介(如校园报、校园广播、讲座等)和新兴媒体(如微信公众平台、校园新媒体联动平台、学校官方微博等)，将学生中的创客领军人物制成宣传片，在校园内进行宣传，形成良性互动。积极推进企业进校园和校企之间的合作，推广创业创客文化，营造高职创新创业的氛围。

将创新创业元素融入校园文化设施中。校容校貌是师生教学活动的物质载体，是师生活动的精神家园，是一种不可代替的隐性课程。高职院校要根据特色专业，分析专业的发展历史、发展前景，挖掘专业发展过程中的创新创业元素，将创新创业元素融入校园建筑当中，呈现学校特有的创新创业文化。各学院要根据自己的专业建设，挖掘专业发展过程中的创新创业史，将创新创业元素呈现在学院网站、各种文化墙中，呈现学院发展特色。要充分利用学校校史馆、博物馆等场所，挖掘学校的创新创业史、校友资源中的创新创业案例，展现各专业中校友的创新创业故事，优秀校友的人生经历和感悟、创业历程和成就。这不仅能激发学生学好专业知识，立志成才、报效祖国的创新创业激情，也能使学生在日常生活学习中感知创新创业文化。

九、"四位一体"文化导育生态体系构建

根据创新创业文化建设目标，从顶层设计置入、人才培养方案纳入、全部课程贯入、文化氛围营造、创业环境打造、创新创业活动开展、创业学子激励、创新创业教育宣传等全域打造创新创业文化，不断加强创新创业文化的引导，构建"四位一体"创新创业教育文化导育生态体系(如图3-4)。"四位一体"即：创新创业精神文化、制度文化、特色文化、物质文化四位一体，实施创新创业文化"八导"：顶层设计引导、制度标准引导、人才培养方案引导、课程体系贯穿引导、创新创业实践引导、区域行业企业学校特色文化引导、环境氛围引导、文化传播载体引导。

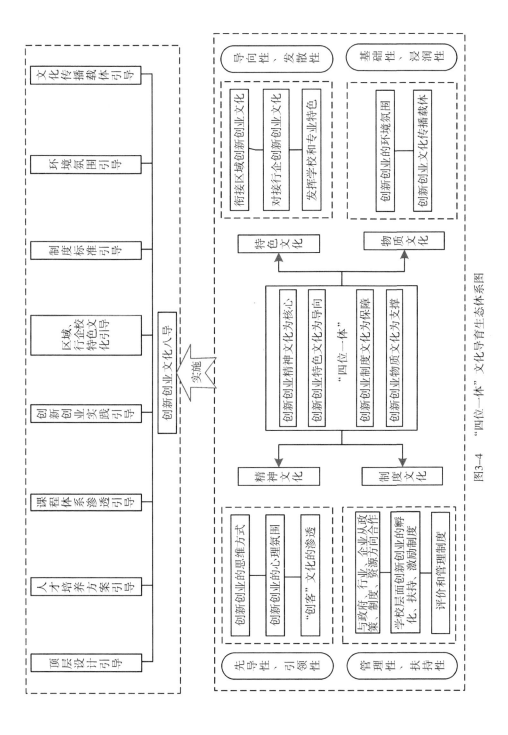

图3-4　"四位一体"文化导育生态体系图

第七节 本 章 小 结

本章以高职院校创新创业教育文化体系为研究对象，从国家层面、市场经济层面、学校层面、学生层面阐述了高职创新创业教育文化体系建设的意义，从文化、创新创业文化、创新创业教育文化、创新创业教育文化体系逐一分析了其基本内涵，通过分析高职院校创新创业教育文化体系研究现状，发现目前高职创新创业教育文化普及度不高、创新创业教育文化建设系统性整体性完备性不够、文化氛围不是很浓厚、文化特色不突出、文化引领度不高等问题。在此基础上提出了构建高职院校创新创业教育文化体系，增强高职学生创新创业意识、培养学生创新创业精神、提升学生创新创业能力的研究目标，分析了创新创业物质文化是基础、制度文化是保障、特色文化是导向、精神文化是核心的高职创新创业文化金字塔结构和创新创业教育文化体系要素框架，提出了顶层设计导入、人才培养方案导入、课程渗透导入、实践文化导入、特色文化导入、制度文化导入、环境氛围导入、文化传播载体导入的"八导"方法与举措，构建了高职创新创业"文化导育"生态体系。

第四章 高职创新创业教育"课程全育"体系研究

"体系"是指若干有关事物或某些意识相互联系的系统而构成的一个有特定功能的有机整体。该体系可以具有三个方面的含义：第一，包含多个事物或意识，不是仅由单个事物或意识构成；第二，所包含的若干事物或意识必须是相互联系的，并不是毫无关联相互独立存在的；第三，所包含的若干事物或意识能形成一个具有特定功能的整体。课程体系在此基础上解释为"在一定的教育价值理念指导下，将课程的各要素加以排列组合使得各课程要素在运转动态中统一指向课程体系目标的系统"。创新创业课程全育体系是指在创新创业教育价值理念下，在学生培养全过程中，实现教师全参与、专业全融合、创新全贯穿，结合各学习领域的课程特点，对课程目标、课程结构、课程内容、课程模式和课程评价进行合理设置，对创新创业教育进行全方位的规划以及总体推进的集合体。总体而言是为实现对学生的创新精神、创业意识和创业能力的培养，整合课程体系的各类课程，将实施载体落实到每类课程上并处理好各类型课程的关系，从而形成系统性的课程全育体系，以至更加全面有效地展开创新创业教育。[40]

第一节 高职院校创新创业课程体系研究的意义

随着中国经济步入新常态，我国经济已由高速增长阶段转向高质量发展阶段，从规模速度型粗放增长转向质量效率型集约增长，从要素投资驱动转向创新驱动。近年来，创新成为引领发展的第一动力，创业成为拉动就业的新引擎，"大众创业，万众创新"的持续推进使得创新创业与经济社会发展深度融合，为促进经济增长提供了有力支撑。国家创新驱动发展战略的深入实施必须要有足够规模的富有创新精神、勇于投身实践的创新创业人才队伍作支撑，这就要求各类高校不断深化创新创业教育改革，加强学生的创新精神、创业意识和创新创业能力的培养，促进学生更高质量地创业就业。

我国高等职业教育肩负着引领创新、推动创业的重大责任，这是高职院校办学定位之所在，也是提升创新型人才培养质量之所需。在国家实施创新驱动发展战略背景下，"双创"教育已成为新一轮改革的突破点和高职院校新的竞争力。高职院校的课程作为教育实施的具体媒介，是人才培养的重要载体，课程建设的质量决定着人才培养的质量，构建完善的创新创业教育课程体系对深化创新创业教育改革起着关键性作用。高职院校创新创业教育课程全育体系研究具体重要意义。

一、有助于建立创新创业教育相关课程间的联系

高职院校创新创业教育课程全育体系的建立要有明确的课程目标，坚持专业教育和创新创业教育相融合的核心原则，在课程设置时，需要综合考虑学生特点和专业特征，将创新创业教育理念渗透到全部课程当中，注重课程之间的层次性、关联性和递进性，实现通识课程与专业课程有机衔接，理论课程与实践课程相互结合，选修课程和必修课程合理搭配，线上课程和线下课程互为补充。

二、有助于提升创新创业教育教学质量

高职院校创新创业教育课程全育体系的研究能够加强教师对创新创业教育的认识，提升教师的创新创业素质；能够关注思考学生对创新创业的共性需求和个性发展，激发学生对创新创业知识学习的兴趣和动力；能够丰富创新创业课程的教学内容，创新教学模式，科学规范创新创业课程的监测评估，确保创新创业课程质量，进而提升创新创业教育的教学质量。

三、有助于推进高职院校创新创业教育体系的建设

高职院校创新创业教育课程全育体系是创新创业教育体系的重要组成部分，它和创新创业教育文化导育体系、项目训育体系、平台保育体系和评价促育体系共同构成创新创业教育体系。创新创业教育课程全育体系的建设需要学校营造一定的创新创业文化氛围，提供充足的项目和平台让学生进行创新创业实践活动，积累创新创业实践经验，同时创新创业教育课程全育体系建设质量需要有科学合理的评价体系进行全过程动态评测。因此，创新创业教育课程全育体系的建设能有效推进创新创业教育体系的发展完善。

四、有助于提升高职院校创新创业教育人才培养质量

高职院校创新创业教育课程全育体系秉承以学生为中心的基本原则，教师在课程教学过程中引导学生应用创业意识发现问题，应用创新思维解决问题，通过充足的实训课程提升学生创新创业能力，同时学生创新创业素质的提升也会增强自身学习专业知识的自主性和驱动力，从而提升学生的专业技能水平，使学生成为高质量创新技术技能人才。[41]

第二节 高职院校创新创业课程体系的现状及问题分析

一、高职院校创新创业课程的现状

2010年教育部发布《教育部关于大力推进高等学校创新创业教育和大学生自主创业工作的意见》，明确提出将课程体系建设作为推进高等学校创新创业教育工作的重点，并规定了把创业教育纳入正规的教学计划和学分体系，创业课程与专业课程有机融合，创业实践活动与专业实践教学有效衔接，建立多层次、立体化的创新创业教育课程体系的具体要求。这标志着，创业教育进入国家教育行政部门领导下的全面推进阶段。[42]2015年国务院办公厅印发《关于深化高等学校创新创业教育改革的实施意见》，强调将健全创新创业教育课程体系作为高校工作的重点任务，提出根据创新创业教育目标要求调整专业课程设置，开发开设创新创业教育必修课和选修课。要求创新创业教育"建设依次递进、有机衔接、科学合理的创新创业教育专门课程群"。2018年年国务院又在《国务院关于推动创新创业高质量发展打造"双创"升级版的意见》中再次指出"把创新创业教育和实践课程纳入高校必修课体系"[43]，以推动创新创业教育高质量发展。目前，创新创业教育已延伸到理念、规划、培养方案、模式创新、课程、实践、教师、平台等人才培养的各方面各环节。教育部高等教育司司长吴岩介绍，截至2018年年底，教育部会同国家发改委建设了200所深化创新创业教育的改革示范高校："着力打造创新创业教育线上线下'金课'，目前全国累计开设2.8万余门课程，各示范高校开设2800余门线上线下课程，选课人数近630万人次。创新创业教育课程体系不断健全。"创新创业典型示范校的推进，使得高职院校"双创"氛围和热情日渐浓厚。目前，全国各高职院校都非常重视创新创业课程建设，尤其是十九大胜利召开之后，各高职院校都能够深刻领会十九大报告精神，为了推进创新型国家建设，高度重视创新创

业教育，加强创新创业课程建设，着力培养创新型技术技能人才。总的来说，存在以下两种情况。

一是开设创新创业理论基础课程。目前，全国绝大部分高职院校都开设了至少1门以上的创新创业理论课程，例如《大学生职业基本素养》《职业发展与就业指导》和《创新创业基础》等。相关创新创业理论课的开设，既丰富了学生创新创业的基本知识，又为学生的毕业发展提供了一个新的选择和方向，还在一定程度上加深了学生对创新创业的理解，提高了学生的创新创业意识。但由于各高职院校所处区域的地方经济、文化特色和产业特点存在差异，加上学校对于创新创业教育的意义认识不同，因此，各地区、各学院和各专业的创新创业课程开设的内容和质量也不尽相同。一些创新创业教育发展较好的高职院校，将创新创业课程以必修课或选修课的形式融入日常的专业课教学内容之中，将专业课程和创新创业课程融合教授，既夯实了学生的专业知识和能力，又提升了学生的创新创业能力和素养。例如苏州市职业大学开设的"苏州区域文化发展"和"吴文化"课程群；义乌工商职业技术学院开设的以学生实践、辅以电子商务专业技术类课程为主的创新创业课程；新疆巴音郭楞职业技术学院构建了以课堂为中心、以讲堂为助力、以训练为推力、以竞赛为动力、以成果孵化为载体的五位一体的创新创业课程体系。

二是开发创新创业实践活动课程。创新创业教育绝不能仅停留在纸上谈兵，学生只有通过实践活动的锻炼，才能着实有效地提升其创新创业能力。创新创业教育自身的实践性与职业教育的定位十分契合。虽然目前很多高职院校已经认识到创新创业实践课程的重要性，但这类实践课程的实际开设数量有限，成效一般，课程形式比较单一。主要表现在两个方面：首先，一些高职院校会定期举办讲座、研讨会，邀请相应的嘉宾进行创新创业方面的专题讲座，这种授课方式的覆盖面有限，并且不能达到系统的传递创新创业知识和技能的目的。其次，很多高职院校开展创新创业技能大赛，设置相关奖励，鼓励学生参赛，在比赛的过程中训练学生的创新创业思维，磨炼学生的创新创业品质，培养学生的创新创业能力，但这类大赛具有一定的局限性，无法保证学生全员参与。因此，这种"以赛促教、以赛促学、以赛促创"的形式并不适合所有的高职学生。然而，一些有条件的高职院校，着力创建创新创业实习实训基地，将创新创业实践课程与专业实践课程相结合，为学生提供与之配套的实践演练场所，增加活动课程的比例，训练他们的动手操作能力，使之在活动参与中获取真实的感受和经验。也有的学院积极筹建创新创业园、创业孵化园，为学生提供创新创业硬环境的同时，主动建立健全校内创新创业制度，积极营造创新创业文化氛围，为具有真才实学、强烈意愿的创新创业学生提供资金和技术支持，鼓励支持学生将可行性的创意转化为行动。结合专业特点和校内外资源开发有针对性的创新创业实践课程。

二、高职院校创新创业课程体系存在的问题

(一)课程目标定位不明确

创新创业课程目标的设定不仅需要衔接专业目标，还要考虑学校特性和学生特点。只有课程目标清晰准确，才能确保教师在实际教学过程中方向明确，教师知道教什么、怎么教，学生清楚学什么、如何学。但目前的职业院校的创新创业相关课程的目标相对比较抽象和泛化，主要体现在以下几个方面。

(1)不同地方不同类别的高职院校创新创业课程目标大同小异。不少高职院校的创新创业相关课程目标的设定可能还停留在培养学生的创新思维和创业意识的共性目标层面，并未深入思考学校自己的优势和所处产业领域特点，导致学生创新创业能力的培养好似空中楼阁，无法落地生根。

(2)专业课程目标和创新创业课程目标相互独立。由于创新创业教育与专业教育形成"两张皮"，创新创业教育游离于专业教育之外，且学生对创新创业课程目标了解不够透彻，导致学生在后续学习中可能存在着方向错误，或者是没有意识到创新创业课程的重要性，学习效果不佳。[44]

(3)不同层次学生的创业需求差异性在课程目标里很少体现。高职学生随着学龄的增长，所学习的课程也不一样。通常大一以素质教育的公共通识课程为主，大二和大三则是以专业教育的技能课程为主，不同类型的课程反映了学生在不同阶段对知识需求不一样。同时学生毕业后选择创业的意愿不同(比如"毕业就创业"或"先就业再创业")，对创业知识和能力的需求也有不同，但上述这些需求差异在现有的创新创业课程目标里很少有清晰的描述。

(二)课程体系结构不合理

课程体系结构是课程体系建设的框架，需围绕着人才培养目标进行搭建，是有效配合和组织课程各部分内容的载体，其规定课程类型、课程内容、必修与选修课比重、理论课和实践课的分配以及师资配备等相关要求，直接影响课程开设的效果与质量。创新创业课程体系结构，具体指各校对于培养和训练学生创新意识和思维、创业精神和品质以及创新创业能力的所有相关课程的整合、选择、安排方式。

目前，我国绝大部分高职院校创新创业课程体系结构已初步形成，有些院校会针对学生不同的学习阶段设置不同类型的创新创业课程，创新创业课程体

系结构具有一定的层次性和阶段性，但课程之间的关联性并未建立，主要体现在以下几个方面。

（1）创新创业课程与专业课程无法融合。由于创新创业课程和专业课程的课程目标存在差异性，同时部分高职院校在开发创新创业课程时缺乏科学系统的调研和深层次的思考，导致在创新创业课程设置时，出现了课程类型单一、跨度大、深度不够、操作性不强、与专业课程脱节等问题。有些学校甚至仅在原有的专业课程体系里，简单地加入1—2门创新创业基础课程，这样建立的创新创业课程体系，在创新创业课程数量和质量上均无法满足高职学生创新创业能力培养的需求。

（2）理论课程和实践课程缺乏递进。创新创业教育自身的实践特性决定了课程的理论和实践必须紧密联系在一起。目前，高职院校的实践课程主要以创新创业大赛和专家讲座为主，且大多停留在政策和基础知识传递层面，这样的实践课程很少结合理论课程，课堂上学的理论知识很难在实践课程中被转换成对应的能力。

（3）必修课程和选修课程比例失衡。近几年国家出台的相关政策提高了创新创业教育必修和选修课程开设的数量。但高职院校普遍为学生提供的创新创业选修课程不多，而且创新创业选修课程大多是以创业知识讲解或创业成功案例分析为主要形式，这就导致创新创业必修课程和选修课程在内容上有较多重合部分，而且由于创新创业选修课程的选学不具有强制性，加上学生实际选择创新创业课程进行学习的意愿并不强烈，创新创业选修课程开设的效果得不到保证。

（三）课程内容不丰富

教师是知识的传播者，课程是知识的核心载体，"巧妇难为无米之炊"，再优秀的教师没有丰富的课程内容，也无法讲授一堂精彩的课。课程内容体现了课程目标，其质量决定了课程的质量和教学的效果。创新创业教育应该融入所有课程中，其课程内容不仅应该包括创新创业专项课程，而且应该包括高职学生所接触的全部通识课程和专业课程。创新创业课程内容设置的核心在于与专业知识的深度融合，学生在课程学习的过程中，可以运用创新思维解决专业技术问题，通过创业意识提升对专业技能学习的目的性和主动性，同时专业知识的学习也为具有一定创新创业能力的学生提供了具体的创业方向和市场。目前，高职院校的创新创业课程内容分散、形式单一，无法建立完整的知识体系等问题比较突出，主要表现在以下几个方面。

（1）创新创业课程选用的相关教材过于简单，操作性不强。不少高职院校除了开设政策文件要求的类似《创业基础》《大学生就业指导》以及《大学生职业生涯与发展规划》等专门创业就业课程以外，对于学生创新潜能引导和开发的创新创业专项课程开发不够，课程所用的教材很多也是直接借鉴的本科所使用的教材，没有体现出高职院校特点，缺少适应学校办学特点的校本教材。

（2）创新创业课程内容千篇一律，偏离实际。我国正处于"大众创业，万众创新"的浪潮中，创新创业的时代背景和市场环境每年都有相应的变化，但课程内容包含的知识更新速度较慢，比如这次突如其来的新型冠状病毒对全球经济造成的冲击，以及对我国创业市场产生的影响，就很难第一时间出现在学校的教材中。课程内容选用的案例以创业成功案例为主，然而大学生创业实际成功率不超过5%，学校应该更加注重培养学生抗压能力和如何从失败中总结创业经验的能力。

（3）专业课程内容难以融入创新创业理念。根据国家规定，需要将创新创业教育与专业课程相互融合，在专业课程中渗透创新创业知识，通过专业知识的学习提升学生的创新创业能力，而高职院校在这一方面明显不足，这是因为高职院校有很多专业还是采用传统常规的课程设置，缺乏在专业知识的内容和形式上创新，并且大部分专业教师在进行专业教学时，缺乏有目的地培养学生创新创业的意识和能力，创新创业教育相关课程的创新度和精深度有待加深。[45]

（四）课程教学模式单一

在创新创业教育中需要非常重视专业课程和创新创业课程、理论课程和实践课程、必修课程和选修课程的关联性，创新创业教育应该覆盖高职学生学习的全部课程。创新创业课程内容上的差异性要求课程教学模式必须多样化，但受到师资和平台等条件限制，创新创业课程通常局限在教室，采取大班授课的形式，以理论讲授为主，针对性不强，教学模式单一，缺少案例分享、小组讨论、创业团队互动等具有启发性和实践性的教学模式。由于教师缺乏实际的创业经验和创新创业意识，无法从创业者的角度去调动学生学习的积极性，所传授的知识主要来源于教材，无法实现理论和实践的结合，这样很难培育出具有创新精神、创业意识与创业能力的创新创业技术技能人才，还有不少院校虽然开展了创新创业相关训练和竞赛，创办了各具特色的创新创业孵化基地等，但这些训练、竞赛和孵化基地很少应用于日常教学工作，学生的创新创业构想和计划沦为空谈，创新创业课程的效果难以发挥。

(五)课程评价不健全

创新创业课程目标的实现和课程实施的质量需要有科学的课程标准和课程评价方式，并不断健全完善课程评价系统。目前，高职院校在课程评价上，评价系统并不健全，主要通过两种方式进行：其一是由国家政府主导的评价，即政府部门每年要求学校根据既定的评价指标，填写并上报相关数据来反映高职院校的创新创业课程实施情况；其二是学校组织的日常课程评价，包括学生评价授课教师，教师评价学生表现以及教师互评。但问题在于：一是目前政府部门向所有高职院校下发的评价指标是统一的，政府部门设置的评价指标很难考虑到所有高职院校的情况，导致评价指标单一、泛化、笼统，并不能真实反映高职院校创新创业课程的实际情况，而且统一化的评价指标在某种意义上会误导高职院校发展，尤其在设置创新创业课程时，会出现高职院校之间的趋同化现象，不利于不同高职院校实施多样化的创新创业教育；[46]二是高职院校内部仍采取传统的课程评价方式和标准，主要以考试结果为标准，这显然是不科学的，因为创新创业教育包括学生的创新意识、创业能力与创业意愿的激发，这些是很难用分数来计算的。课程评价的单一和无效性进而将导致高职院校创新创业课程流于形式，无法真正培养学生的创新创业思维和能力，很难真正实现创新创业教育的人才培养目标。

(六)课程师资力量不够

高职院校的课程体系必须以培养高质量创新型技术技能人才为最终目标，教师无疑是实现目标的关键因素，创新创业课程的师资力量会直接影响创新创业课程体系的建设质量和执行效果。在我国中高考制度下，高职院校的生源质量与本科院校相比还是存在较大差距的，高职学生的自主学习意识和学习方法相对较差，教师作为知识的第一传播主导，更需要充分的利用课堂来培养学生的创新思维和创业意识。目前，我国高职院校的教师引进大多强调的是有企业工作经历的研究生，对是否有创新创业经验则没有具体要求，导致绝大多部分高职专任教师自身缺乏创新创业的意识和能力。虽然国家和地方政府近几年都组织了创新创业相关的师资培训，但是相对庞大的教师队伍而言，培训的覆盖面过于局限，创新创业课程的师生比严重不足。大多数专业课教师在传授专业知识和技能时很少涉及创新创业的内容，尤其是对负责《大学语文》《高等数学》《大学英语》等公共通识课程的教师而言，将创新创业教育融入其课程中更是一个全新的挑战，因此学生无法在课程学习的全过程中接受创新创业教育。

三、高职院校创新创业课程体系存在问题的原因分析

(一)学校对创新创业教育重视不够

近几年国家非常重视创新创业教育的发展，教育部和国务院办公厅都先后印发了一系列指导和推进高校创新创业教育建设的重要政策和文件。同时，国家每年都会组织各类创新创业大赛，如"互联网+"创新创业大赛，创青春全国大学生创业大赛、专业技能大赛、数学建模大赛等，这些国家级大赛会要求所有高等院校报名参加，并对优秀的创业项目进行孵化。但也有不少高职院校仍未把创新创业教育工作摆在重要位置，没有充分认识开展创新创业教育的重要意义，没有认真分析创新创业教育与传统教育的本质区别，没有深入考虑如何将创新创业教育与专业教育深度有效地融合，没有提供充足的资金进行创新创业师资培训和平台搭建，没有尝试开展创新创业校园文化建设。[47]这就导致学校在开展创新创业教育工作中，往往是为了应付上级部门检查而流于形式，创新创业教育工作中出现的问题无法得到及时的彻底的解决。有些高职院校虽然可以在创新创业大赛中获奖，但是由于参加大赛的学生人数少，创新创业教育并未惠及全校学生，学校虽然开设了一些创新创业课程，但并未真正把创新创业教育与素质教育和人才培养相结合。

(二)教师对创新创业教育理解不深

创新创业教育是对传统教育进行的一次重大改革，这就要求教师的教育理念、教育目标、教学内容、教学模式也要随之发生改变。然而很多高职院校的专任教师并不理解创新创业教育的本质，有些教师认为创新创业教育就是为了缓解就业压力而临时推行的；有些教师认为创新创业教育就是在原有的课程体系里增加几门独立的创新创业课程；还有些老师甚至认为创新创业能力根本无法通过课堂教学得到提升。同时很少有高职院校对参与创新创业教育工作的教师进行激励(比如在职称评定、绩效划分和年度评优时优先考虑)，也没有设定明确的任务工作量来强制要求每一位教师必须参与到创新创业教育工作中去。因此，很多教师不愿打破自己熟悉的教学模式走出舒适圈去思考如何在自己的专业领域中融入创新创业教育，如何主动培养学生的创新精神和创业意识，各专业负责人也缺乏动力去探索并构建符合专业特点的创新创业课程体系。虽然有部分教师参加过创新创业教育相关的培训，具备了一定的知识储备，但这些教师很难准确把握每年变化的创新创业环境，例如各地政府对大学生创业优惠政策的调整、地方产业发展重点方向和经济发展规划等，因此无法为学生提供贴合市场实际情况的创新创业咨询。

(三)学生对创新创业教育认识不足

任何阶段任何类型的教育都是以学生为中心进行培养的。高职院校的学生是高职生,大部分学生对学习兴趣不够浓,部分学生甚至厌倦学习,或者只是抱着混学分的心理上课;大部分学生是独生子女,备受宠爱,缺乏吃苦耐劳精神;同时学生的创新意识不强,创新认知不够。有些学生会认为通过创新创业教育开展的创业含金量和技术含量都不高,对于学校开设创新创业教育课程持排斥态度,不愿参加;有些学生由于经济条件不厚实,再加上社会观念的影响,不敢轻易尝试创新创业;有些学生受家庭因素或者社会观念的影响,会追求一份稳定性的工作,如进入国企、考公务员、考事业编制等,认为创新创业是那些有创业能力的精英或者是家庭条件优越的人去做的,对"人人需创新、人人可创业"认识不足,认为创新创业是遥不可及的事,自己将来不会去创业,因此缺乏学习的动力;还有些学生,会受自己周围环境的影响。一个良好的创新创业氛围是一个逐步形成的过程,学生的创新创业理念也是一个逐步建立的过程。

第三节　高职院校创新创业"课程全育"体系研究原则

一、以学生为中心的基本原则

创新创业教育的对象是学生,创新创业教育的目的是培育具有一定创新创业素质的技术技能人才。而我国传统的应试教育在一定程度上遏制了学生的创新创造力,在对学生知识和能力考核时往往是通过标准答案进行判定,这样很容易固化学生的思维,不利于学生去发散思维解决问题,"重结果轻过程"的教育方式阻碍了学生的全面发展。因此,高职院校在建设创新创业课程全育体系中,必须坚持以学生为中心的基本原则,认真做好高职学生的学情分析,充分了解学生的学习能力、学习兴趣和学习特点,注重学生的共性需求,尊重学生的个性发展,让每一个学生都可以具备一定的创新创业能力。学生在完成创新创业通识必修课程学习后,可以通过自己的专业特点或兴趣爱好自由地选择相应的创新创业选修课程和创新创业实践活动课程。在课程学习过程中,教师应重视创新创业主题实践活动课程的开发,形成"学生主体、教师主导"的教学模式,使学生能够由被动接受知识向主动探索知识转变,培养学生的创新意识和创业能力,鼓励学生发挥自身特长和专业技能,应用创新思维解决问题。在课程考核环节注重过程考核,将创新创业能力细分为具体的考核指标,贯穿整个学习过程，通过过程考核实时了解学生的创新创业水平，有助于促进学生的创新创业能力的提升。[48]

二、以创新创业教育和专业教育相融合为核心原则

高职院校要培养具有一定创新创业素质的技术技能人才，必须坚持创新创业教育与专业教育相融合的核心原则，如果创新创业教育独立于专业教育，那么创新创业教育的培养目标根本无法实现。创新创业课程体系不是创新创业课程与专业课程的简单拼接，而应是创新创业课程内容上能适应学生的专业需求，专业课程学习中能培养学生的创新思维和增强学生的创业意识。[49]因此，高职院校在结合专业特点开设创新创业课程的同时，还需根据创新创业教育目标要求调整专业课程设置，对传统专业课程的课程目标、课程结构、课程内容和教学模式进行重新设计，将创新创业教育理念贯穿到所有的专业课程中，保证两者所占据的比例合理的同时，也要将创新创业教育合理地融合到各个方面的教育中。高职院校的创新创业课程体系建设不是无中生有，必须建立在专业教育的基础之上，高职学生只有具备一定的专业技术能力，才能明确创业的方向，提升创业的成功率。学生通过创新创业课程学习形成的创新创业意识，可以增强学生对专业知识学习的兴趣和动力，使学生学习更有目标。高职院校发展建设中，应为创新创业教育营造良好的教育氛围，符合国家培养创新创业人才的培养要求，着力培养出具有良好专业能力、强烈创新创业意识以及创业能力较强的技术技能人才。

三、以创业就业为导向的发展原则

近几年，我国的经济在互联网、人工智能和5G等先进科学技术的推动下得到了快速发展，人们的生活习惯和工作方式也不断在改变，这种改变给当代大学生创新创业创造了巨大的机会。同时，年轻的创业者也要时刻准备接受瞬息万变的市场考验。这就要求高职院校在构建创新创业课程体系时，应坚持以创业就业为导向的发展原则，重视培养应届毕业生创新创业的能力，确保创新创业课程体系能紧密贴合人才市场需求，促使学生能够更加适应创业就业环境的变化和时代发展，这样才符合高质量发展新时代高职院校创新创业课程体系的构建要求。因此，高职院校在设计创新创业专项课程和专业课程内容时，一定要充分调研各专业技术所应用的行业市场发展现状和趋势。市场一直以来都不是亘古不变的，这也意味着在构建高职院校创新创业课程体系过程中应具备实时性特点，展开动态化调整，不断淘汰老旧传统的内容，运用新的知识内容

以及思想开发课程内容，进而不断提高学生的适应能力、市场竞争力，有效提高创新创业教育的成效，增强高职学生创业就业的质量。[50]

第四节　高职院校创新创业"课程全育"体系研究

一、创新创业课程全育体系建设需要教师全参与

任何一所学校教育政策的落实、教育目的的实现和教育质量的提高，不仅依靠少数优秀名师的引领，而且需要全校教师的共同奋斗。高职院校创新创业教育的成功推行，创新创业课程全育体系的科学建设都必须要求全体教师的积极参与。[51]高职院校的教师组成复杂，有讲授专业知识的专任教师，有传授技能操作的实训教师，有管理学生工作的辅导员、班主任，还有外聘行业企业兼职教师。要让这些教师全部加入到创新创业课程体系建设中去，必须做到"内外并驱"。内部驱动是指教师要发挥自身学习能力的优势，加强加深对创新创业教育的学习和理解，树立正确的创新创业教育理念，提升创新创业素质。负责创新创业专项课程的专任教师已经具备了一定的创新创业理论知识，在不断丰富创新创业实践课程的同时，也要肩负起培训其他专业技能教师的任务。各二级学院要以创新创业专项课程教师为核心，结合专业特点组织专业技能教师打造创新创业教学团队。该教学团队要围绕创新创业教育定期开展教研活动，讨论课程的设置和实施，全面提升创新创业课程质量。外部驱动则是指学校要出台相关制度激励并要求全体教师参加创新创业教育工作。学校可以制定创新创业教育工作考核办法，将创新创业教育工作科学地细分量化，规定教师参与创新创业教育工作的固定工作量，同时还可以在年度评优、职称评定、绩效分发和课题申请等方面优先考虑对推进创新创业教育发展有重大贡献的教师。对于那些有明确创业计划的教师，学校可以提供办公场地和资金的支持，鼓励在校教师结合专业领域开展创新创业研究和成果转换实践，甚至组建创业团队开办企业。

二、创新创业课程全育体系建设需要学生全覆盖

从发展阶段看，我国经济发展进入新常态，着力推进高质量发展，创新创业是时代的需要，它既能解放和发展社会的生产力，又能激发人们的创造力，创新是当下引领中国发展的第一动力。创新创业教育的目的并不是需要每一位毕业生都去直接选择创业，而是要求每一位学生都能够用创新的思维去解决问

题，用创新创业的思想去分析问题，从而全面提升学生的创业就业质量。[52]高职院校在建设创新创业课程全育体系时，不仅需要实现对不同年级、不同专业学生的全覆盖，而且还要全面覆盖到每一个学生的日常生活和学习上。这就要求学生不仅在形式上参与创新创业课程的学习，更加要求学生在思想上认可并接受创新创业教育。学校除了根据学生的专业特征、学习特点和兴趣爱好提供充足高质的创新创业课程，还要安排丰富的课外实践活动，让学生在校过程中接受创新创业教育和实践，学习创新创业知识，逐渐形成创新创业意识，能够用创新的思想对待学习，用创业者的标准要求自己，能够不断探索自己的能力边界，能够通过创新突破自己的能力瓶颈。学校需充分研究学分制度，应用课程学分和素质学分共同引导学生学习和应用创新创业相关知识，比如学生参加创新创业大赛可以充当选修课的学分，创业经历可以视为顶岗实习经历。同时加强打造创新创业实训平台或孵化基地，给具备一定创新创业能力，拥有优质创业项目的学生提供全方位服务，让学生觉得创业并不是遥不可及的。

三、创新创业课程全育体系建设需要课程全调整

高职院校创新创业教育课程全育体系建设不仅要求教师全参与，学生全覆盖，还要结合学校特征、学生特性和专业特点，针对课程目标、课程结构和内容、课程教学模式以及课程评价标准进行全面的科学的调整。

(一)多维度定位课程目标

1. 与地方经济发展需求相贴合

高职院校的生源一般来自于学校所在省市，大部分学生毕业后会选择留在当地发展，因此学校在设置创新创业课程体系的课程目标时，首先应考虑与地方经济发展需求相贴合，全面了解地方的区域特色、产业优势和经济发展规划，深入企业调查和预测社会人才具体需求，明确创新创业教育人才培养的方向，实现课程设置适应市场变化，课程内容贴合企业人才需求。以湖北交通职业技术学院(以下简称湖北交院)为例，该校位于九省通衢的武汉，由于武汉得天独厚的交通优势使得其交通类人才需求量极大，湖北交院紧贴武汉交通发展特色，其创新创业课程体系要覆盖公路、铁路、道桥、航海和航空等交通领域，为湖北交通发展不断地输送大批高质量创新型技术技能人才。

2. 与高职院校人才培养目标相一致

在人才培养目标上，本科院校注重学生学术科研能力的培养，高职院校则更加注重学生的实践操作能力。[53]高职院校在设置创新创业课程体系目标时，应该与高职院校人才培养目标一致，培养高质量创新型技术技能人才。依据人

才培养目标，构建科学有效的创新创业课程体系，包括创新创业通识课程、专业课程与实践课程等，根据课程特点将目标进行细致的划分。创新创业课程体系在培养训练学生的专业技能的同时，将更多的创新理念和创新精神传递给学生，激发学生的创业意识和创业潜能，调动他们自身对于创业择业的热情和内在驱动力，充分发挥他们的主观能动性，使其在未来的职业规划和选择上能够掌握更多的主动权和选择权。学生毕业后更能适应社会发展，在面对严峻的就业压力时，更能展现现代社会所需的创新精神、创业能力、创业品格和创业知识。

3. 与专业特色相融合

高职院校要实现创新创业教育和专业教育的深度融合，在建设创新创业课程体系时就必须实现课程目标与专业特色相融合，而不能独立于专业设定千篇一律的课程目标。[54]高职学生创新创业能力的提升必须依存于市场环境，而市场环境与产业发展密切相关，同时产业发展离不开专业。因此，学生要想成为创业者，必须同时具备相关联的创新创业能力和专业职业技能。不同专业所需的创业能力存在一定的差异性，比如电子商务专业的学生，他们所需的创业能力重点在于商品的采购和销售；而汽车维修专业的学生，他们的创业能力则更加注重场地的租赁和线下服务质量。高职院校将创新创业课程与专业课程有机衔接，能够提高课程的实务性，教学内容实操性更强。将创新创业课程目标与专业特色相融合，更能满足不同专业学生的发展需求，有利于有效实施因材施教。

4. 与学生需求相适应

学生对课程的需求反映了学生的学习兴趣和目标，高职院校在设定创新创业课程体系的课程目标时需要与学生需求相适应，这样的课程目标才能精准定位，课程才具有吸引力，才能够最大限度地调动学生的学习主动性和积极性。不同学生的创业需求存在差异，学生所处年级、所学专业和所处家庭环境都会影响学生的创业需求。有些创业意识强的学生在校期间就想创办公司，他们对创新创业的学习需求比较具体，比如公司注册、团队组建和财务运作等方面的知识都需要了解和学习，此时创新创业的课程目标应该是培养真正的创业者；而有些学生毕业后选择直接就业，那么他们对创新创业的学习需求就比较抽象，创新创业课程目标的重点则应该是培养他们如何立足于工作岗位发现市场规律，找寻市场方向，把握创业商机。

（二）全方位优化课程结构和内容

高职院校的课程按照内容可分为通识类课程、专业类课程、实践类课程和隐性类课程，按照传授形式可分为线下课程和线上课程。创新创业课程体系建设，坚持以学生为中心的基本原则、以创新创业教育和专业教育深度融合的核心原则、以创业就业为导向的发展原则，结合不同学年阶段学生的知识基础和学习需求的共性和特性，全方位优化课程结构和内容，采取必修与选修、理论与实践、显性与隐性、线上与线下相结合，实施专项课程主育、所有课程渗透、实践课程强化，形成所有课程全贯穿、全渗透的培养格局，构建多层次、层递进、立体化的"三维立体化"创新创业课程全育体系，如图4-1所示。

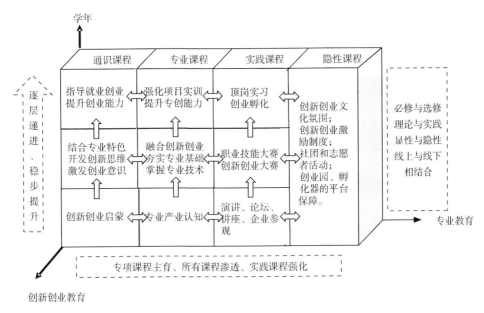

图4-1　"三维立体化"创新创业课程全育体系图

1. 通识类创新创业课程

通识类创新创业课程是面向所有专业开设的公共基础课，一般属于公共必修课程，大多开设在第一学年阶段。这类课程可分为两种形式，一种是以传授创新创业基础知识为主的专项课程，如《创业基础》《大学生创新思维》《大学生就业与创业指导》等课程，任课教师在讲述这类课程时，必须根据学生、专业和职业等特点，来讲述创新创业知识，培养学生创新创业意识与思维，提升学生创新创业能力，教师要能为学生提供专业化指导和意见，而不能照本宣科。[55]另一种是将创新创业教育理念融入传统公共基础课后优化的课程，如《大学体育》《大学语文》《高等数学》等课程。比如：《大学体育》课程，体育教师在指导学生开展体育活动进行专项训练的同时，还可以向学生介绍相关运动市场现状和发展前景，以及进入市场的门槛和流程，激发学生的创业意识，同时还可以组织学生开发特色训练项目，锻炼学生的创新思维。《高等数学》课程，数学是锻炼思维的体操，教师要结合教学内容培养学生的发散思维，结合数学实验、数学建模大赛，培养学生的创新意识、创新思维。

2. 专业类创新创业课程

专业类创新创业课程是落实创新创业教育课程目标与专业特色融合的一个重要载体，它应建立在专业教育的基础上，根据创新创业教育目标要求调整专业课程设置。[56]高职院校可以将专业类创新创业课程分为专业必修课和专业选修课。专业必修课一般是在专业必备的理论基础课程、技术技能课程和专项实训课程里融入创新创业教育理念，教师不再是单方面地输出知识，而是以学生为中心，引导学生应用创新创业思维去探索和解决问题，学生在学习专业技术技能的同时，自觉培养自己的创新创业素质和能力，学生创新创业素质和能力的提升也可以促进自身专业技能水平的提高。专业选修课程则是各二级学院根据专业特色和发展，结合学生需求开发开设的创新创业课程模块，如计算机类的专业可以开设"网络安全发展及创业方向"课程模块；汽车类的专业可以开设"新能源汽车创业"课程模块。学生可根据自己的意愿、兴趣及自身特点自由地选修创新创业课程模块，学校在丰富专业类创新创业选修课程数量和内容的同时，也需出台相关制度保障这类选修课程的学习人数和质量。

3. 实践类创新创业课程

通识类创新创业课程和专业类创新创业课程大多是在特定的时间，指定的教室或专业实训室里集中传授知识和培养精神，实践类创新创业课程则是通过组织丰富的创新创业实践活动，吸引学生参与和体验学习，促进理论向实践的转变，提升学生创新创业的综合素质。实践类创新创业课程的形式多样，既可以是不定期组织的嘉宾演讲、论坛、讲座等专题性活动，也可以是每年组织举办的职业技能大赛、创新创业大赛和顶岗实习等系统性的训练，还可以参与课程项目研究与开发，创新创业意愿强烈的学生可以借助学校提供的创新创业孵化平台，将自己的创业项目进行孵化，获得真实的创业体验和感受，将创新创业理论知识学以致用，只有这样，才能真正体验到创新创业课程的精髓，才能有效提升创新创业能力。

4. 隐性类创新创业课程

隐性创新创业课程又可称为环境创新创业课程，会对学生的创新创业意识、思维和素质产生潜移默化的影响，这类课程不受传统课程形式的束缚，融入学生日常学习和生活中，通过学校的社团活动、政策制度、平台环境及校园文化氛围，使学生在校期间全过程接受创新创业思想的熏陶，不断培养学生的创新创业意识和价值观。隐性类创新创业课程与通识类课程、专业类课程和实践类课程这些显性创新创业课程相比容易被忽视，高职院校需要在这类课程的建设上投入更多的关注和重视，不能忽视隐性类创新创业课程的作用，学校不仅要加大对创新创业中心、创业实训基地、创业孵化器等平台建设的投入，还需重视创新创业制度的制定、创业优惠政策的宣传、创新创业文化氛围的营造，鼓励学生和教师共同创业，让创新创业成为学生校园生活的主旋律。[57]

5. 线上创新创业课程

信息化时代，为高效创新创业教育信息化发展提供了信息技术支持，尤其是在线教育环境的建构，直接推动了高校创新创业线上课程的创新发展。高职院校需充分利用中国大学 MOOC、网易公开课和智慧职教等优质平台提供的丰富课程资源，打破学生线下课堂学习的时空限制，扩宽学生获取所需知识的有效途径。同时高职院校可结合学院特色、学生特点和专业需求，科学开发线上创新创业课程，通过线上课程的学习，有助于夯实学生创新创业必备的专业知识，有利于提升学生的创新创业专业技能水平。

基于"三维立体化"创新创业课程全育体系，结合课程类型和受众学生的差异性，以能力模块构建为思路设计课程内容，创新创业课程内容具体设置如图 4-2 所示。

(三) 多路径丰富课程教学模式

1. 树立开放式教学理念

开放式教学是指在教学中将书本内容、学科知识开放，注重与社会的联系，注重与其他专业内容的内在相关性，谋求跨专业的联系与综合，推行社会化教学的一种教学方法。在创新创业课程教学中采取开放式教学模式，有助于吸引学生参与、打开学生的创新思维、激发学生的创业兴趣。开放式教学模式相比传统教学模式的优势在于教学内容不限于书本，学生是教学活动的主体，教学过程可脱离课堂的局限，学生学习的空间可延伸到课外，注重小组交流和团队合作，使得创新创业教育环境更加和谐、融洽，同时开放式教学以发散性问题为导向，学生自主探究或合作探讨完成创新创业教育各阶段的学习任务，通过对问题的探究开放学生的创新思维，挖掘学生创新和创造的潜能。

2. 项目驱动，模拟创业

在创新创业课程实际教学过程中，由于现有的课堂条件可能无法支持学生实践，因此，可以引入项目教学的理念，教师在进行课程介绍后，要求学生自

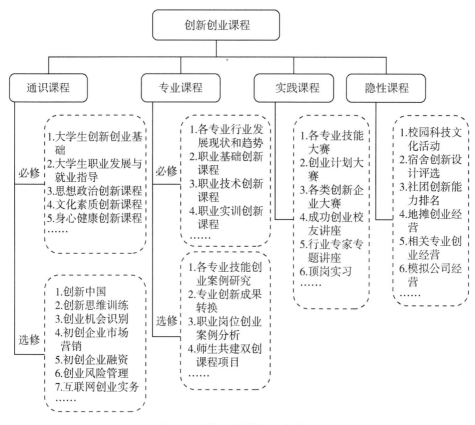

图 4-2　创新创业课程内容设置

由组建创业项目组，每一个项目组由 5—7 名学生组成，在期末的时候项目组至少提出一个与课程相关的创业项目，并提交详细的商业策划书。在课程教学过程中，教师可以根据项目组的创业需求调整课程内容，对相关专业知识的应用实例进行重点讲解。通过创业项目小组成员模拟创业过程，可以让学生自主地学习创业项目所需的创新创业和专业技能的相关理论和知识，应用于解决具体问题，获得一定的实践经验。同时教师可以及时发现学生中比较优秀的创业想法和创业项目，继而有针对性地给予指导和扶持，鼓励学生积极参加创新创业大赛，让创新创业教育结出硕果。

　　3. 校企共建，双师共育

　　校企合作是高职院校的办学特色，是创新创业教育资源集聚的重要途径，也是提高创新创业教育质量的关键，对高职创新创业课程体系建设有着重大的意义。高职院校应充分利用校企合作平台的优势，联合企业共同建设创新创业课程，学校教师联合企业师傅共同培育学生的创新创业能力。首先，高职院校要吸引优质的企业资源进校园。企业资源主要包括职业经理人、企业管理人员、企业科技园和孵化园等，这些企业资源不仅可以为学生传授创业实践经验，加深学生对创新创业的理解，还可以为学生的创业孵化项目提供真实的环境和实施基地。[58]其次，要让学生"出课堂进企业"。学生要抓住到企业进行创业实习的机会，将自己从学校学到的理论知识运用于实习工作中，在真实的社会环境里磨炼自己的创新创业实践能力。

(四) 全过程完善课程监测评估

创新创业课程体系的课程目标是否准确，课程结构内容是否合理，课程教学模式是否有效，需要科学的课程评价体系进行全过程监测和评估。由于创新创业课程的目标和类型的不同，评价标准和内容也存在差异，如创新创业理论课程和实践课程的评价应有所不同。对创新创业理论课程的评价包括教师评价和学生知识评价。通过对教师的评价，可以让教师动态调整自己的教学方式，不断改进教学方法，促进教师成长发展。通过对学生知识的评价，学生便可以了解自己的不足，针对不足查漏补缺。对创新创业实践课程进行评价，主要是对学生创新创业知识的掌握、理解及运用的评价。实践课程的评价不同于知识课程的评价，更倾向于评价学生在整个创业实践活动中的表现，重点考察学生的动手操作能力。评价主体可以由企业管理人员、工商部门、校内专业教师组成。将整个实践评价环节按流程拆分为若干环节，每个环节设立评价指标，由课程评价小组来为学生的实践活动打分，这样得到的分数更为权威合理。由于整个实践课程是由教师与学生共同参与完成，因此，除了考察学生的动手能力与创新创业知识运用能力之外，还需考察教师实践教学的直观性、可分解性、可操作性、引导性、启发性，同样可由课程评价小组来对教师在实践活动中的教学进行评价。同时为了更全面地评价教师在实践活动中作用，还可以组织学生对教师教学活动进行评价。

实施效果是检验创新创业课程的重要指标，对创新创业课程实施效果进行评价是必不可少的。创新创业教育是一项长效性的教育，不能急于求成。[59]实施效果的评价主要是对学生的评价，以学生接受创新创业教育后的变化作为实施效果评判标准，如学生在接受创新创业课程后，将是否创业、是否获得创新创业相关的奖项、是否有专利发明等作为评价的标准。由于学生在接受创新创业课程之后，对自身的影响是潜移默化的，因此，实施效果评价的环节有一定的难度，需等到创新创业课程实施后的一段时间，才能进行评价。要实施效果评价，可委托第三方评价机构，通过对学习创新创业课程的学生进行访问及调查，统计这些学生的实际情况，如是否会制作商业计划书，是否了解当地最新的创业政策，是否具备创业所需的专业技能等作为评价的重要依据。实施效果评价作为最后的教学评价，主要用来检验创新创业课程的成效。

第五节 本章小结

本章以高职院校创新创业课程体系为研究对象，通过分析高职院校创新创业课程体系现状，发现目前高职院校在创新创业课程体系建设时，普遍出现双创师资力量不够、课程目标定位不明确、课程体系结构不合理、课程内容不丰富、课程教学模式单一、课程评价不健全等问题。以此提出以学生为中心的基本原则、创新创业教育和专业教育相融合的核心原则、以创业就业为导向的发展原则来建设高职院校创新创业课程全育体系，并提出"三维立体化"创新创业课程全育体系建设方案，强调创新创业课程全育体系建设时需要实现教师全参与、学生全覆盖、课程全调整，并针对课程调整给出多维度定位课程目标、全方位优化课程结构和内容、多路径丰富课程教学模式、全过程完善课程监测评估等具体措施。

第五章 高职创新创业教育"项目训育"体系研究

　　创新创业人才的培养是一个系统的渐进的过程，是需要从创新创业意识，到创新创业知识，再到创新创业实践突破的过程。项目训育是基于项目的实践训练实现人才培育的重要举措，因此，在这个系统的渐进的过程中，项目训育成为了学校培养创新创业型人才的关键。

　　近年来，随着"大众创新，万众创业"思想的逐渐深入人心，我国高职都采取了多种措施加强创新创业教育项目训育，包括设计更多相关创新创业实践课程、建设更多的实训室和实训平台、引进更多的项目训育指导教师等。我国高职的创新创业教育项目训育已经取得了长足的进步。但我国高职创新创业教育项目训育还处于探索阶段，仍然存在着一些问题。比如，对项目训育的认识还有待提高。高职教育的传统模式就是理论讲授，这样的模式历史悠久，短期内很难改变。高职虽然也在项目训育方面投入了较之前更多的资金和人力，但与理论学习相比，项目训育所占比例还是非常不足，项目训育更多是一种补充和辅助。另外，项目训育指导对师资要求较理论教学更高，但我国大部分高职创新创业教育项目训育实施，仍由理论课教师兼任，项目训育的真正意义并没有发挥出来，严重制约了高职创新创业人才的培养。不仅如此，我国高职创新创业教育项目训育普遍缺乏专门的管理机构，因此，出现项目训育体系不完善、项目训育环节不连贯、项目训育机制运行不畅等问题。我国高职创新创业教育项目训育还有很长的一段路要走。

　　一方面我国对高职学生创新创业能力的培养符合时代发展的要求，但其就业形势仍严峻；另一方面，项目训育在创新创业能力培养中具有关键性的作用，但我国创新创业教育项目训育并不理想，还有很多问题需要改进。因此，有必要对高职创新创业教育项目训育进行系统的研究，发现其存在的关键问题和症结，吸取国内外成功的经验，力求构建适用于我国国情和当前经济发展背景的高职创新创业教育项目训育体系。

第一节　创新创业教育"项目训育"的理论基础

随着创新创业教育项目训育越来越受到高职的重视，其背后的理论逻辑也越来越受到关注。理论基础不仅为项目训育体系的设计提供理论指导，同时也是帮助人们认识教育本质、人才培养目标等教育根本问题的重要依据。概念界定是研究的基础和起点，只有明确了概念的内涵和外延，才可能展开对概念相关问题以及与其他问题之间关系的研究。本节首先对项目训育的理论基础进行介绍，主要包括杜威的"从做中学"理论和建构主义学习理论，通过对理论基础的介绍，为项目训育的价值提供足够的理论基础，肯定项目训育对创新创业教育的意义。其次，对本章的主要概念进行界定，包括项目训育、项目训育体系等概念。最后分析项目训育对于创新创业能力培养的重要意义，这也是本节的逻辑基础。

一、理论基础

与项目训育相关的理论基础众多。包括马克思的实践生成观、理论与实践的辩证关系理论、"从做中学"理论、建构主义理论等。[60]马克思的实践生成观、理论与实践的辩证关系理论，实际上属于哲学基础的范畴，"从做中学"和建构主义理论与项目训育的关系更为直接，所以，本节着重对后面两个理论基础进行介绍，分析其与项目训育的关系。

(一)杜威的"从做中学"理论

杜威是美国教育家，现代西方教育史上最有影响力的代表人物。他对传统教育"知行分离"的现象进行了批判，指出传统教育以知识为中心，学习是被动的接受，造成了知识与行为相分离的结果，知识变成了书本上的东西，变成了远离学生经验和无法对行为产生影响的东西。他指出，人的知识和行为应当是合一的，知识的学习应该根植于社会实际中，真正的教育应该让学生通过亲身体验，以亲身实践和实地体验的方式，在做中学；同时，教育的内容与教育的方式都来自社会的实际需要，学校教育和社会实践应该密切结合。区别于传统的认识论，杜威认为，知识的获得不是个体"旁观"的过程，而是"探究"的过程，知识是个体主动探究的结果。[61]

杜威认为"从做中学"就是从"训练中学""实践中学""从经验中学"，也就是从实际活动中学习，让知识的获得与生活中所经历的、参与的活动相联系，与活动中的感受和结果相联系，这样每一次活动中的行动就变成了尝试，变成了寻找世界真相的实验。他主张学校应该设立各种工厂、实训室、生产性实训基地、农场等，为学生提供劳动场所，让他们从事他们感兴趣的活动，并在活动的过程中找到问题、解决问题、积累经验。杜威提出的教学过程由五个部分组成，首先是要有真实的情景；在真实的情景中，明确面对的问题是什么；利用现有资源提出解决问题的可能方法或假设；通过实验或实践验证解决问题的方法或者假设；最后根据结果找到解决问题的办法。高职创新创业教育项目训育正是让学生通过亲身体验、模拟训练、社会实践等方法发现并解决问题，实现理论知识和实践经验的有机结合。这样的教学过程为高职项目训育提供了强有力的理论依据，同时对于项目训育的方式方法也有一定的指导意义。[62]

(二) 建构主义学习理论

建构主义认为知识不是对现实的纯粹客观的反映，知识是会随着人们认识程度的深入而不断地变革、深化，所以学习不是简单被动地接受信息，而是主动地建构知识，教学也不是简单的知识"填灌"，而是对知识进行处理并自我消化的过程。[63]

建构主义学习理论主张，在教学过程中，应该让学生在现实或模拟的情境中展开实践，形成解决问题的技能和能力，学习应该是探索式学习，通过让学生积极主动地参与、体验，形成自己的理解，培养自己的能力。对建构主义学习理论的应用之一就是情境教学。情境教学是建立在有感染力的真实事件或真实问题基础上的教学，强调让学生在真实任务情境中，发现问题、分析问题、解决问题，培养能力并积累经验。[64]这与杜威的"从做中学"理论具有一致性，并且与现有的创新创业教育项目训育模式具有一致性。在我国高职现有的创新创业教育项目训育中，实训室模拟和创业项目模拟都是通过情境教学的方式，让学生在真实的情境中发现问题、分析问题、提出假设、解决问题。建构主义学习理论为创新创业教育项目训育的价值提供了强有力的理论指导，项目训育有着坚实的理论支撑。

二、主要概念界定

对研究中的核心概念进行界定是研究的基础。本章中的核心概念是项目训育，因此，本节在梳理和总结已有研究的基础上对项目训育和项目训育体系进行了界定，并对与这两个概念密切相关的概念进行了辨析。

(一) 项目训育

在《教育大辞典》中，项目训育即通过项目实践训练实现人才培育，其范围包含实验、实训、实习、构思构造、工程测绘、社会调查等实践项目。[65]

2017 年 12 月，教育部出台《教育部关于做好 2018 届全国普通高等学校毕业生就业创业工作的通知》，提出"强化创新创业实践"。可以看出，项目训育是高职教学工作的重要组成部分，是学生获取、掌握知识的重要途径。甘霖在其专著《高职实践育人研究》中指出，项目训育活动是高职教学工作的核心活动，项目训育需要与高职学生的专业知识学习相结合，同时强调，项目训育作为高职教学内容的一部分，对于高职学生知识的学习和巩固具有重要作用。[66] 时伟从项目训育具备的特征角度来揭示项目训育的内涵，他认为项目训育的基本特征包括问题探讨、深度体验和批判反思。[67]

综上所述，项目训育是相对于理论教学的其他各种教学活动的总称，项目训育的目的是通过实践训练的培育活动，获得感性知识，掌握实践技能，培养实践能力和分析问题、解决问题的能力，提高学生的综合素质，其内容包括实验、实训、生产实习、社会实践、毕业报告设计、创新创业计划设计、创业项目孵化等，是一种综合的实践教学方式。项目训育是高职创新创业教学体系中的重要组成部分，对于高职学生创新创业能力的培养具有重要意义。

（二）项目训育体系

对项目训育的研究，离不开项目训育体系的设计。因此，需要界定项目训育体系的内涵。首先，教学体系指的是围绕教学目的设计，由教学活动相关要素构成的相互影响、相互作用的一个有机整体。其次，在教学体系的概念基础上，项目训育体系指的是基于培养学生实践技能和能力，由多种要素构成的相互影响、相互作用的一个整体。

对于项目训育的研究，界定项目训育体系是必要的。相关要素的界定涉及狭义和广义之分，同样，项目训育体系也有狭义和广义之分。狭义上的项目训育体系一般指的是项目训育的内容体系，也就是项目训育包括的内容有哪些，比如课堂实验、模拟实训、生产实习、社会实践、技能大赛、创新创业项目孵化等，这些都是项目训育的内容构成。[68] 而广义上的项目训育不仅包括项目训育的内容，还包括项目训育的目标、项目训育的顶层设计、项目训育的运行机制、激励机制、制约机制、保障机制等。[69] 广义上的项目训育体系是个围绕项目训育内容，并以项目训育内容为中心，所有为项目训育内容服务并促进其良好运行的相关制度、措施、机制等的总称。本章重点研究狭义的项目训育体系，关于其相关机制放在后面章节研究。

三、创新创业教育项目训育的重要意义

项目训育的重要意义是本章题目成立的内在逻辑。基于此，本节针对项目训育对于创新创业能力培养、对于高职学生综合素质提升等方面的意义进行分析和总结。

(一)项目训育是连接学生理论知识和实践能力的重要手段

高职教学由理论教学和实践教学共同构成。理论教学主要是知识传授,这种传统的教学方式在我国目前的高职教学体系中居于主体地位。但是理论教学主要是传授知识、传递知识,学生缺乏对于知识的感性认知,并且仅仅有理论知识,学生缺少知识与生活实际之间的联系,缺少将知识用于实践的能力。不能将知识用于生活实践,知识将失去其存在的意义。因此,高职仅仅有理论教学是不够的,项目训育是必不可少的组成部分。只有通过项目训育,才能加深对理论知识的认识,并且在项目训育的过程中,才更容易发现理论知识的缺陷和不足。[70]项目训育是高职学生参与实践的主要内容,通过项目训育,一方面加深学生对于理论知识的理解和掌握,巩固创新创业知识;另一方面培养实践能力,积累经验,并且通过在项目训育过程中不断地发现问题和解决问题,锻炼学生独立思考的能力和创新创业能力。因此,项目训育是连接学生理论知识和实践能力的重要手段。

(二)项目训育是提高学生学习兴趣的重要途径

目前,我国高职的教学仍是以课堂讲授教学为主,这样的教学方式,学什么内容都是由书本或老师决定,学生缺少对于学习内容的兴趣,并且学习的方式偏向单一的灌输式,学生普遍的学习兴趣不高。造成学习兴趣不高的一个很重要的原因是,学生不清楚为什么学,学了有什么意义,学生的学习动力不是来自自发的探究问题,而是一些如成绩、工作等外在因素,这些东西都是脆弱的,因为它不是出自本心。项目训育是通过课堂实验、模拟实训、生产实习、社会实践、技能大赛、创新创业项目孵化[71]等方式让学生在实际的情境中发现问题、分析问题、解决问题的过程中,学生可以将学到的理论知识用于实践,体会知识的用途和意义,同时,在实践的过程中发现新的问题,产生探究欲望,激发进一步学习的动力。因此,项目训育是提高高职学生学习兴趣的重要途径。

项目训育要想提升学生的学习兴趣,至少需要满足三个方面的条件,一是项目训育在高职教学体系中的比例必须提升。如果项目训育仅仅是偶尔为之,对于学生来说,缺乏连续性很难激起学生的学习兴趣和探索欲望。二是项目训育的方式必须多样化。多样化的项目训育方式能够让学生以多个角度进行感性认知和思考,对于创新创业意识和思维的形成至关重要。三是项目训育的情境应该足够真实。越是真实的情境,学生的感受才能越真实,才能实事求是地思考，只有这样的实践，才可能激起学生的学习兴趣和探索欲望。

(三)项目训育是学生创新创业能力培养的基石

创新创业能力是一种综合能力，创新创业能力的培养是一个系统的过程。项目训育是通过课堂实验、模拟实训、生产实习、技能大赛、社会实践、创新创业项目孵化等方式让学生在实际的情境中发现问题、分析问题、解决问题，高职通过项目训育，培养的是学生的实践动手能力以及发现问题、解决问题、独立思考的能力。在前文的概念界定中，创新创业能力指的是既具有实践能力、创新意识和创新能力，又具有创业潜力的综合能力。其中，实践能力是创新能力形成的基础，创业能力是在具备一定的创新能力的基础上升华而得到的。因此，项目训育是学生创新创业能力培养的基石。

(四)项目训育是促进学生全面发展的重要方法

21世纪，人才强国战略是国家重要的战略部署，高职学生是我国技术技能人才的主要来源，其素质关系着国家未来的发展。高职教育传统的理论教学方式是理论传授，这种教学方式主要是知识学习和积累，使得学生能够掌握较为丰富的理论知识。[72]但当今社会对于人才的需求并不是单一以知识为指标，毕业生的工作或创业都需要全面发展的综合能力，只有具备全面发展的综合能力，才能在毕业后，面对工作或创业过程中的各种困难和挫折时，积极思考，灵活应对。综合能力的培养需要学生在真实的环境中，锻炼动手能力，锻炼与人交流沟通的能力、团队合作的能力、独立思考的能力、分析问题以及解决问题的能力、面对挫折的能力，等等。这些能力都只有在丰富的实践的过程中才能慢慢积累和形成，离开了丰富的、经常的实践活动，这些能力的培养就成为了一句空话。项目训育正是为学生提供了一种将学到的知识用于实践的机会，提供了一种学生与真实环境接触的机会，提供了在真实或仿真的环境中动手、交流、思考、合作的平台，在这样的实践过程中，学生的综合能力才能得以提升，从而促进学生的全面发展，因此，项目训育是促进学生全面发展的重要方法。

第二节　我国高职创新创业教育"项目训育"的现状研究

一、我国高职创新创业教育项目训育的教学模式

通过对我国高职创新创业教育项目训育的相关文献进行整理分析可知，我国高职创新创业教育项目训育的研究内容大致包括以下三个方面。第一，创新

创业教育项目训育体系研究。主要涉及基础课程体系如企业家精神、风险投资等相关课程；实训教学体系如企业经营模拟、沙盘演练等；实践体系如项目实施计划、各种创业竞赛活动等。第二是创新创业教育项目训育方式。教学方式种类较多，主要涉及案例类，即通过选择案例，对案例进行分析讨论的方式展开教学；讲座类，主要是以邀请成功的创业者来学校开讲座的方式；竞赛类，即通过让学生参与创新创业竞赛的方式实施创新创业教育项目训育；模拟经营类，即通过模拟企业开办和经营的过程来开展创新创业教育项目训育，如模拟经营大赛等；创新创业实训、孵化类，即学生团队在孵化园或实训基地开展实体经营的方式。第三，创新创业教育项目训育平台，这部分内容给项目训育体系和项目训育方式的实施提供平台支撑。主要的平台有课堂教学平台、校内项目训育平台、校外项目训育平台等。而各个高职的创新创业实践，多是将以上内容进行综合或融合，结合学校自身的特色，探索适合高职的独特模式。具体可以归纳为三种模式。

（一）以知识技能为重点的创新创业教育项目训育的教学模式

杭州职业技术学院是这种创新创业教育项目训育教学模式的代表。杭州职业技术学院在继续教育学院下设创业管理培训学院，成立于 2012 年。创业管理培训学院下设创业培训中心、国际合作部、创业研究中心和综合办公室。学院的宗旨是在搭建创业平台基础上提高创新创业能力。杭州职业技术学院创新创业教育项目训育的特点是由专门机构负责，统一管理与创新创业教育项目训育相关的课程、教师、资金等的筹集和调配；同时采用的是商业化运作模式。

杭州职业技术学院的这种项目训育模式重视知识和技能培训。主要通过三种途径：知识类、技能类和创业类。知识类主要是通过开设相关创业课程，如《创业管理入门》《创业实务》《创业财务基础》等，授课教师实践经验丰富，能够给学生带来丰富的实践经验。授课结束时，如果学生有好的创业计划，经专家审定后，可以获得学院的创业启动资金，为学生的创业提供资金支持。技能类开设有"团队训练""拓展训练"等技能培训专题，培训相关实践技能，同时创业管理培训学院还提供各种职业认证，如物流能力等级认证、PMP 项目经理认证、IPMP 项目经理认证等相关职业认证，学生可以通过考试的方式获得认证。除了以上两种之外，杭州职院依托高职学生创业园，还为学生提供了实训平台和基地，为其提供完善的实训培训。[73]

（二）以素质培养为重点的创新创业教育项目训育的教学模式

山东商业职业技术学院是这种创新创业教育项目训育教学模式的代表。山东商业职业技术学院的创新创业教育项目训育模式的特点主要有两点，第一，让全校学生都能接受相关的创新创业教育。山东商业职业技术学院本着素质教育的目的，将全校的素质教育课程划分成人文素质、自然素质、艺术素质和创业素质四个必修的模块，学生可以在每个模块选择1—2门课程作为必修课程。这就保证了全校学生都受过相关的创新创业教育，解决了创新创业教育只针对有创业意愿的学生的缺陷。第二，将创新创业教育项目训育融入基础教学和专业教学中。学校设置了丰富的创新创业教育项目训育系列课程，将创新创业课程融入学生的正常教学中去，而不是只有快要毕业时才去上相关课程或者临时培训。同时在教学方式上，以案例为主导，通过案例和课堂讨论，让学生分析问题和解决问题，提高学生素质。正式基于以上两点，山东商业职业技术学院这种项目训育的方式成为了以素质培养和提升为重点的创新创业教育项目训育模式。[74]

除了将创新创业课程融入学生的专业学习外，山东商业职业技术学院还通过第二课堂开展各种活动，丰富项目训育的内容，积累实践经验，培养学生的创新意识和创业能力。比如学校举办各种创业者系列讲座、创业论坛，以及各种创业竞赛活动等，学生通过参与各种活动，在模拟或真实情境中发现问题、分析问题和解决问题，丰富的实践机会使学生积累了丰富的实践经验，同时培养了学生独立思考的能力和创新创业能力、团队合作能力等综合能力，使学生的综合素质得以提升。

(三)综合教学模式

深圳职业技术学院是这种创新创业教育项目训育教学模式的代表。综合模式的特点是，一方面将创新创业教育融入专业教育中去，通过长期的培养与熏陶，提高学生素质；另一方面为学生提供创新创业技能培训和技术咨询服务。

深圳职业技术学院主要通过两种途径提高学生的创新创业技能和能力。第一，建立创新人才培养体系。创新人才培养体系以创新教育、素质教育、终身教育为基点，通过深化教学改革，形成了包括基础教育大平台、专业教学大平台、研究生教育质量保障体系等在内的综合体系，创新人才培养体系的宗旨是通过三个转变，即教学向教育转变、传授向学习转变、专才向通才转变，将创新创业教育的目的真正转移到提高学生的创新素质上来。第二，提供多样化的创新创业教育项目训育平台。一方面，花巨资建立多样化的实训中心和创新基地，实训中心和创新基地面向全校学生开放，给学生提供多种实践机会，使学生积极投入到创新创业实践中去，不断积累自己的实践经验，培养自己的实践能力。另一方面，举办各种创新创业活动或者竞赛，同时鼓励学生参与校内外各种活动和比赛，并对好的计划和项目进行指导，提供资金支持，鼓励学生将创新理念或思想形成成果，实现产业化。

二、我国高职创新创业教育项目训育教学存在的问题

(一)对实践教学的充分认识和重视程度有待提高

我国传统的教学模式是重理论轻实践，同时重视知识传授，轻能力培养，这种传统教学模式的影响根深蒂固，高职的实践教学在教学活动中长期处于次要地位。高职制订的人才培养方案，处于主体和核心地位的往往是理论课程的知识能力培养，实践能力培养只是辅助作用。[75]具体表现为：第一，理论教学课时总量偏大，实践教学课时数少。这类院校表面上看起来增加了一定的实践内容，但由于其课时较少，与普通高等院校教学方式区别不大。第二，实践教学依附于理论教学之上，没有独立的创新创业实践教学体系。实验、实训、实习、课外活动、大赛等实践形式在内容上松散，安排上缺乏系统性和连贯性。第三，实践教学环节与现实生产活动脱节。各项实践教学环节大多依据理论教学的模式来进行设计，实践教学的目的更多的体现为对理论教学内容的掌握和巩固，并且多在校内进行，忽略了教学内容和实际工作的结合。很显然，上述人才培养模式中对于实践教学的定位不能满足对高职学生创新创业能力的培养要求。实践教学既是检验学生理论知识的一把钥匙，同时能够提高学生发现问题和分析、解决问题的能力，这是传统意义上的理论教学难以替代的。因此，高职应该充分认识和重视实践教学的重要性，确保实践教学在创新创业能力培养中的重要作用。

(二)缺乏系统完善的创新创业实践教学机制

1. 从形式上，缺少完善的体系

高职创新创业教育过程中普遍存在着专业定位不清的问题，很多课程与管理学和经济学的界限十分模糊，缺乏单独的实践教学体系建设。在高职创新创业实践教学体系设置方面，必修课和选修课的开设情况也不尽如人意。部分高职的创新创业教育以业余教育活动的形式出现，如：选修课、课外活动、讲座、大赛等形式，创新创业教学具有较大的随意性。这从根本上反映了高校对于创新创业重要意义的认识不够，对于创新创业实践教学目标没有清晰的界定。直接的后果就是创新创业教育缺少可持续性，在策划重大活动时大动干戈，而在平时却无声无息，创新创业教育更多的流于形式，难以利于学生能力的培养，更不利于学生就业和创业目标的实现。

2. 缺乏将实践教学与专业教育相融合的机制

随着高职对于创新创业教育的重视程度逐渐增加，创新创业相关课程也开

设得越来越丰富，但这些课程的设计与专业之间的联系较弱，没有跟学生的专业教育进行很好的融合，缺乏本土化的优质教材资源。事实上，创业教育与专业教育两者之间并不矛盾，而是紧密联系，相互影响的。[76]专业教育主要强调在某一个专门领域的精和尖，相反，创业教育需要的是宏观的教育，需要各种综合知识和能力，创业的实现往往是在综合能力的基础上在专业领域进行创新，两者之间是密切相关的。创新创业教育更多的应该是依托在专业教育之上，在专业教育的基础上进行创新创业实践教学。由于很多高职的创新创业实践教学没有很好地与专业教育相结合，没有深入到日常教学环节中，忽视了对学生创新精神和意识的培养，导致学生更多学习到的是具体的创新创业的技能，难以将创新创业的思维应用到所学专业上，因此学生创新创业成果雷同性较大，模仿现象较多，很难出现创新创业的典型性成果。

3. 创新创业实践教学更多培养的是知识和技能而非能力

创新创业活动是一种高层次的综合性的活动，需要活动主体具备较高的综合素质和创新创业能力。而学生潜在的创造性必须通过蕴含在人文和科学知识之中的创新文化精神，于无声无息、不见形迹中熏陶而成。我国高职的创新创业实践教学更多的是知识的传授以及对于技能的培训。学生通过创新创业实践教学掌握了丰富的知识、懂得了创新创业的相关理论和操作技能，却缺少了创新创业最本质的东西——创造力。[77]这样的创新创业实践教学无疑是失败的，不仅浪费了较多的社会资源，还容易让学生对于创新创业形成错误的认识。因此，创新创业实践教学必须建立在与专业教育、理论教学相结合的基础上，必须融入日常的课程体系中去，经过长期、持续的培养和熏陶，方能实现其目标。

（三）受众有限并且参与实践的程度不足

尽管各高职对于创新创业的呼声很高，但对于创新的关注和培养较少，对于创业的教育似乎更受青睐。究其原因，可以分为多个方面。首先，创新相比创业更加抽象。创业的衡量标准比较明确具体，如成立一个有限责任公司、一个工作室等，而创新的形式多种多样，但没有创业容易衡量。其次，创新能力的培养是个更为长期的过程。实质上，创业都是建立在创新的基础上的，创业本身是创新的一种形式，创业和创新一样需要以长期的培养为基础，但在更多人的认知中，创业可培训性比创新要强。总之，高职对于创业的关注更多。但目前各高职创业实践教学体系的构建，大多基于有意向创业或者正在创业的学生，受众十分有限。[78]创业实践教学是创业教育系统的重要组成部分，但在本就很少有创业意向的学生中，参加实践的更少。

从参与实践的程度上看，目前我国高职的创新创业教育实践教学环节较多的是通过计算机模拟或者创业竞赛之类的活动来进行的，这样的活动更多的是帮助学生掌握相关的创业知识。因为模拟是属于虚拟经营，成功和失败都不会对现实产生影响，因此学生往往缺乏真实的动力，往往都是熟悉操作，记住流程而已；竞赛类的很少是真正意义上的实战，大多是分析材料或者做计划等，缺少与现实之间的深度接触。这样的实践由于更多时候是一种比赛，增加了学生为了获得证书而参加活动的概率，其对于创新创业本身的兴趣不一定就不高。[79]同时，由于没有真正放到现实的商业环境中去，学生对于创新创业认识的提高及其创新创业能力的提升都是非常有限的。

（四）创新创业实践教学资源和平台匮乏

创新创业实践教学需要各种资源和平台才能够开展。我国目前高职的创新创业实践教学种类较少。其中最为常见的是课程教学的方式。这种方式的成本最低，操作起来也比较容易。但课程教学的方式经常出现课程老化、课程选择较少、课程授课教师缺乏实践经验等问题。整体上还是实践教学资源的匮乏造成的，包括资金匮乏、教师不足等。[80]

我国高职创新创业实践教学的另一种常见方式是竞赛式，以"职业规划""创业大赛"等形式呈现。很多比赛本身与真正的实践之间还有很远的距离，比赛更多的还是建立在理论知识的基础上，建立在文字基础上，对于学生的动手能力和实践能力并没有很大的提高。同时学生参与比赛往往带有很强的功利性，为了比赛而比赛，为了利益而比赛，使得比赛流于形式，并不能起到对学生创新创业能力培养的作用。

与实际最为接近的实践教学方式是创新创业实训基地或者高职创业孵化园等。这类实践教学方式能够为学生提供最真实的经营和管理环境，让学生真正参与到实践中去。但这类实践教学方式也是高职实践教学方式中最为欠缺的。重点高职如深圳职业技术学院、山东商业职业技术学院、杭州职业技术学院等都有自己的产业孵化基地，但很多普通高职却没有这样的条件。并且，即使有创新创业实训基地或者创业孵化园，也很难满足高职众多学生的实践教学需求，大学生人数与现有的创新创业实训基地数量和规模之间还有非常大的差距。高职创新创业实践教学资源和平台的匮乏，成为了高职创新创业项目训育培养的重要障碍。

（五）创新创业实践教学的师资队伍支撑不够

一方面绝大多数学生是接触社会实践较少的人群，大多缺少工作经验和创业经历，因此他们的创新创业意识和能力的培养依赖于社会实践经验十分丰富的教师。另一方面，创新创业实践教学是区别于理论知识教学和专业教学的，它要求任课教师不但要具备丰富的理论知识和创业实践经验，还需要有非常广泛的知识面，比如对财务管理、心理学、管理学等学科都需要有很好的理论与实践基础，这对高职师资队伍建设提出了更高的要求。然而，我国目前各高职在引进人才时最为强调的是学历和科研成果，年龄越小越受欢迎。这样的人才引进机制为高职的创新创业实践教学埋下了隐患。

同时，我国高职专门从事创新创业实践教学的师资队伍十分稀缺。其中一部分师资来自一些经济管理类专业课教师，还有一部分来自学校的就业指导中心。这些教师大多不具备丰富的创新创业实战经验。这些教师的优势更多的还是在理论水平和科研能力上，因此他们很容易把创新创业实践教学变成纯粹的课程化、学术化教学。而创新创业教育有一个潜在的要求，即教师作为教授的一方，本身必须是富有创新性和创造性的。如果教师本身不具备这样的能力，很难对学生产生潜移默化的影响，势必影响学生创新创业能力的培养。虽然近些年全国1000多所高职中，陆续有多名教师参加了教育部举办的创业教育骨干教师培训班，但这样的培训更多的依然是知识的培训，起到的作用是非常有限的。

除此之外，一般高职的创新创业实践教学课程都是由各个专业的老师来兼职完成的，老师的主要精力在自己的主修课以及自己的其他科研和行政任务上，在创新创业教学方面的精力不足，不能给予学生专业的指导，从而无法达到较高的教学质量。同时，由于现在高职教师大多教学、科研任务繁重，工作量饱满，因此真正参与社会实践锻炼的机会较少，长期的高职教学生涯，金字塔内和外面世界的距离越来越大，对于社会变化的敏锐度和关注度下降。而创新创业要求必须保持市场敏感，抓住稍纵即逝的商机。两者之间的矛盾是造成创新创业教育失败的重要原因。

三、我国高职创新创业教育项目训育经验——以深圳职业技术学院为例

（一）深圳职业技术学院创新创业教育项目训育的特点

1. 成立专门管理机构

2017年教育部启动了"深化创新创业教育改革示范高职认定工作"，深圳职业技术学院是首批入选的24所高职学校之一。深圳职业技术学院成立了由领导挂帅的创新创业教育专门管理机构，设有专门的创新创业学院。学院以培养学生的创新意识、创新理念、创新能力等为目标，编制培养计划。学院实行

1+2的教学模式，即第一年以通识教育为主导，以加强创新教育为特点；后两年学生自己在以所选专业的教学计划为主，辅之相应的创新试验活动（以课外教学为主），最终完成学业。创新实践班每年招生，学生入学后就可以申请。首先，有意向的同学可以投简历，然后经过笔试，通过笔试成绩选取面试人选，再经过面试和专家们的讨论审核，最后确定人选。

2. 人才培养方案调整

为了保证学生创新创业训练计划的顺利实施，学校设置了个性化课程学分，正式将学生创新创业训练纳入人才培养方案。学校规定，学生承担创新创业项目结题验收后计入3个学分。学校每年发布《大学生创新创业训练计划项目指南》，学生和教师进行双向选择。深圳职业技术学院每年提供丰富的、涉及各个专业方向的创新创业实践项目，其中2017年深圳职业技术学院大学生创新、创业训练、创业实践项目共立项1236项，其中创新训练项目1222项，创业实践项目14项。项目分布在电子与通信工程学院、机电工程学院、经济学院、管理学院、艺术设计学院、商务外语学院、应用化学与生物技术学院、数字创意与动画学院、建筑与环境工程学院、汽车与交通学院等，项目内容紧跟时代要求，体现前沿性和科技性要求，并且涵盖所有学科专业。丰富多元的、全方位的实践项目，辐射面广泛，学生参与人数众多，让学生能够普遍有计划参与到项目中去，通过项目计划、项目实施的过程，锻炼学生的实践技能，提升创新能力，培养创业意识和能力。

3. 师资和经费保障

深圳职业技术学院为了确保拥有一支优秀的指导教师队伍，提出"四个一"制度。[81]"四个一"指的是，每一名在岗的教授、副教授和具有博士学位的讲师，每一年至少提出一项创新创业项目供学生选择，每年至少指导一名以上学生开展创新创业项目。

深圳职业技术学院每年会划拨不少于100万元的专项基金，用于创新创业教学实践。基金可以分为四类。创新创业计划基金，学生和教师选择项目进行立项申请，获得立项批准的，根据项目级别和研究内容给予不同经费支持。学术交流基金，主要是用于论文发表、参加学术会议、申请专利等，对于参加这些活动的学生给予不同程度的支持。创新引导基金，针对的是前期已经有一定成果的项目，这类项目学校会给予资金支持，保障项目的延续性。创业引导基金，对于优秀的创业项目，学校也会给予资金支持，同时，提供场地进行孵化，待孵化成功，可以跟学校的科技园合作，成立公司，进入创业实践。

4. 创新创业实践平台建设

首先，最大限度地向学生开放实验室。学生创新创业教育项目训育的资源短缺，应该将学校的优质专业和科研资源很好地利用起来。根据国家、教育部、省重点实验室以及学校重点建设的专业实训室的实际情况，规定开放时间、形式和范围，最大限度地向学生开放。目前，全校已有多个实验室向学生开放。

其次，创新创业学院拥有国内一流的创新创业平台，构建了国内领先的"创意—创新—创业"教学模式。这些平台包括创新创业基地、创新创业改革试验区、科技园、创业园等。

最后，鼓励学生参加全国大学生电子设计大赛，全国大学生电子商务"创新、创意及创业"挑战赛，"互联网+"大学生创新创业大赛，全国(国际)大学生数学建模、挑战杯、智能车、机器人、程序设计等高水平的竞赛。

(二)对深圳职业技术学院创新创业教育项目训育的总结

1. 优势之处

第一，成立专门的组织机构。2012年，深圳职业技术学院成立了以主管副院长挂帅的"深圳职业技术学院大学生创新创业组织协调委员会"。同时，深圳职业技术学院成立了创新创业学院，负责全校创新创业教育的统筹协调和组织管理，下设创新创业教育教研室、综合管理办公室、学生创意创业园、创客中心(微观装配实验室)。

第二，建立了相对完善的过程管理实施办法。这些办法包括过程记录册、项目结题要求、学生评价标准等。通过制定这些办法，对于实践中尤其是以项目形式实施的实践形式进行了规范，包括组织与管理、项目申报、开题、中期检查、结题要求、经费制度等。

第三，项目和经费支撑。深圳职业技术学院项目训育的最大特点是学校每年都会发布项目指南，并且每年提供大量的、覆盖各个学科的项目供学生选择。项目种类多、覆盖面广、紧跟时代趋势，这些都为项目训育的实施和学生创新创业能力的培养提供了很好的保障。

第四，不断开拓的精神。深圳职业技术学院最早是在2007年，由部分教师自发组织学生成立创造性研究小组，之后经历了创造发明协会、科技活动中心、深圳职业技术学院创新院、深圳职业技术学院创新实验学院等变迁过程，直到2012年的创新创业学院。深圳职业技术学院从未停止探索和开拓。

第五，注重借鉴和创新。创新实践班的选拔方式是经过投简历、笔试、面试和审核，深圳职业技术学院的跳水式学习法的创造和应用，以及针对高考时招收的创新实验班采取的灵活的区别于普通专业的培养方案，这些都是借鉴了国内外相关高职的成功经验，并且在借鉴的基础上，结合学校的实际情况和发展阶段进行创新，成为了本校的特色。

2. 不足之处

第一，学校推动而非学生主动。深圳职业技术学院的创新创业教育项目训育是非常成功的案例。学校为了推动创新创业教育项目训育的发展，为了提高学生的创新创业能力做了大量的工作，包括投入了大量的人力、物力、财力，让学生有了更多的机会接触实践和选择实践方式。在为学校的努力感到振奋的同时，仔细思考会发现，学生在整个过程中处于被动接受的地位，而不能自发选择。原因可能是多方面的，比如，学校培养体系的变化，学生看到的只是多了些理论或者实践课程，但未必明白为什么。学校在进行改革时，缺乏与学生之间的沟通，改革后，又缺乏对学生进行宣传和解释，学生只能被动接受。另一方面，参加各种实践项目，部分学生可能是真的出自对项目本身的兴趣，但更多时候，学生是跟着潮流在走，或者是受利益驱动，在这样的动机下，项目推进的效果不理想的情况可想而知。学校推动而非学生主动的情况实际上是本末倒置。学校更多应该做的是提供宽松的环境，给学生更多的包容，少管一些，让学生主导，自发实践。只有在强烈动机下的行动才能够真正起到提升能力的效果。

第二，学生受众小众化。创新创业教育项目训育能够对学生创新创业能力和综合素质起到作用的基础就是能够让学生都接受到创新创业实践，而不是只有一部分人。深圳职业技术学院最有特色的项目训育就是实践班，但实践班的人数毕竟有限。同时，实践班的学生一开始热情比较高，但投入一定的精力后如果效果不佳，学生的积极性受挫，可能就会退出学习，学校的组织束缚较弱，退出也对学生没什么影响。

第三，师资管理局限性。上文中提到，为了保障师资，学校规定了"四个一"制度。这种制度的优势是能够发挥在校教师在创新创业教育项目训育中的作用，但这样的制度有其局限性。硬性规定每个教师、每一年都提出至少一个项目，这是不科学的。有的教师手上，有的项目可能已经耗费了不少精力，并且项目的周期可能较长，如果硬性规定每年都提出项目，并且每年都带学生，未免太一刀切了。

四、我国高职创新创业教育项目训育的启示

(一) 实践教学的目标要具体化和特色化

创新创业教育实践教学目标的设定是实践教学实施的基础和方向，只有设

定了符合学校实际并与实践教学方式相对应的目标，才能不断指引学校创新创业教育的开展，并且在出现问题时进行很好的纠正，减少创新创业教育偏离轨道的概率。目标设定是基础，是方向指引，学校在创新创业实践中应该引起足够的重视。而在我国很多高职的发展策略中，"目标"仅仅体现为一个词语，学校一系列的培养措施并没有严格遵循培养目标的指导方向，逐渐偏离轨道，进而影响整个培养体系。因此，高职创新创业教育要想顺利展开，应借鉴国内外成果案例的经验，结合本校专业人才培养的要求以及自身的实际情况，确定符合学校特色和学生创新创业能力培养的具体化、特色化的教学目标。

(二) 实践与理论教学要有机结合

创新创业教育是一套完整的体系，包括实践和理论教学两部分。传统意义上的理论教学对于创新创业知识的学习具有不可替代的作用，而实践教学更多培养学生的动手能力，而创新意识和创新能力的培养依赖于理论教学和实践教学的有机结合。在深圳职业技术学院的案例中，创业实践课程穿插在创业理论学习中，不明确规定该做什么和怎么做，而是给学生适当的自主性，让学生们自行组建团队，在明确的大方向下，以学生的自主探索为主。同样，其他高职的实践教学无论是教学和科研相结合的模式还是产学研合作等模式，都是建立在理论教学和实践教学相结合的基础上。因此，创新创业教育课程应该是一个系统的课程，只有经过系统课程培养的学生才能具有系统连贯的创新思维，才能全方位把握局势，使企业在不同环境下持续经营下去。因此，创新创业教育实践课程与理论课程之间要建立科学的连接，形成完整的教学体系。

(三) 实践教学方法要多样化

实践教学应综合运用多种项目训育方法，包括案例法、围绕问题解决为中心的实践教学法、教学与科研相结合的方法等。实践教学方法的多样化，能够为学生提供更多选择，便于学生选择适合自己的或者自己更感兴趣的方法，而建立在自己选择基础上的学习主动性更强，效果也更理想。同时，实践教学方法的多样化也在一定程度上弥补单一方法受众范围较小、受众相似度高的不足，成为创新创业教育实践教学的关键。我国高职实践教学方法大多来自国外高职的借鉴和自身的实践总结，从形式上也是多种多样，如案例法，在描绘情境中引发学生积极思考；研讨式教学法，利用互动的方式引发思考；头脑风暴法，利用群体自由大胆提出的较多答案促成创新、创意的形成等。但存在的主要问题是，对于实践教学方法的借鉴模仿很容易流于形式，形式上多种多样、花里胡哨，但内容陈旧、更新速度慢。因此，我国高职在进行创新创业教育实践教学中除了采用多种多样的教学方法外，还要注意每种方法的更新和与时俱进，在教学中，应遵循创新创业思想与行为、社会、环境、经济责任和可持续发展原则，真正实现创新创业教育的真谛。

第三节 高职创新创业教育"项目训育"体系

高职创新创业教育项目训育体系的构建，首先需要从顶层设计入手，在顶层设计的基础上，以创新创业教育训练项目的构建为核心，以综合保障机制为支撑，建立起适合我国高职特色的、体系完善的、多层次的创新创业教育项目训育体系。

一、高职创新创业教育项目训育体系的构建原则

(一) 符合区域经济和社会发展需求

高职应该树立创新创业教育区域化理念，创新创业教育和区域经济的关系体现在：区域经济社会的发展为创新创业教育提供发展条件；创新创业人才的知识能力结构依托于区域经济社会的发展；创新创业教育有助于区域经济社会的可持续发展。因此，创新创业教育项目训育体系需要符合地方产业结构调整和社会需求，在地方创业人才知识能力结构的基础上，设计项目训育教学内容，充分利用区域经济社会资源，建立项目训育教学硬件设施以及丰富项目训育教学的真实素材，比如，设计项目训育教学内容时，收集区域企业生产和管理一线的案例，同时，提出的创新建议要能够符合区域企业的真实运作。

(二) 符合专业教育和创新创业教学融合需求

高职应该建立科学的创新创业教育观念，专业教育中充分体现创新创业教育本质，或者说在专业教育前提下，实施专门的创新创业素质教育，将专业理论与实践教学体系和创新教育理论与实践教学相结合，符合专业教育培养目标和专业人才培养的同时，也达到创新创业教育项目训育教学的目标，创新创业教育项目训育教学有助于提高企业岗位群的应用能力，有助于提高学生的职业技能水平；只有将创新创业项目训育教学计划有机融合到专业实践教学计划与课程体系中，才能使学生的创新创业素质和职业素质能够得到同步提高。

(三) 符合理实结合和阶梯连续性需求

高职应该实行教、学、做、考一体化的培养模式，充分结合显性课程和隐形课程，促进实践课程和专业课程、活动课程的互动，不再出现理论教学和实践教学相脱节。同时，高职创新创业教育要有阶梯连续性，体现层次性，逐步深化感性认知到理性应用的过程，在整个高职创新创业教育教学的每个阶段和

环节中，都体现实践教学，并且确保在每个阶段和环节教学都能相互衔接，具有阶梯性、连续性，确保项目训育体系具有一定的稳定性。

(四) 符合以学生为中心的个性化发展需求

高职在实施创新创业教育时，要充分考虑到学生的专业背景、知识储备、性格特点以及学习动机等，要体现个体差异和满足个性化需求，在学生理解和掌握知识技能的前提下，开展有针对性的个体化实践教学活动，真正促进学生的个性化发展。在创新创业实践教学中，教师要树立科学的教学观念，改革传统教学模式，改变教师角色，充分尊重学生在学习中的主体地位，提高学生独立思考能力，引导学生进行合作探究学习，培养学生的创新思维，提高学生的创新精神和创业能力。

(五) 符合实践教学资源多样性需求

高职创新创业实践教学的资源包括硬性资源和软性资源。硬性资源主要是指高职内具有的开展创新创业实践教学的基础设施，比如，实验室、实训中心和实习基地、孵化基地和创业园等场地和设施设备，这些硬性资源可以为学生创新创业实践提供一个良好的平台和丰富的训育项目，让学生对创新创业有个感性的体验。软性资源主要指高职内的各种团体组织，比如，学院团委、学生会、各种社团或者协会、研究会等，这些软性资源可以开展各种创新创业实践活动，如创新创业竞赛、创新创业项目策划，为学院营造创新创业氛围，同时，有助于学生树立创新创业意识，培养学生的创新创业能力。此外，在符合专业实践教学内容的基础上，充分利用社会资源，和各大优秀企业建立合作关系，建立内外联动的教学模式，企业为学生提供学习和实践的同时，学生也可以为相关企业服务，最终实现共赢的服务目标。

二、高职创新创业教育项目训育体系的构建思路

创新创业教育项目训育体系的构建以创新创业能力培养为主线，立足于充分体现专业特色，培养学生的实践动手能力和创新创业能力，加强专业项目训育比例。其中，创新创业能力培养是目的。能力的培养需要系统的过程，创新创业能力的培养遵循这样的过程，首先是创新创业意识的养成，接着积累创新创业知识，然后提升创新创业能力，最后实现创新创业能力的突破与转化。从创新创业意识的养成到创新创业能力的突破与转化，这个过程贯穿从大一入学到大三毕业的全过程，包括了从体验认知到课程实训再到项目实践的多维立体培育，符合能力培养的一般规律。另外，能力培养的过程中要与专业特色相结合。创新创业能力的形成一方面需要掌握创新创业一般知识和基本规律，但最

终的实现创新创业能力的突破与转化是要与专业特色相结合的，是建立在专业基础上的创新或者创业实践。只有建立在专业特色基础上的实践才是符合高职教育规律和市场需求的创新创业实践，是学生将专业理论用于实践的重要途径。另一方面，项目训育体系构建的宗旨是要加强专业项目训育比例。具体来说创新创业教育项目训育体系具体内容包括专业基础课程和专业核心课程以及专业方向选修课的课程认知实习、实训、课程设计以及社会实践、专业见习、毕业实习、技能竞赛等相应实践内容。同时要加强课程的综合性应用和设计，课堂教学中加强案例教学实践、岗位设计实践、项目驱动实践，结合学生创业创新训练等，加强学生由相对独立的课程实践到专业内容与创新创业融合的综合实践。加强对学生撰写毕业报告能力的培养和训练，提高学生对专业知识在实践中分析、解决问题的能力。

三、高职创新创业教育"三阶多维"项目训育体系的构建

项目训育是高职创新创业教育中的重要组成部分，项目训育一方面能够提高学生创新创业的意识和能力，便于学生综合素质的养成，同时也是学生将学习到的理论知识应用到实践中发挥作用的重要途径。学校依据高职教育人才培养目标，紧密对接专业人才培养方案、课程体系和实践平台，推进高职创新创业教育项目训育体系的"结构化、模块化和项目化"，打造课堂实验、模拟实训、生产实习、技能大赛、社会实践、科技项目实践、创新创业项目孵化等多维度、立体化的优质创新创业教育项目训育资源，形成针对不同年级的连续的创新创业教育训育项目，开展"创意、创新、创业"系统化项目训练，普遍培养学生创新意识、创新精神，丰富学生创新知识，提高学生创新能力，推动学生创新创业能力转化和突破，构建了基础培训、能力提升、创业实践"三阶多维"的创新创业教育项目训育体系，实施三阶段递进、多维度训育的系统化创新创业教育实践。如图 5-1 所示。

第一阶段：初级阶段，也即是基础培育项目，针对全校所有学生，设置普适性的创新创业通识教育训育项目，使大一年级学生接受创新意识和创新方法的启蒙教育，培养学生的创新精神、创业意识和批判性思维，促进学生创新创业人格的形成。

第二阶段：中级阶段，也即是能力提升项目，针对不同专业大二学生，充分发掘本专业创新创业要素，设置与本专业相关领域、行业的针对性创新创业专业训育项目，充实新知识、新理论和新技术到专业实践教学，突出创新理念、创新方法、创业技能在专业教学中的具体应用和实践。

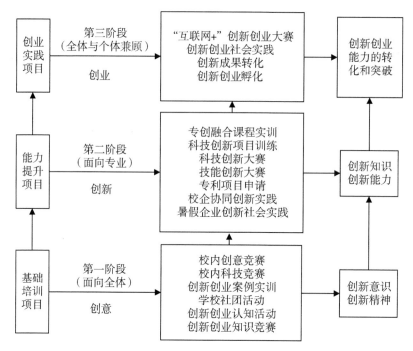

图 5-1 "三阶多维"高职创新创业教育项目训育体系

第三阶段：高级阶段，也即是创新创业实践项目，面向大三全体学生，兼顾重点个体，设置创新创业综合实践项目，设置专利申请、创新成果转化、科技创新项目实践、创业项目企业转化运营等创新创业实战项目，使学生在校期间积累一定的创新创业经验、实战技能，培养学生经营管理及综合实践创新力。同时，对创业意向强烈、综合素质高、专业创新成果丰硕的学生进行重点孵化，创造条件让学生发挥其创新创业特长，实现创业梦想。

根据专业性质的不同，有侧重地开展创新创业教育项目训育。在装备制造、电子信息等大类专业中着力强化科技创新，培育创新成果，促进成果转化，推动以专业创新成果为基础的创业实践；在公共管理与服务、财经商贸等大类专业中鼓励学生以创新的理念和现代化的管理方法创办企业，并为学生创办企业创造有利条件；鼓励开展跨专业大类、跨专业的创新创业活动。

积极利用政府、社会、企业和学校等多方资源，优化创新创业教育项目训育体系，搭建课程实训、模拟实验、生产实习、技能大赛、社会实践、科技项目实践、创新创业项目孵化等多个维度的创新创业训育项目。下面介绍几种主要的训育项目。

(一)课程实训项目

创新创业能力的培养离不开实训课程,实训课程是创新创业意识形成和知识积累的重要来源。实训课程应该是个系统的过程,贯穿高职教育的全过程。如果按照高职三年教育来分的话,第一年主要通过专业基础认知实习,新生专业导论、教师演示、企业参观等形式,一方面帮助学生了解专业,形成对专业的基本认知,另一方面培养学生对专业的兴趣,同时启蒙创新创业意识,为专业的学习和创新创业能力的培养奠定基础。第二年主要是专业基本和核心课程的实训教学。专业基本和核心课程的实训教学主要在校内实训室进行,通过专业模拟实训软件,让学生通过多次使用各种创新创业模拟实训软件,熟悉专业相关的知识和技能,掌握创新创业的流程,模拟体验或者真实体现创业风险,形成初步的创业意识,真实感受创新创业过程。第三年,进入毕业班阶段,项目训练活动的主体主要是完成毕业报告设计,毕业报告的设计要建立在毕业实习的基础上,要求学生利用第三年下学期完成共10周的毕业实习工作,并且将实习中的体会和感悟以实习周记和实习总结的形式记录下来,并于返校时开展毕业实习分享会。在毕业实习同时,结合创业创新实践进行毕业报告选题,完成毕业报告设计和写作工作,使得毕业报告建立在实践基础上,而不是纯粹的理论研究,进一步培养创新创业实践能力。

(二)创新创业模拟实验项目

通过模拟创业平台,让学生在平台上按照正式的创业流程来开展经营活动,模拟市场环境,在模拟的市场环境中自负盈亏,真实地体会创业过程,一方面积累创业经验,另一方面提高对市场环境的认识,为毕业之后的就业创业积累更多基础。

(三)生产实习项目

生产实习主要是高职学生在与学校有合作关系的相关公司实习或者学生自己参与某些公司的培训实践,主要是通过参与公司管理及运作的某一个阶段工作和实践,以求达到生产实习、巩固职业技能和创新创业课程中的知识和经验的目的。通过良好的校企合作,进而为学生创造生产实习机会。

(四)社会实践项目

社会实践活动是高职学生常见的一种实践活动,主要是鼓励学生利用假期到行业企业进行社会实践,通过社会实践了解行业企业的最新需求,调查社会发展情况,同时了解本专业的理论知识与实践相结合的方法,用理论指导实践,并结合自己亲身经历,完成社会实践报告。

(五) 创业指导项目

创业指导分为线下的专业教师指导与线上的模拟实训。其中，线下专业教师指导一般作为创新创业教育的一部分存在，而线上的模拟实训是通过模拟从企业创意到创立企业到招商引资到市场营销再到线上指导的一整套体系，作为实践育人创新创业项目的一部分，能够为学生提供免费、零资本、系统的创业服务。

(六) 创新创业大赛项目

创新创业大赛主要是指目前的"挑战杯""互联网+""创青春"等创新创业大赛以及各省市自行组织的创新创业大赛，引导和鼓励大学生通过团队的方式，熟悉商业计划书的写作模式，通过发散思维，开拓好的项目，引导有项目、有创意的学生团队与风险资本对接，促使其更好地创业。这类项目是真正意义上的创新创业训育项目，在比赛的过程中，通过专家对创新创业项目的指导，发现优秀人才和团队，胜出的团队可以推出成熟的创新创业项目并实现成果转化，可以极大带动全校师生的创新创业积极性和热情，最终实现创新创业教育水平的提高。

(七) 创客空间项目

"创客"一词来源于英文单词"Maker"，是指不以营利为目标，努力把各种创意转变为现实的人。而创客空间是指对一些拥有共同兴趣爱好的创客能够实现自己想法的地方。这里一般有 3D 打印设备、机床等设备，在这里，可以聆听专业教师和创业者的知识分享，可以选择合适的人组成团队，也可以吸引合适的投资人将创意变成现实。

(八) 创新创业孵化项目

创新创业孵化主要是为在校大学生或者毕业生提供联合办公孵化的服务模式和开放式办公空间，该项目目前在各大城市发展迅速。在这里，创新创业孵化提供了创业者所需的合适办公区域和共享会客室、会议室，提供包括行政、财务、金融、法律等专业服务，解决创业者的后顾之忧。学生可以利用提供的场地和专业的服务进行相应的实践，通过"创业前期准备—设立公司—公司的运营和管理"，使学生熟悉创业的具体过程，感受创业氛围，不但能够培养学生的团队协作精神，同时还是学生检验自己是否适合创业的重要手段，通过这个过程，适合创业的学生极大地提高了创新创业能力，不适合创业的学生积累了丰富的市场经验，对于毕业以后的努力方向也有了更加清晰的认识，对就业创业有着非常大的帮助。

(九) 创业基金项目

创业基金主要是为优秀的大学生创业团队提供资金支持，主要支持创意转化、新兴产品研究等。在实际运行过程中，可以通过引入政府扶持资金、社会资金、校友资金等，成立专门的基金管理委员会负责运作与实施，既可作为天使投资获取创业成功后的股份收益，也可作为公益资金鼓励大学生创业实践。

第四节　本 章 小 结

本章主要对高职创新创业教育项目训育体系建设进行了研究，该研究能够帮助我们清楚地认识到目前我国高职创新创业项目训育体系的现状与存在的不足，为未来的改革提供方向；通过建立科学的创新创业项目训育体系，为高职培养创新创业人才提供参考；同时通过系统研究创新创业项目训育体系，实施创新创业项目训练和培育，提高高职学生创新创业能力，对解决大学生就业难问题有重要意义。

围绕这个目标，首先，本章分析了创新创业项目训育体系的理论基础以及其对创新创业能力培养的重要意义；其次，总结了我国高职创新创业项目训育模式的现状，并在总结现状的基础上，分析出我国高职创新创业存在的主要问题；接着就国际和国内的创新创业项目训育的成功案例进行了剖析，对其优缺点进行了总结；最后以我国高职创新创业存在的主要问题和成功案例的优缺点为主要依据，构建了我国高职创新创业项目训育体系。

通过对我国创新创业项目训育体系的系统研究，笔者认为我国高职创新创业项目训育存在的主要问题包括：对项目训育的充分认识和重视程度有待提高、缺乏系统完善的创新创业项目训育体系、学生受众有限并且参与实践的程度不足、创新创业训育项目和平台匮乏、创新创业项目训育的师资队伍支撑不够。高职创新创业项目训育体系的构建应该从顶层设计入手，成立高职创新创业专门机构，构建"三阶多维"的立体的创新创业项目训育体系，实施三阶段递进、多维度训育的系统化创新创业教育实践。

第六章　高职创新创业教育"平台保育"体系研究

第一节　创新创业教育平台体系研究的意义

创新创业教育平台体系建设是高职创新创业教育体系建设的重要方面。创新创业教育的基本特征是创新性、创造性和实践性，根本目的是培养学生的创新思维特质、创业基本素质、创造个性品质，主要内容是学生的创新创业意识培育、能力培养、认知引导、实践模拟。近年来，为贯彻党中央"大众创业、万众创新"的决策部署和中长期教育规划纲要精神，适应国家实施科教兴国战略和人才强国战略的需要，学校深入实施创新创业教育，不断完善创新创业教育体系，围绕培养创新创业人才的目标，以提升学生创新创业实践能力为核心，积极创建保障创新创业教育体系的教育平台，营造校园良好的创新创业生态环境，激发高职学生创造活力，提升大学生创新创业实践能力。

高职院校要提高学生的创新创业能力，形成良好的创新创业教育环境，就必须建设创新创业教育平台体系，构建全方位的立体化创新创业服务体系，为学生搭建包括管理、师资、制度、文化、教学、研究、实践、资助、孵化等服务功能的各种平台，各种平台之间相互联系、相互作用、相互支撑，共同构成一个有机的完整的创新创业教育平台体系，以发挥平台保育的支撑作用。创新创业平台体系建设意义重大。

一、有利于为创新创业教育提供思想保障

高职开展创新创业教育必须要有创新创业教育文化平台为学生提供思想保障。"只有想不到，没有做不到。"精神产生动力，文化凝聚思想，思想决定行动，思想保障是重要保障。只有通过搭建文化平台，形成创新创业文化体系，从顶层设计、学校规划、培养方案、课程教学、宣传导向、教育环境、行为规范各个方面，贯穿创新创业理念思想，营造创新创业教育氛围，让"大众创

业、万众创新"深入人心，形成上下同心、共谋创新、鼓励创业、全面投入创新创业教育的局面，创新创业教育思想渗透到教育教学全过程、各方面，才能为创新创业教育提供精神动力、思想保障。

二、有利于为创新创业教育提供教学保障

高职开展创新创业教育必须要有创新创业教育基本平台提供基础保障。创新创业教育要求整合校内外教育资源，形成校内外、课内外相结合的整体育人局面，要求教师改变教学观念、更新教学内容、培育创新意识、传授创新方法、改革考试方式、营造创新创业氛围等。创新创业教育要能顺利开展，就必须要有基础平台，加强创新创业教育管理、开展创新创业教育指导、提供创新创业教师队伍、提供创新创业实践。只有通过建立管理平台，出台管理制度，开展创新创业教育统筹管理，才能保障创新创业教育有效实施；只有通过建立指导平台，开展有计划的创新创业教育指导，才能引导学生参与创新创业知识学习、意识培养、精神培育；只有通过建立教师队伍平台，开展教师培训，提高教师创新创业教育能力水平，才能保障创新创业教育有人能教、有人会教。只有通过发挥校内外专业实训基地作用，建立创新创业基本实训平台，创造学生实训条件，才能保障学生基本的认知实践和模拟实践。

三、有利于为创新创业教育提供实践保障

高职开展创新创业教育必须要有创新创业教育实践平台为学生提供丰富的实践保障。陆游的"纸上得来终觉浅，绝知此事要躬行"告诉我们，知识的掌握和深化，都必须强化实践。高职是培养技术技能人才的摇篮，无论是技术技能培养，还是以创业带动学生更充分、更高质量就业，学生实践更加凸显、更为重要。学生创新创业实践条件相对不足是高职学校普遍存在的问题，各种实践平台的搭建必须持续加强。只有通过搭建校企合作平台，实现产教融合，发挥校企双方资源优势，充分运用校企双方共建的实训基地，才能保障学生有效开展技术技能实训和创新创业实践；只有搭建研究平台，建立教师创新团队，规划技术创新项目，设计创业项目，才能保障学生在教师的引领下，参与创新创业项目实践；只有搭建活动平台，让学生活动有组织、有团队、有目标、有场所，才能保障学生进行技能竞赛、兴趣小组、社会调查等实践活动；只有搭建创业特区平台，建立孵化基地，让有强烈创新创业愿望的学生有展示的平台，让有创业前景的项目能有运作的实践场所，才能保障创业学生将项目在孵化基地中产出"小鸡"，达成学生的创业愿望。只有搭建国际合作平台，利用

境内境外资源，才能保障培养学生的国际化视野，更好开展创新创业教育。可以说，相关实践平台搭建的好坏，直接影响着创新创业教育的成败。

四、有利于为创新创业教育提供服务保障

高职开展创新创业教育必须要有创新创业教育服务平台为学生提供服务保障。高职学生创新创业需要有效的创新创业服务，但是，目前高职院校创新创业服务平台并不健全、更不完善，国家的相关政策落实不是很好，创新创业服务能力相对较弱，迫切需要高职院校加快各方资源的整合，与政府、社会部门合作，搭建完善服务平台，为师生提供有效的创新创业服务。只有通过搭建资助平台，落实政府、学校资助政策，安排专门人员负责相关工作，对师生的创新创业实践予以指导和服务，设立创新项目引导基金、创业项目引导基金、孵化项目资助资金，提供管理咨询、专业指导、投融资、工商税务、创新创业公共设施等服务，为高职学生提供创新创业服务，才能为创新创业者提供实实在在的帮助，为他们解难纾困，实现创业者顺利创新创业和可持续发展。只有通过搭建信息平台，充分利用互联网技术，集网站、PC客户端、手机APP、智库于一体，借助电子邮箱、微信、QQ、微博、支付宝等第三方平台，有效融合创新创业资源，实现企业用户、政府部门、服务机构、专家用户间高效便捷的"互联、互动、共享"，方便学生搜索需要的信息和数据，学习创新创业知识，分享创新创业经验成果，才能为创新创业教育提供优质的信息服务保障。

第二节 创新创业教育平台体系研究原则与思路

高职建设创新创业教育平台体系，不断完善创新创业教育体系，在推进创新创业平台的建设过程中，坚持立德树人，融入文化理念，优化教育体系，扩展创新创业所能创造的更多社会价值，构建"指导、教学、创造、服务、孵化"为一体的创新创业教育平台，推进创新创业教育体系改革步伐，加速培养创新型技术技能人才，引领就业，服务全社会。[83]创新创业教育平台是学校开展创新创业教育的硬件和软件环境或条件，是学生学习创新创业知识、开展创新创业活动、进行创新创业实践、施展创新创业才能的舞台。创新创业教育平台体系是发挥创新创业教育各种功能、提供学生创新创业学习实践的各个平台集合体，为高职院校有效开展创新创业教育提供教学、实践、服务、思想保障。

一、创新创业教育平台体系建设原则

（一）坚持培养技术技能人才与推动就业创业相统一原则

平台体系建设必须以技术技能人才培养为主线，依托已有的条件基础，更加注重学生创新创业技能培养，坚持培养技术技能人才与推动就业创业相统一。把深化创新创业教育改革作为推进学校综合改革的突破口之一，着力推进创新创业教育教学改革，紧密结合社会实践，加强行业企业联动，搭建有利于创新创业教育实施的平台，培养和培训出一大批能促进产业发展、具有可持续发展的创新型技术技能人才，为行业企业提供更多的具有创新活力的新鲜血液，为区域经济提供强有力的人才资源支撑，以此带动创业就业，促进国家经济发展。

（二）坚持问题导向与创新教育体系完善相统一原则

平台体系建设必须解决创新创业教育亟待解决的突出问题，不断丰富完善的创新创业教育体系，坚持问题导向与教育体系创新完善统一。把解决学校创新创业教育的薄弱环节作为深化创新创业教育平台建设的着力点，面向区域新经济、新产业、新技术、新业态等方面的需求，充分调动学校师生的积极性，大胆探索、先行尝试、突破壁垒，切实解决创新创业教育中存在的各项问题，加大力度，大力建设完善创新创业教育平台，保障创新创业教育体系改善与落实，为培养出创新型技术技能人才保驾护航，最大限度地激发创新创业活力，带动创业就业。

（三）坚持社会服务与协同开发相统一原则

平台体系建设必须以开放共享的理念，平台服务既要面向校内师生，也要面向校外社会，要汇聚社会资源协同开发建设，坚持社会服务与协同开发相统一。建设教育平台着重构建一系列可复制、可推广、可学习的制度体系，形成一系列有价值的共享资源库，充分提升社会服务效能与社会影响力，要能对其他院校改革发展、行业企业发展与区域经济发挥出有影响力的积极示范作用。通过校企协同、校校协同、国际协同模式，构建融合、协作、共享的创新创业生态环境，以实现更好的经济与社会效益。[84]

二、创新创业教育平台体系建设思路

建设依据：2016 年和 2017 年国务院办公厅连续两年发布《关于建设大众创业万众创新示范基地的实施意见》，明确提出建设一批双创示范基地、扶持一批双创支撑平台、突破一批阻碍双创发展的政策障碍、形成一批可复制可推广的双创模式和典型经验。2018 年国务院发布《关于推动创新创业高质量发展打造"双创"升级版的意见》，提出大力促进创新创业平台服务升级，提升孵化机构和众创空间服务水平。创新创业教育平台是学校开展创新创业教育的重要基础和根本条件，学校进入高职院校"双高"建设行列，具有一定的创新创业教育平台建设基础，进行创新创业教育改革，加强创新创业教育平台体系建设，提高创新创业教育质量，促进学生更充分、更高质量的就业势在必行。

建设目的：创新创业教育首先是教育，归根结底要培养德智体美劳全面发展的社会主义建设者和接班人。通过创新创业平台体系建设，为创新创业教育创造良好的环境条件，为学生开展创新创业学习实践提供系统化平台，以利于进一步强化理想信念教育，着力培养学生的创新精神、创业意识和创新创业能力，最大限度地激发每个学生的潜能潜质。通过平台建设推动创新创业教育与专业教育更加紧密结合，让学生在创新创业中巩固专业知识、在专业教育中提高创新创业能力，为经济社会高质量发展培养大批敢闯会创的高素质创新型技术技能人才。

建设思路：根据国家文件要求，针对创新创业教育问题和需求，以有利于培养学生创新精神、创业意识和创新创业能力，培养高素质创新型技术技能人才为目标，结合所在地区资源优势、学校专业特点和学校现有条件，充分整合境外境内、校外校内资源，抓住学校"双高"建设机遇，加大支持投入，搭建"九大平台"，形成创新创业系统完备、相互联系、相互支撑、运行有效、保障有力的"平台保育"体系，保障政策衔接、文化引领、教育教学、创新研究、科技大赛、资金扶持、创业实践、项目孵化等，丰富完善创新创业教育体系，支撑保障创新创业教育顺利有效开展。

第三节　创新创业教育平台的搭建

创新创业教育的对象是高职学生和有创新教育培训需求的社会人员，主要对象是学生，只有通过创新创业教育让学生接受创新创业观念，勇于投身创新创业实践，才能说创新创业教育起到了实际的效果。创新创业教育的基本特征是创新性、创造性和实践性，根本目的是培养学生的创新思维特质、创业基本素质、创造个性品质，主要内容是学生的创新创业意识培养、能力培养、认知引导、实践模拟。通过课程教学、专项讲座、文化熏陶、研讨交流，使学生了解创新型人才的素质要求，了解创业的概念、要素与特征等，掌握开展创新创业活动所需要的基本知识，着力培育学生的创新意识和创业精神。通过解析创新创业素质的构成要素，培养学生的批判性思维、洞察力、决策力、组织协调能力、领导力等各项创新创业素质，着力提高学生创新创业能力。通过产教融合、校企合作，引导学生认知当今企业及行业生产的工作环境，了解创新创业需要，了解支持政策，把握创业机会，认识创业风险，掌握商业模式开发过程、设计策略、方法技巧等，提高学生对创新创业环境的认知能力。通过创业计划书撰写、模拟创业实践、开展创业活动，鼓励帮助学生体验创业准备的各个环节，包括创业市场评估、创业融资、创办企业流程、风险评估管理等，提高学生创新创业体验，积累实际操作经验。高职院校要提高学生的创新创业能力，形成良好的创新创业教育环境，就必须建设创新创业教育平台体系，为学生搭建包括管理、师资、制度、文化、教学、研究、实践、资助、孵化等服务功能的各种平台，各种平台之间相互联系、相互作用、相互支撑，共同构成一个有机的完整的创新创业教育平台体系，提供全方位的立体化创新创业服务。

随着高职快速发展，高职学生就业压力加大。为解决就业难问题，湖北交通职业技术学院在招生就业处成立了就业指导中心，加强就业指导教师培养与培训，开发就业创业指导教材，开设就业指导课程、建立就业指导保障体系。2007 年通过湖北省交通厅"高职院校就业指导与创业教育研究"课题，探索建立了"三级四段"的职业指导和创业教育培养模式。"三级"指"学校、二级学院、教研室"三级管理工作体系，"四段"指"创业意识启发、创业知识培养、创业能力提升、创业成果评估"四阶段培养实施体系。[83] 主要方法是创建校企合作实习实训基地，强化就业指导，组织各类专业技能比赛，开展就业创业知识教育，提高学生就业率和就业质量，使毕业生就业率始终保持在96%以上，致力于实现提高就业质量的最终目标。为抓好、抓实大学生创新创业工作，2010 年开始学校专门成立了由学校主要领导为组长、其他校领导为副组长、相关处室和二级学院负责人为成员的就业创业领导小组，负责全校创新创业教育领导统筹组织协调和创新创业重大事项决策，对创新创业平台搭建起到了领导组织保障。通过搭建"九大平台"，由此构建创新创业教育"平台保育"体系，保障创新创业教育有质量有效率地开展。

一、搭建基础平台

高职创新创业教育基础平台是创新创业教育的重要基础和基本条件，是保障创新创业教育持续推进的"地桩底座"，为创新创业教育教学顺利开展提供基础保障。搭建创新创业基础平台主要从四个方面入手。

(一)建立创新创业教育管理平台

创新创业管理平台,是实施创新创业教育组织管理的重要保障。学校要在就业创业领导小组的领导下,坚持"以创新促创业,以创业促就业"指导思想,建立创新创业教育管理平台,加强创新创业管理制度建设,要建立"学校、二级学院、教研室"三级管理工作体系,创造条件建立创新创业学院,加强创新创业教育管理建设。学校要形成"1+X"管理服务体系,"1"是指一个中心,即学校就业创业管理办公室或创新创业学院,"X"是指招生就业指导处、计划财务处、教务处、学生工作处、合作交流处、科研处、后勤处、团委、二级学院等,负责创新创业教育政策研究、顶层设计、全面管理、组织协调、任务部署、宣传发动、督促检查、考核评比等。二级学院设立创新创业工作领导小组和创新创业指导办公室,负责创新创业教育人才培养方案制订、创新创业教育教学组织工作。教研室负责创新创业具体管理与实施,走好创新创业最后一公里。

(二)建立创新创业教育指导平台

创新创业教育指导平台,是实施创新创业教育有效开展的重要手段。学校应当由招生就业处牵头成立就业创业指导中心,建立创新创业指导平台,聘请专兼结合指导队伍,组建创新创业指导团队,加强创新创业教育相关研究;指导开发开设创新创业课程,建立课程体系,开展创新创业教学,加强创新创业指导;组织开展创新创业相关的活动,比如举办创新创业知识大赛、创立创新创业学生社团、开办创新创业俱乐部、举行创新创业知识宣讲会,邀请创业成功人士传授经验、指导学生参与创新创业项目实践等,以此来提高学生创新创业热情,激发学生学习创新创业知识的兴趣。

(三)建立创新创业师资平台[85]

创新创业师资平台,是实施创新创业教育的智力资源保障。学校要组织建立学生创新创业教研室,加大教师队伍建设力度,包括积极引进人才,选派骨干教师参加培训和企业挂职,注重"双师素质"培养,逐步建立就业创业指导专家库,聘请企业家、创业成功人士、专家学者等作为兼职创业导师。学校创新创业师资由创新创业管理人员、创新创业指导专职教师、校内外兼职指导教师、创业成功的企业家、创新创业专家学者组成,学校要积极组织教师参加创新创业师资培训,开展创新创业教育研究,并要引进 KAB 创业培训认证体系,推荐教师参加创业指导师培训,鼓励教师获得职业指导资格证书、创业教育师资培训合格证书。学校要组织教师参与创新创业项目实践,提升创新创业教师的能力和素质。逐步打造形成一支校内外结合、学术与实务结合、创新与创业结合的创新创业导师队伍，并开设《高职生职业发展与就业创业指导》《创新创业基础》和《创新创业实践》等必修课。通过课内与课外的有效对接，实现学生创新创业精神养成、创新创业意识激发、创新创业知识积累、创新创业能力形成的统一，构建起创新创业教学体系，形成"全员覆盖+重点突破+特色培育"的创新创业教学模式。

(四)搭建创新创业实训平台[82]

创新创业实训平台，是学生开展创新创业实践提高技术技能的基本保障。加强学生实践能力和创新能力培养，增强学生职业素养，在实践教学环节推进实训内容和实训模式的改革和创新，实践教学强化实战性，做到产教结合，加强实训教学、课程实习、专业实习、毕业实习、社会实践和社会调查等，促进工作与学习结合、校内与校外结合、应用与创新结合。各专业要根据校企合作企业，充分利用企业资源，建立创新创业实训基地，让学生参与企业技术创新。创新创业实训平台建设，要突出"服务性、公益性、示范性、专业性"特征，要面向所有学生，通过实训提升学生"动脑"+"动手"能力，坚持"开放与集成"的建设原则，充分利用现有校内校外资源，按照统一集中建设，个性需求分散托管的建设模式，搭建课内课外、校内校外、境内境外"多方位"的创新创业实训平台，让行业企业、师资、实训、项目、设备等多种创新创业资源实现高效聚集，整合公路与轨道、汽车与航空、交通信息、物流管理、建筑艺术等专业的实训设备、创新创业项目设施，创建"社团、竞赛、基地"等学生创新创业实训平台。为学生提供基础加工、工匠技术、工程创新、实操与虚拟仿真、传统工程实训与智能化实训。通过实训，巩固创新创业知识，提高全体学生的技术技能，重点培养一批技术服务型、产品开发型和特色商业服务型自主创业典型，实现创业带动就业的倍增效应。

二、搭建校企合作平台

高职创新创业教育校企合作平台，是高职人才培养的根本途径，是学生有效开展技术技能实训和创新创业实践的根本保障之一。高职院校学生由于起点低，资金难以保障，必须寻求和营造很好的校企合作。高职院校是以培养技术技能型人才为主要目标，那么必须选择校企合作培养。校企合作的模式不断创新、共建更多的共享资源、设备支持、人才输送，以及教学改进与转化，为校企合作平台的建设提供基础支撑，各种类型的校企合作，为搭建校企合作平台提供更多的方式与途径。企业能为学生进行岗位和技术技能实践服务，能让创新创业学生拥有更广阔的资源平台。学校与企业的深度合作，能给学生提供接触企业家和企业产品的机会，为学生创新创业活动提供更多的创新创业想法、创新创业资源和创新创业实践机会，深度产教融合将给学生带来就业和创业的机会。建立校企合作同盟、共享更多资源、享受更多的好政策与便利，实现多赢局面。[86]建立校企合作平台对创新创业项目的便利机制与政策，让企业提供更多有利于创新创业项目推进的便利条件。将更多的创新创业人才输送到合作企业培训与磨炼，打造出更优秀的创新创业人才与创新创业项目。从学生创新创业实践来看，企业产品的营销、跨境电商的兴起、电子商务的普及、多种形态的物流发展等都是高职学生创业的良好选择。因为产品营销、跨境电商、现代物流管理的进入门槛低，资金量多少不限，员工选择面较广等特点，其中加盟连锁经营就是一个良好的合作平台。

以湖北交通职业技术学院为例，学校将校内外实训基地办成创新创业教育实践基地，根据不同专业特点联系相关行业企业，建立创新创业实践平台。让学生在这样的场所边学习、边实践、边创业，这是学生开展创新创业教育的实践平台。学校先后与省邮政管理局、武汉新港建设投资开发集团有限公司、省交通运输厅世界银行贷款办公室、省公路管理局、北京通用航空产业基地、百度公司、京东物流公司、红帽公司等100余家单位签订战略合作协议；与中兴通讯股份有限公司签订"教育部-中兴通讯ICT（信息通讯技术）、行业创新基地"合作协议；与丰田公司、宝马集团、东风集团、京东物流公司共建校内培训基地；与Today（今天）集团联合创建物流产学研合作基地。学生在实践基地实习实训，参与企业的生产和经营活动，将学到的创业文化知识具体应用到实际中去，学生通过在实习实践中领会感悟，学会在现实经济生活中寻找差距，体会创业的艰辛，感悟创业的精神，从而调整求职创业过程中急功近利、急于求成的心理。校企合作项目非常多，每个二级学院的不同专业都与各知名企业有密切的合作，其中包括有中建二局订单班，丰田、宝马订单班，百度、联想订单班，顺风订单班，地铁集团订单班，中兴订单班，红星美凯龙订单班等。除了教育资源上的互通共融，学校还与企业建立了多种合作关系，例如企业作为校外实训基地，让学生学到的专业知识融会运用到行业的实际工作中去，企业实践可以检测人才培养方案与行业企业人才需要的紧密联系程度。与行业知名企业共同构建课证融通体系，将行业技能证书的考核与专业课程教育相互融通，将学校教育资源与企业的专业技术技能资源相融合，鼓励学生通过学习与实践获得企业颁布的职业技能等级证书，毕业直接衔接就业，毕业即就业。学校每年固定合作20个订单班，涉猎10个专业，参与学生达到1000人以上，每年输送不少于300名学生进入校外实训基地进行为期不少于4个月的具体实训。每年不少于 100 名学生参与 1+X 证书考核，并提升考核通过率，随着 1+X 制度试点工作批次的增加，参与 1+X 证书培训考核，与企业认证无缝接轨的人数还将出现大幅递增。

三、搭建资助平台

高职创新创业教育资助平台是创新创业教育的环境条件，是保障创新创业教育的经济基础，为学生创新创业有效开展提供资金服务保障。高职学生创新创业是"大众创业、万众创新"的一个重要组成部分，也是大学生创新创业的一个重要组成部分，是拓展学生就业的重要渠道。学校要鼓励高职学生创新创业，要允许高职学生失败，宽容对待失败，因为失败是成功之母。搭建资助平台，建立资助服务办公室，负责创新创业资助政策解读、资助咨询、资助指引、资助协调等服务，创造良好的创新创业环境，提供资金支持，培养锻炼创新创业者的创业投资技巧和能力。引导学生在创新创业实践中，为自己营造良好的信用环境，用辛勤和诚实赢得家人和亲朋好友的支持。[87]

(一) 争取政府资助

要积极争取政府资助，加大风险投资、个人创业贷款、技术孵化贷款和政府扶持资金，为高职学生创新创业提供良好的投资环境。作为参与者和协助者，政府是高职创新创业教育生态系统中的重要一环，发挥着重要作用，能够在政策制定、资金支持、舆论导向、服务体系、部门协调等多方面为高职创新创业教育创造良好的外部环境，起到难以替代的积极作用。

(二) 强化政策资助

要持续改进创新创业指导服务，根据各地区和具备条件的行业协会针对区域需求、行业发展，定期发布创业项目指南，引导学生识别创新创业机会、捕捉创新创业商机。充分利用政策保障和政策资金支持，深入实施大学生创业引领计划，有效落实各项扶持政策和服务措施，强化互联网创业的扶持政策，充分利用各地区、各有关部门整合发展财政和社会资金，支持高职学生创新创业活动。鼓励创新创业团队积极申请省市各项创业基金，与银行等融资机构加强联系，积极争取大学生创业项目的小额信贷优惠。

(三) 加大学校资助

学校要优化经费支出结构，多渠道统筹安排资金。在学校每年的预算中，加大对学生创新创业项目支持的比例与力度，积极支持有想法有潜质的在校学生开展创新创业活动。设立创新项目引导资助、创业项目引导资助、孵化项目引导资助、师生技能大赛引导资助等基金，继续加大对创新创业大赛的专项投入，支持开展"创新大赛、技能大赛"计划。

(四)引入企业资助

各种企业尤其是知名企业在高校的创新创业教育中起着重要的示范作用，有利于学生明确创新创业奋斗目标，充分运用企业在高校的创新创业教育中担负的社会责任，引入企业对学生创新创业的资助，提升创新创业项目的价值，多种渠道整合社会企业资金，引入各种方式的企业资金投入与合作。引入更多社会组织、公益团体、企事业单位和个人设立大学生创业风险基金，以多种形式向自主创业大学生提供资金支持，提高扶持资金使用效益。

(五)引导校友资助

挖掘校友资源，设立"创新创业人才基金"，支持创新创业项目。以老带新，创新创业项目已经进入市场化阶段的资深校友，搭建"一带一"活动，支援协助创新创业项目，形成手牵手连线创新创业的良好局面。

(六)加强资金管理

建立《创新创业教育平台专项资金使用办法》与专项资金负责人，创新创业平台专项资金是指专门用于提升学校创新创业服务水平、完善创新创业教育平台建设，支持新技术新发明新创造、创新创业大赛参赛项目以及大学生创新创业项目启动的专项资金。设立明确的资金类型、资金来源，明确资助对象以及资助方式的标准，规范申请、审核、发放流程。设置过程监督管理，保障资金的正确发放与合理使用，加强目标管理，增加创新奖补机制，推动创新创业成果转化。监督的同时鼓励创新创业项目的加速推进与发展，解决创新创业难的问题。

四、搭建信息平台

创新创业信息平台是创新创业教育的现代化资源条件，是保障创新创业教育的基础设施，为学生创新创业有效开展提供信息服务保障。在信息化、网络化、智能化高度发展的新时代，加强智慧校园建设，搭建"数字创新天地"信息平台尤其重要。信息技术是创新创业的重要技术之一。学校要为高职学生创新创业搭建好信息平台，让学生便捷高效地知晓国家的政策环境和当地的扶持政策，了解服务信息、创业信息，交流创新创业经验。从国家到地方，在政策上已经给高职学生创新创业提供许多便捷条件，鼓励高职院校学生进行创新创业，探索创新创业有效途径，降低对高职院校学生创新创业的准入门槛，加强信贷、税务、工商服务的指导，加强高职学生创业项目、信息、场地、援助及规范申请、提交、审核等流程的多项相关服务与功能，加强高职学生创业成果查询展示、成果介绍、发展状态评估等功能服务等。[88]只有通过学校智慧校园搭建"数字创新天地"信息平台，才能让学生最便捷、最快速地了解相关信息，帮助所有创新创业的指导老师与学生更好地学习把握运用政策与精神，提升信息的透明度，避免重复劳动，增强资源共享与服务共享，提高工作效率。为教师备课、教学，学生听课、学习、提交作业、考试，为创新创业教育的高效实施提供信息平台保障。

建设"数字创新天地"信息平台，是大力推进创新创业教学方法改革，提升创新创业教育教师信息化能力素养，推动现代信息技术在创新创业教育中应用的重要举措。要坚持"互联网+跨专业+创新创业"的定位，围绕开放式、协作型、数字化发展方向，遵循分类服务、精准服务、整合创新、共建共享原则，构建教师应用、学生应用、企业应用、管理服务四个用户模块，持续不断加快大容量高质量的内容与功能建设、综合性平台建设，开展多样化多层次的创新创业合作与共建，加速创新创业的人才储备与项目的产出，整体推进创新创业教育的建设质量。这对教师创新创业教育科研能力的提升，学生获取创新创业信息效率的提升，都有巨大帮助。以"人人可用"为建设目标，针对学生、教师、管理人员、企业不同群体开设区域空间，实现统一平台、统一认证的个性化教育信息服务供给。

运用大数据思维和技术，创建丰富多样的创新创业数据资源库。如："创新创业课程资源库""创新创业项目资源包""创新创业大赛资源库""知名创新创业大赛指导教师教学库""创新创业成果库""创新创业未来之星库""创新创业特色案例库"，分类储备信息资源为创新创业的学生提供多样的参考和选择，辅助学生事半功倍地开展创新创业学习，加速创新创业的项目产出进程。同时连接到各类省市国家的资源管理服务平台，实现多级优质资源的互通共享，强化服务功能，让学生从海量资源里获取精准有用的信息。这些数据库资源的建设是在创新创业教育与相关活动开展的基础之上长期积累形成的，是对各项创新创业教育活动经验的数据提炼，增加以往工作累积价值，为创新创业教育发展的精准研究、发现问题以及决策与改进措施等方面都提供重要的数据支撑。

五、搭建研究平台

创新创业研究平台是创新创业教育理论研究和实践总结的重要平台，是保障创新创业教育的理论支撑，为学生参与创新创业项目研究提供实践保障。学校搭建研究平台，组织由各院系派出科研骨干与创新创业教育的资深指导教师共同组成的研究团队，开展创新创业教育理论与实践研究。高职创新创业教育起步较晚，开展创新创业教育研究非常必要，用研究成果指导创新创业实践。同时，通过整合学校各创新研究中心、名师工作室、技能大师工作室、创新团队等研究资源，指导学生开展创新创业项目研究，引导吸纳优秀学生参与项目研究，为学生提供研究实践保障。

（一）开展政策环境研究

重点围绕地方经济产业群进行理论研究、政策研究、案例研究以及大数据分析研究。关注宏观政策领域、社会发展问题、促进地方创新发展，尤其要搞清高职院校开展创新创业教育的必要性和重要战略意义，开展创新创业教育发展理论与实践研究，形成理论研究与实践推进的良性循环，明确学校创新创业教育工作的发展方向，形成具有校本特色的职业教育创新创业发展模式。[89]

（二）开展专业与创新创业互相促进研究

要依据各职业院校创新创业实践的经验，坚持"面向实践"的原则，以政策研究与创新创业理论为指引，围绕地方乃至全国的行业发展特点，开展专业研究，在专业设置上，要密切联系行业发展，为创新创业铺路。要新增开设一些市场需求旺盛、行业发展需要、带有前瞻性的专业，以利于学生创新创业，以创新创业促进社会整体就业。要通过专业建设促进创新创业开展，通过创新创业实践促进专业教学改革，形成专业建设与创新创业教育相互促进的局面。

（三）开展创新创业课程研究

要将创新创业意识培养贯穿到教育教学全课程和全过程，培育创新创业文化，重点研究"创新创业人才培养模式""创新创业教育课程体系""创新创业基地发展""创新创业教材资源开发""创新创业师资建设方案"，总结出创新创业人才培养新理念、新模式、新方法和新路径。专门开设创新创业课程，建立创新创业教育课程体系，分别为创新创业知识模块、创新创业能力模块、创新创业实践模块，如创新创业知识模块可开设创业学概论、创业经济学基础、创业法律知识、创业风险管理等课程。根据调查研究，参与创新创业学生反映，他们非常需要有销售与营销方面的知识，心理学知识，消费者服务与个人服务知识，所以，有必要开设相关的选修课程，以满足学生需求，丰富课程体系内容。

（四）开展风险防控研究

高职学生的人生阅历较浅，在市场风险、资金运作、企业管理方面经验不足，如果不进行创新创业风险分析而盲目创业，不仅很难成功，而且将会大大提高创业成本。所以，要加强创新创业风险研究，在鼓励尝试创新创业的同时，强调创新创业活动的风险防控的重要性，指导学生正确应对创新创业风险。

(五)构建创新创业知识产权运营和管理模式

充分发挥知识产权对创新创业发展的支撑和保障作用，建立健全知识产权转移转化制度，形成分工明确，持久保障的知识产权运营和管理模式，提高知识产权的创造、运用、保护、管理和服务能力，推动专业成果的推广与转化，拓展知识产权与行业的合作模式。为创新创业活动保驾护航，为创业学生提供法律服务。

(六)充分运用研究资源

充分运用创新创业教育研究取得的研究成果，为创新创业教育提供理论支撑和实施建议，指导学校的创新创业教育有效实施。积极鼓励教师参与创新创业教育研究，提升教师的创新创业意识、提高教师创新创业教育的能力以及指导学生开展创新创业的能力，培养更多优秀创新创业教育指导教师。充分运用合作企业研究资源和学校各创新研究中心、名师工作室、技能大师工作室、创新团队等研究资源，为学生提供项目启示，同时，指导学生开展创新创业项目研究，引导吸纳优秀学生参与项目研究，为学生提供研究实践保障。

六、搭建活动平台

创新创业活动平台是学生创新创业的交流实践场所，是创新创业全方位的展示平台，为学生参与创新创业活动提供实践保障。对于每一位学生，不论是否加入创新创业行列，都能接触到或参与平台提供的各种活动。活动平台提供各种形式的活动，吸引更多的学生了解并加入到创新创业的行动中来，是激发学生创新创业的兴趣，推进学生创新创业教育的有效途径。学校成立活动平台策划组(由院系轮流承办)，负责定期组织引导开展创新创业相关的活动。

(一)建立了"大学生创新创业俱乐部"

大学生创新创业俱乐部是学校招生与就业指导处、校团委共管的公益性青年创新创业社团，致力于为学校学生创业者开展相互交流、学习、合作、资源共享等活动。俱乐部制定出台了《大学生创新创业俱乐部章程》等规章制度，组织开展了一系列研讨、交流、竞赛及论坛等活动。为学生提供见习、实习、兼职等社会实践的机会，为投资者和创业者之间搭建了一座合作的桥梁。俱乐部致力于帮助和扶持学生把"创新创业梦想"转变为"创新创业行动"，把"创新创业项目"付诸"创新创业实践"，努力成为大学生初创企业的"孵化器"，成为培养学校青年企业家的新"摇篮"。

(二)设立年度创新创业文化主题活动周

在文化主题活动周，通过举办创新创业相关主题的各类趣味竞赛、邀请专业人士开展主题讲座与访谈、邀请创业成功人士开交流会，传授创新创业经验、分享成长过程等校园文化活动，传播创新创业精神、推广创新创业经验、培育创新创业文化。

(三)创立创新创业学生社团

在学校的支持引导下，创立创新创业学生社团，支持学生社团活动，发挥学生自主管理、自我服务的作用。通过社团活动，培育校园创新创业文化，营造良好的创新创业氛围，举办创新创业知识宣讲会，创新创业研讨会，通过社团自己组织活动，面向全体学生宣传创新创业的新动态与新信息。由此，让学生自我激发创新创业兴趣与热情，引导更多学生关注创新创业，学习创新创业知识，强化创新创业意识，提高创新创业技能，提升学生综合素质。

(四)开展"师兄师姐回校谈"活动

每年不定期开展"师兄师姐回校谈"活动，邀请正在创新创业路上大步向前、取得一定创新创业成绩、拥有一定创新创业经验的师兄师姐回校开展分享活动，传授经验与教训，交流心得与体会，给学生们带来实用的咨询与中肯的建议，起到传帮带的作用。

(五)开展"走出去"活动

定期组织一定数量的学生，走出校园，走到知名创新创业示范平台，走入成功的产业孵化基地，亲眼看、亲耳听，亲自感受创新创业基地与项目的真实运营情况，激发好奇心。挑选优秀的学生代表，走进合作企业，通过交流互换的方式进入知名企业创新创业基地，充分发挥自身所学，解决生产实际问题，服务企业技术创新，推动创新创业成果的推广与转化，推广创新创业文化的影响力。

(六)开展技能大赛活动

学校由教务处和学生工作处牵头，负责出台大赛组织制度和激励制度，积极服务和引导学校师生，参与或举办院、校、省、国、世界各级别技能大赛，根据大赛的不同性质与级别，提供有针对性的人力、物力、智力支持，组织开展学生专业技能大赛活动。各专业组织专业技能大赛，各二级学院组织院级技能大赛，学校组织校级大赛，并积极组织学生团队参加全省全国创业计划竞赛、互联网+创业大赛、全国职业院校模拟创业技能竞赛、全国软件创业团队选拔赛、全国职业院校技能大赛等。通过组织学生开展专业技能大赛，鼓励更多学生尝试创新创业活动，感受学习和生活中的创新创业实践，增强创新创业意识，丰富创新创业思维，参与创新创业体验，提高竞争意识，强化技术技能，提升学生综合素质。

(七)开展假期社会实践活动

学校由团委组织学生的假期社会实践活动，每年有计划开展，要求学生到广阔的社会中，接触社会现实，了解社会需求，参与社会服务，调研社会现象，写出调研实践报告，开展评比并编辑优秀报告。

通过活动平台开展的各项创新创业活动，学生在活动中，发现自己所学专业知识的不足，促进学生自觉选修企业管理、市场营销、电子商务、财务管理、经济法等课程，对拓展学生知识面起到很好的推动作用。同时，通过活动平台的锻炼，为高级别创新创业大赛培育优秀团队，成为高级别创新创业大赛的人才动态筛选库，在校企合作平台、实训平台等其他基础平台的共同作用下，为高级别创新创业大赛取得优异成绩提供强有力的支持与保障。

七、搭建创业特区(孵化)平台

创新创业教育创业特区(孵化)平台是高职学生创新创业孵化的主基地，是开展创业教育、创业实习、创业服务，促进高职学生自主创业的重要实践平台，是帮助高职学生开展创新创业实践的重要实战平台。学生创新创业需要创新创业环境，需要创新创业实战场所。在校内建立创业特区，能为学生提供实践锻炼的广阔舞台，引导高职学生在艰苦创业的实践中学习创业知识、激发创新精神、磨炼创业意志、培养创业品质、提高创新创业能力，实现创业带动就业、拓宽就业渠道的目的。

(一)加强创业特区顶层设计

学校根据所在地区政策要求，加强顶层设计，制定大学生创业特区建设实施方案。例如，湖北交通职业技术学院以《武汉市政府关于实施"青桐"计划鼓励高职学生到科技企业孵化器创业的意见》(武政规〔2013〕14 号)、《洪山区人民政府关于印发洪山区推进"青桐"计划鼓励大学生到科技孵化企业创业方案的实施导则的通知》(洪政〔2014〕12 号)和教育厅《关于组织实施"湖北省大学生创业示范基地建设计划"的通知》(鄂教学〔2010〕7 号)精神为指导，建立大学生创业特区，积极鼓励和引导在校或毕业 5 年内的大学生开展创业孵化工作，逐步形成上下贯通、功能完善、管理规范、服务高效的创业服务机构体系。

(二)明确创业特区建设任务

大学生创业特区的主要任务是以创业特区为载体，整合和利用校内外各种资源，开展创业指导和创业培训，接纳高职学生创业实习实训，提供创业项目信息和创业项目孵化的软硬件支持。大学生创业特区要坚持科学规划、科学建设、科学管理的原则,紧紧围绕产业发展,统筹考虑,合理布局;突出重点、突出专业的创业基地,适当发展综合性创业基地建设;整合资源,充分发挥市场作用,引导社会资金投入创业基地建设、运作与管理。

(三)加强创业特区组织管理

学校要成立大学生创业特区管理委员会(建设前期为大学生创业特区建设工作领导小组),领导、统筹和协调全校的高职学生创新创业工作,具体负责大学生创业特区的整体规划、年度安排、项目审批、监督管理等重大事项的决策。工作领导小组由书记、校长担任组长,其他相关校领导担任副组长,成员由招生与就业指导处,教务处,合作交流处,科研处,团委、学生工作处,计划财务处,后勤处,后勤中心,各二级学院(部)等相关单位负责人组成。大学生创业特区建设工作领导小组下设办公室,挂靠招生与就业指导处,负责学校大学生创业特区规划、建设、运作和管理等。

(四)加强创业特区硬件投入

学校要加强创业特区硬件投入,提供专门场地,建立大学生创业特区。如湖北交通职业技术学院目前已经按照"布局合理、环境优雅、设施齐全、功能完备、管理科学、服务高效"的标准规划建设了创业孵化区域(15 间、约 40 平方米/间)、创业辅导室(63.55 平方米)、洽谈室(107 平方米)、会议室(115平方米)、行政办公区域(3 间, 20 平方米/间)、卫生间(24 平方米)等,总面积约 1300 平方米。创业特区孵化区域划分:(1)专业化创业孵化基地(10 间)。按照专业化的原则,有序地创造电子商务、计算机、移动通信、网页制作、艺术设计、软件开发、市场营销、物流、新能源等专业化高职学生创业孵化基地。(2)综合性创业孵化基地(5 间)。综合性创业孵化基地各专业人才共同组合成一个团队,按照专业进行团队成员分工,一个团队可以做多项工作,逐步拓展业务面。在新校区的建设中,学校专门留出了一栋楼作为创业特区规划建设,面积扩大了 3 倍,拟建设成功能更完备的创业特区平台。

(五)充分发挥创业特区功能

大学生创业特区主要实现"创业培训、创业孵化、创业支持和公共服务"四大功能,以及由此衍生出来的其他辅助功能。(1)创业培训功能。提供培训场地、研究制定培训体系和培训课程、培养和引进创业师资力量、负责创业课题的研究与开发等。(2)创业孵化功能。负责小微企业和创业项目的孵化、提供创业辅导和实战辅导、负责协调学校专业和校外企业等资源、协调创业项目和院校、企业资源的整合等。(3)创业支持功能。负责提供政策支持、场地支持、办公设施支持、负责宣传推广、协调社会资源和第三方服务等。(4)公共服务功能。负责运营交流平台的搭建和管理、负责其他服务项目协调等。目前，这个平台运转良好，基本能满足湖北交通职业技术学院学生创新创业的需要。(5)加强孵化机制建设。依托现有的科研孵化基础与强有力的行业支撑，为大学生创业及其他创业先锋提供包括工商注册、项目申报、企业管理技能培训、法律咨询、专业代理等全方位的服务，同时协助各种证照的办理，促进每年孵化项目及团队的推广工作，最终达到公司化实体操作。

八、搭建文化平台

创新创业文化平台是创新创业文化的传播和浸染平台，是创新创业有效实施的思想保障，用以建设并营造健康、积极的创新创业文化氛围，传递积极正能量的价值观。创新创业文化平台不仅负责保障思想意识、创新创业文化氛围与环境持续健康的发展，同时具备宣传与引领新事物、新思想、新资讯、新创意的作用。维护好水源，在养好活鱼的同时，引入更多活水资源，吸引并号召更多的学生进入创新创业的新尝试中，为学生、为大众营造更好的创新创业文化氛围。[85]

文化引领是实践的思想先驱与保证，是奋斗的无尽源泉，作为文化引领的环境保障平台，创新创业文化平台致力营造"砥砺奋斗，攻坚克难，创业实干"的良好发展环境、文化氛围，塑造符合社会主义核心价值观的创新创业价值观。创新创业不是口号，需要在砥砺奋斗中见实效，在学好每一门课程、练就每一项技能、做好每一件小事、完成每一个步骤、胜任每一个任务、履行每一项职责中展现奋斗精神。特别是当今时代发展变化速度不断加快，新技术、新模式、新业态层出不穷，学生在学习奋斗的过程中会遇到很多过去从未遇到过的困难、面对不少思想认识上的困惑彷徨、面临人生抉择上的十字路口，这些关键时刻都需要在正确的文化引领与熏陶下，遵循正确的价值观导向，坚持"不气馁、不盲从、不动摇"原则，找出迷惑、作出决策、突破困难、持续前进。新时代的大学生需要提高内在素质，锤炼过硬技术技能，把创新成果转化为实实在在的创业活动，更好地创造价值，让学生从创新创业中获得幸福感、获得感、成就感。"放好水养欢鱼"，打造多样舞台，激活创新创业的一池活水。

在学校创新创业领导小组的领导下，成立创新创业文化专班组，由学校党委办公室牵头、相关处室和各二级学院参与组成学校创新创业文化建设专班组，规划学校创新创业文化建设，各二级学院组建一群一协会(一个专业群成立一个创新创业文化群组)的师生共同组织文化宣传平台模式，负责创新创业文化推广与宣传建设工作。

(一)加强创新创业文化政策理论研究

紧跟国家有关创新创业的方针政策，确保文化引领的正确性，研究创新创业理论与政策，确定创新创业的文化方向和文化特点。围绕地方行业发展，结合学校优势，分析创新功能分工的理论与方向，思考双创与众创的关联、树立学校创新创业文化特点，持续开发延伸创新创业文化理念，保障创新创业文化发展方向。

(二)加强创新创业文化宣传和文化氛围营造

跟踪分析创新创业教育平台的各项活动以及产生的校内外效果、明确创新创业文化对学生的影响作用、社会影响力与行业影响力，加强创新创业精神、创新创业活动、创新创业文化、创新创业典型宣传。通过调整活动引领与支撑，着力营造文化氛围，逐步扩大学校创新创业教育文化氛围的校内辐射面与行业认知度、影响力，实现创新创业文化输出与文化传承。

(三)组织创新创业文化交流

举办"创新创业教育研究发展论坛""双创众创基地平台交流论坛""行业创新创业成果推广论坛""创业成功学子交流论坛"，使其成为企业、教师、学生、机构多方的创新创业理论、创新创业教育、创新创业经验的交流平台。

(四)强化专业创新创业文化贯穿

通过二级学院创新创业文化群组，结合专业群建设，将创新创业文化贯穿到人才培养方案、课程教学、实训基地建设、技能大赛活动、教学环境建设之中，让创新创业文化无处不在、无时不有。

九、搭建创新创业国际合作平台

创新创业国际合作平台是创新创业的开放化要求，是创新创业资源集聚的需要，是培养学生国际化视野的重要保障。以学校国际化合作办学为契机，坚持"不束缚、向外走"与"敞开怀，引进来"的双向原则，整合现有的学校国际合作基础，扩大国际合作的规模，扩展现有国际合作模式，运用校企合作中的"走出去"企业，加强国际协同，着力建设创新创业国际合作平台。

1. 打造具有国际化的创新创业的教学平台

依据现有的国际化办学项目，着力引入国际化合作学校的教育资源，重点在计算机技术、通信技术、汽车能源、环境艺术等几大方面，扩展国际化合作与国际化教学，吸引更多的合作国家、更多数量的国际交流办学项目和更丰富的国际化合作办学模式，通过国际化特区管理方式，创新教学模式、强化实践环节和引入企业实训等方式，培养具有国际化视野的创新创业技术技能人才。

2. 打造创新创业国际化科研大赛合作平台

吸引合作企业的国际化优质资源，围绕社会经济发展与市场技术问题，重点引进其他国家的先进团队，加强国际合作，加速国际先进、成熟的技术和产品的落地和转化。同时面向国际化技术前沿，取得有资助知识产权和国际影响力的创新成果。[84] 积极开拓国际赛事的合作与协办，积极组织学生参加国际技能大赛，积累更多的国际化技术技能大赛的经验和资源，直接接触国际化一线的最新技术技能，通过国内外双向共建创新创业实践方式、实践基地，打造国际化创新型技术技能人才的培养基地，培养具有全球视野的复合型创新创业技术技能人才，并持续为社会输送人才。

3. 建设创新创业国际化人才交流平台

依托现有校企合作方式，强化创新创业人才交流，引入国际化的人才资源，吸引国际创新创业人才汇聚，开展技术技能公关项目和教学合作，同时积极开展各层面的交换项目，为学生提供国际化的创新创业实践平台。拓展与企业的国际合作，创新引入更多国际化资源，不仅仅为学生们提供国际化的教育资源，也提供国际化的训练平台与创新创业实践平台。充分利用合作企业海外项目，建立鲁班工坊，利用我国职业技术学校的技术技能培养优势，培养海外技术技能人才，为企业项目建设服务。

第四节　创新创业教育平台体系构建

在平台建设上，创新创业教育平台体系不断健全。高职院校普遍建立创新创业教育领导体制，建立健全学生创新创业指导服务专门机构，做到"机构、人员、场地、经费"四到位，对自主创业学生实行持续帮扶、全程指导、一站式服务。基础平台更加扎实，为全体学生提供良好的创新创业学习平台。校企合作平台更加深入融合，建立校企联合的创新创业教育机制。地方、高职两级信息服务平台不断完善，全国大学生创业服务网功能更全面，能为学生实时提供国家政策、市场动向等信息，并做好创业项目对接、知识产权交易等服务。网络培训平台不断优化，各地区、各有关部门将积极落实高校学生创业培训政策，研发适合学生特点的创新创业培训课程，鼓励高校自主编制专项培训计划，或与有条件的教育培训机构、行业协会、群团组织、社会企业联合开发创新创业培训项目。学生创新创业指导服务持续改进，各地区和具备条件的行业协会针对区域需求、行业发展，定期发布创业项目指南，引导学生识别创业机会、捕捉创业商机。

（一）从服务角度来看

平台可以提供机构、人员、场地、经费四个维度的服务，每个维度都由一个或者多个子平台来支撑。这四个服务要素对于创新创业者来说都是必要的，缺一不可，不分主次。由文化平台、科研平台、特区平台、信息平台为创新创业团队提供机构支持与服务；由科研平台与活动平台为创新创业团队提供人员与智力支持；由校企合作的部分实践基地与学校提供的创业特区为创新创业团队提供场地实践服务；由资助平台与校企合作平台提供经费支持服务。

（二）从功能作用角度来看

基础平台为创新创业教育教学提供基本保障，发挥基础性作用，文化平台为文化引领提供政策解读分析、文化定位、文化氛围营造、文化宣传交流，确保创新创业教育的思想引领，为创新创业教育实施提供精神指引。发挥文化平台的精神引领、教育引导作用和潜移默化功能，研究平台为创新创业教育提供理论支持，推动课程体系、培养方案研究，为学生提供创新参与保障。在基础平台、文化平台、研究平台的支撑下，保障创新创业各种教学教育活动有条不紊地开展。信息平台和活动平台保障教学质量的提升与人才智囊的储备。信息平台协同校企平台提供多方保障，对于教育教学、大赛训练与最终实践提供全面保障与资源支持。资助平台与特区实践共同保障创新创业实践、产出与孵化。

（三）从创新创业教育培养阶段来看

创新创业教育首先是文化引领与教育教学。文化平台营造创新创业氛围，强化创新创业文化熏陶，树立创新创业思想理念，提高创新创业教育认识。基础平台开展创新创业教育教学，传授创新创业的知识，培养创新创业方法，培育创新创业技术技能。研究平台整合研究资源，进行创新创业教育理论研究和实践总结，开展政策环境研究、专业与创新创业互相促进研究、创新创业课程研究、风险防控研究、创新创业知识产权运营和管理模式研究，用研究成果指导创新创业教育实践，用研究平台资源为学生提供研究实践机会。基础平台为创新创业教育提供各阶段的教育教学服务。信息平台为创新创业教育提供政策信息资源、创新创业信息资源、教学培训课程资源、网上办事便捷工具等。活动平台保障了各种宣传与学习活动的开展，然后通过各种大赛与项目对创新创业思想与想法进行演练与模拟训练。校企合作平台、活动平台、信息平台保障我们创新创业思维的转化与实操训练，最后是创新创业孵化。通过竞赛选拔评估与各方支援孵化出真实项目与创业团队与成果。通过校企平台提供企业协助与资源、通过特区平台保障创业地点，资助平台获得资金筹集，为创新创业教育的过程保驾护航，全程提供支撑与服务。教育、实训、实践(知识、技能模拟实训、技能转化实践)平台对整个创新创业教育过程的支撑有时间关联，从文化引领渗透，逐步到教育、实训演练，再到项目实战孵化，最后通过实践公司化运作，实现成功创业，培养出创新型技术技能人才。

(四)创新创业教育平台保育体系构架

学校要充分集聚整合校内外资源，搭建基础、研究、文化、校企合作、活动、资助、信息、国际合作、孵化"九大"平台，为师生提供创新创业全方位服务，为创新创业教育提供"思想、教学、实践、服务"四方面保障，保障创新创业教育有效实施。九大平台构成的平台保育体系，是高职创新创业教育体系的重要组成部分，是学生开展创新创业实践活动的主要舞台，发挥平台保育功能，为创新创业教育有效实施提供有力保障，保障文化导育、课程全育、项目训育、评价促育的顺利实施。九大平台之间相互有联系、有交叉，也有侧重。虽然不是绝对独立的维度，但也有其相对的保障重点。通过文化平台建设，树立创新创业文化，传播创新创业文化，交流创新创业文化，充分发挥创新创业文化育人功能，引领创新创业教育的发展方向，营造氛围与环境，实施文化引导教育，将创新创业教育思想渗透到教育教学全过程、各方面，引导创新创业教育，为创新创业教育提供精神动力和思想保障。通过基础平台建设，加强创新创业教育管理、创新创业教育指导、创新创业师资建设、创新创业基础实践平台建设，夯实创新创业教育基础，为创新创业教育教学提供基础保障。通过科研平台建设，开展创新创业理论研究，拓展创新创业新领域，研究创新创业课程与教学，研究创新创业风险防控，构建创新创业知识产权运营与管理模式，建设大师工作室，建立教师创新团队，规划技术创新项目，设计创业项目，为创新创业教育提供理论支撑，为学生参与创新创业项目研究提供实践保障。通过活动平台建设，建立创新创业活动社团，组建学生创新创业俱乐部，组织参与各类技能大赛，加强与国家创新基地项目交流，让学生活动有组织、有团队、有目标、有场所，为创新创业文化渗透与宣传提供舞台，为学生创新创业提供实践保障。通过校企合作平台建设，发挥校企双方资源优势，共享校内外实训基地，建立创新创业实践基地，建立校企同盟合作，为学生有效开展技术技能实训和创新创业提供实践保障。通过国际合作平台建设，拓展国际化创新创业教学，组织国际化创新创业研究与竞赛，开展国际化人才培养交流合作，为学生提供更广阔的实践保障。通过信息平台建设，组建数字化创新标准制定委员会，建设数字化创新创业天地，构建创新创业数据资源库、课程资源库，实现企业用户、政府部门、服务机构、专家用户间高效便捷的"互联、互动、共享",方便学生搜索需要的信息和数据,学习创新创业知识,分享创新创业经验成果,为创新创业教育提供优质的信息服务保障。通过资助平台建设,争取政府政策支持,建立资助制度,整合财政资金、学校基金、企业赞助、校友捐赠,设立创新项目引导基金、创业项目引导基金、孵化项目资助资金,提供管理咨询、专业指导、投融资、工商税务、创新创业公共设施等服务,为高职学生提供创新创业服务保障。通过孵化平台建设,建立创业特区(孵化)基地,成立学生创业管理委员会,接纳学生创业实习实训,提供创业项目信息、创业项目孵化硬软件支持服务,为学生提供实战项目孵化实践保障。"九平台、四保障"创新创业教育平台保育体系如图6-1所示。

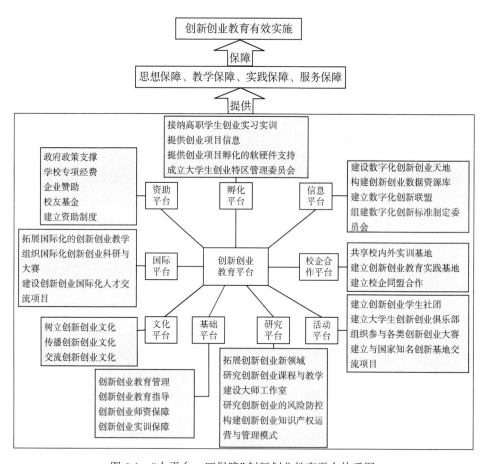

图6-1 "九平台、四保障"创新创业教育平台体系图

第五节　本　章　小　结

本章主要对高职创新创业教育平台保育建设进行了研究，从创新创业教育平台建设的意义、内涵、原则和思路进行了分析阐述，搭建基础平台、研究平台、文化平台、活动平台、校企合作平台、国际合作平台、资助平台、信息平台、孵化平台九大平台，分析了平台的功能和作用，构建了平台保育体系，保障文化导育、课程全育、项目训育、评价促育的创新创业教育顺利开展和有效实施。

第一，分析了创新创业平台建设的意义。高职院校要提高学生的创新创业能力，形成良好的创新创业教育环境，就必须为学生搭建包括管理、师资、制度、文化、教学、研究、实践、资助、孵化等服务功能的各种平台，建设创新创业教育平台体系，以发挥平台保育的支撑作用，为创新创业教育提供全方位的保障和服务。一是有利于为创新创业教育提供思想保障，二是有利于为创新创业教育提供教学保障，三是有利于为创新创业教育提供实践保障，四是有利于为创新创业教育提供服务保障。

第二，阐述了平台建设的内涵、原则和思路。创新创业教育平台是学校开展创新创业教育的硬件和软件环境或条件，是学生学习创新创业知识、开展创新创业活动、进行创新创业实践、施展创新创业才能的舞台。创新创业教育平台体系是发挥创新创业教育各种功能、提供学生创新创业学习实践的各个平台集合体，为高职院校有效开展创新创业教育提供教学、实践、服务、思想保障。创新创业教育平台体系建设，坚持培养技术技能人才与推动就业创业相统一原则，坚持问题导向与教育体系创新完善相统一原则，坚持社会服务与协同开发相统一原则。根据国家文件要求，针对创新创业教育问题和需求，以有利于培养学生创新精神、创业意识和创新创业能力，培养高素质创新型技术技能人才为目标，结合地区资源优势、学校专业特点和学校现有条件，充分整合境外境内、校外校内资源，抓住学校"双高"建设机遇，加大支持投入，搭建"九大平台"，形成创新创业系统完备、相互联系、相互支撑、运行有效、保障有力的"平台保育"体系，保障政策衔接、文化引领、教育教学、创新研究、科技大赛、资金扶持、创业实践、项目孵化等，丰富完善创新创业教育体系，支撑保障创新创业教育顺利有效开展。

第三，对九大平台搭建的内容、方法、作用进行了总结。基础平台是创新创业教育的重要基础和基本条件，是保障创新创业教育持续推进的"地桩底座"，建立创新创业教育管理，创新创业教育指导，创新创业师资队伍、创新创业实训条件，为创新创业教育教学顺利开展提供基础保障。校企合作平台，是高职人才培养的根本途径，是学生有效开展技术技能实训和创新创业实践的根本保障之一，通过深化校企合作，共建共享资源，建立实践基地，协同创新中心，提供学生更充分的实践机会，为创新创业教育提供实践保障。资助平台是创新创业教育的环境条件，是保障创新创业教育的经济基础，争取政府资助，强化政策资助，加大学校资助，引入企业资助，引导校友资助，加强资金管理，为学生创新创业有效开展提供资金服务保障。信息平台是创新创业教育的现代化资源条件，是保障创新创业教育的基础设施，建设"数字创新天地"，创建丰富多样的创新创业数据资源库，开展信息化服务，为学生创新创业有效开展提供信息服务保障。研究平台是创新创业教育理论研究和实践总结的重要平台，是保障创新创业教育的理论支撑，开展政策环境研究，开展专业与创新创业互相促进研究，开展创新创业课程研究，开展风险防控研究，构建创新创业知识产权运营和管理模式，充分运用研究资源，为创新创业教育提供理论支持，为学生参与创新创业项目研究提供实践保障。活动平台是学生创新创业的交流实践场所，是创新创业全方位的展示平台，通过建立"大学生创新创业俱乐部"，设立年度创新创业文化主题活动周，创立创新创业学生社团，开展"师兄师姐回校谈"活动，开展"走出去"活动，开展技能大赛活动，开展假期社会实践活动，为学生参与创新创业活动提供实践保障。创业特区(孵化)平台是高职学生创新创业孵化的主基地，是开展创业教育、创业实习、创业服务，促进高职学生自主创业的重要实践平台，加强创业特区顶层设计，明确创业特区建设任务，加强创业特区组织管理，加强创业特区硬件投入，充分发挥创业特区功能，为学生提供实战项目孵化实践保障。文化平台是创新创业文化的传播和浸染平台，加强创新创业文化政策理论研究，加强创新创业文化宣传和文化氛围扩展，组织创新创业文化交流，强化专业创新创业文化贯穿，为创新创业教育提供精神支撑和思想保障。国际合作平台是创新创业的开放化要求，是创新创业资源集聚的需要，以学校国际化合作办学为契机，坚持"不束缚、向外走"与"敞开怀，引进来"的双向原则，打造具有国际化的创新创业的教学平台，打造创新创业国际化科研大赛合作平台，建设创新创业国际化人才交流平台，为培养学生国际化视野提供重要保障。

第四，搭建了"九平台、四保障"创新创业教育平台体系。从服务角度、功能作用角度、创新创业教育培养阶段分析了九大平台之间的联系，既有交叉，又有侧重，说明了平台保育体系中各平台的主要功能及保障方向，通过发挥九大平台的各自作用，归纳起来就是提供思想保障、教学保障、实践保障、服务保障四方面保障，保障高职创新创业教育有效实施，提高学生的创新创业能力。

第七章　创新创业教育"评价促育"体系研究

就业是最大的民生工程，面对高职学生就业和再就业压力的进一步加大，为适应高质量就业、充分就业新要求，提高学生就业创业能力，如何切实有效地加强对学生创新精神、创业意识和创新创业能力的培养是亟待解决的一个重要问题。通过正确科学的评价，以评促改、以评促教、以评促训、以评促学、以评促创，创新创业教育教学质量评价无疑对加强学生创新创业教育起到重要的促进作用。

第一节　创新创业教育评价体系研究的意义

一、创新创业教育评价的内涵

"教育评价"聚焦于"教育"，落脚于"评价"。"评价"一词在《现代汉语词典》中有两层含义，一为动词，即评定价值高低；二为名词，即评定的价值，可以说，评价是对人、事、物的一种价值判断。不同研究角度为教育评价作出不同解读，一方面认为教育评价是以马克思主义教育理论为指导，根据学校及其教育活动的目标，运用科学的方法来评定教育的社会价值，以促进教育优化；一方面认为教育评价是遵照一定的价值标准和教育目标，在系统、科学、全面的搜集、整理、分析教育信息的过程中，对教育活动的发展变化及其影响因素进行价值分析和判断，从而为教育决策提供依据。[90]

关于教育评价的概念，目前众说纷纭，尚无一个大家认同的说法。原因在于学术界对有关教育实践活动过程及其质量、效果进行检测或评定时，常常使用"教育评价"与"教育评估"两个术语，因而概念含义难以界定。我国各级教育行政管理部门的文件中也常常将这两个术语并用。比如《中国教育改革和发展纲要》中提出："建立各级各类教育的质量标准和评估指标体系。各地教育部门要把检查评估学校教育质量作为一项经常性的任务。各类学校都要重视了解用人单位对毕业生质量的评价。"又如《中共中央关于深化教育改革全面推进素质教育的决定》中指出："建立符合素质教育要求的对学校、教师和学生的评价机制。地方各级人民政府不得下达升学指标，不得以升学率作为评价学校工作的标准。鼓励社会各界、家长和学生以适当方式参与对学校工作的评价。"上述文件便是将"教育评价"与"教育评估"二者并用。国外的情况也是如此，简明国际教育百科全书《教育测量与评价》中既有"教育评价"，也有"教育评估"的条目，还有"测量""评定"等条目。[91]可见，关于教育评价工作中主要使用的术语是"评价"与"评估"。但从正式出版的教育评价著作的书名看，国内使用"评价"的占90%，使用"评估"的占10%。又据日本学者的统计，日本有关教育评价的著作中书名使用"评价"的为100%。[92]总体上看，随着近年来对教育评价工作的日益重视和教育评价研究的不断深入，"教育评价"流行更为广泛，使用更加普遍。

创新创业教育评价体系，就是指依照创新创业教育的目的、要求和教育的原则及其价值标准而建立起来的对受教育者的发展变化及构成其变化的诸种因素所进行的价值判断的一系列的方法、标准和规定。[93]

二、创新创业教育评价体系研究的意义

在调研中发现高职院校已逐步认识到创新创业教育在高职教育中的重要作用，目前资金投入和工作投入虽然在不断增加，但还有不到位之处，创新创业教育没有纳入正式专业序列，课程体系尚待逐步规范完善，师资质量与数量明显不足，数量需增加，质量需提高。学生创业参与度、创业成功率低，虽然多方位组建了师资团队，但是突出的问题是对本校教师选拔和培训还不能满足创新创业教学的要求；对创新创业人才培养课程体系构建还不科学，不能较好地满足学生需求，创新创业教育在高职院校真正不断推进，应该得到高度重视。各院校在加强创新创业文化建设、课程体系建设、教育平台建设、实践体系建设的同时，还要加强合理的效果评价体系建设，如果不对高职院校的创新创业教育最终效果进行评价，很多院校的创新创业教育还是会停留在口号上。构建科学的创新创业教育教学质量评价体系非常重要。

（一）评价体系建设是促进培养创新型技术技能人才的必要导向

教育评价决定着教育方向。在传统应试教育观的影响下，高职教育也存在着重分数、轻能力，重技能、轻技术，重"工匠"精神、模仿式操作培养，轻技术创新素质和创新创业能力培养等问题，这与国家要求的素质教育、培养具有创新精神和能力的创新型技术技能人才要求，有一定的差距，这归根结底是教育评价体制不完善，教育评价导向不正确造成的。为了适应对创新创业人才

的培养需求，在注重专业技能培养的同时，应着力培养学生的创新创业意识和素质，必须改革传统的教育评价制度，转变教育评价导向，建立适应创新创业教育要求的科学的完整的创新创业教育评价体系，充分发挥教育评价的导向性功能。

（二）评价体系建设是提高创新创业教育管理水平的重要举措

教育评价具有多种功能，是实现教育管理科学化、现代化、制度化的有效机制。[93]创新创业教育在各个高校全面推行，在教学管理中也出现了很多新情况、新问题，如果不能有效地运用科学、合理的创新创业教育评价体系开展评价工作，那么创新创业教育就会像目前大多数院校出现的情况，流于形式，受益学生人数有限，难以达到科学化、制度化，也难以实现创新创业教育的目的和要求。有了系统的创新创业教育评价体系，学校的决策管理，可以根据评价体系，建立相关的组织结构和制度，配备相应的管理人员，确保创新创业教育的有效实施，达到优化管理，提高创新创业教育管理水平，实现创新创业教育人才培养的目的。

（三）评价体系建设是提高创新创业教育质量的有效手段

在当今知识经济时代，科学技术高速发展，任何一个组织的管理都是多方面的，是复杂的系统工程。创新创业教育的质量管理也不例外，树立全局观，运用系统方法实施科学管理，才能使创新创业教育质量管理系统持续良性地运行。以评价为手段进行创新创业教育管理，一是可以厘清、识别创新创业教育特点，实施创新创业教育全过程有效管理，按照科学的手段和流程，对创新创业教育进行规范化和量化管理。二是运用质量管理对各个方面进行系统的整合，搭建统一的管理平台，形成良性的评价管理循环系统。

第二节　创新创业教育评价理论基础

一、评价原则与评价制度

（一）高职创新创业教育评价原则

创新创业教育评价原则是创新创业教育评价规律的反映，是创新创业教育评价活动成功与否的主要因素之一，对创新创业教育评价活动具有普遍的指导意义，创新创业教育评价原则是以对创新创业教育评价过程基本规律的主观反映为基础和前提而作出的，是创新创业教育评价主要经验的总结和概括，具有主观和客观双重属性。创新创业教育评价主要有以下几个原则。

1. 效用评价原则

效用评价是指对某一种教育行为、方式具有的效力和作用所进行的价值判断。在效用评价中，将教育行为或方式看作一种商品或服务，评价的是它在特定时期内满足人的需要的能力。效用本身与受教育对象的感受，与社会价值没有必然联系，它注重的是一定教育行为方式下，教育对象或群体发生的变化程度。教育对象发生的变化被赋予价值观，就有正效用与负效用之分。教育行为及方式的效用是其客观存在的属性，但会因人、因时、因地而异。同一种教育行为对不同教育对象，其效用是不可比的。同一种教育行为在不同时期或不同地点，其效用也可能不同。效用可以分为确定情况下的效用和不确定情况下的效用。评价前者时只考虑确定因素，而不考虑随机因素；评价后者时不仅要考虑确定因素，而且要考虑随机因素。创新创业教育评价必须坚持效用评价原则，使创新创业教育行为、方式具有效力和作用，扩大评价正效用，降低负效用，取到"评价促育"之目的。

2. 定性评价与定量评价相结合原则

评价方法按是否采用数学方法分类，可以分为定性评价与定量评价。定量评价是指采用定量计算的方法，用一定的数学模型或数学方法，采取统计处理手段进行的评价。定性评价是指不通过定量计算的方法，而是采用定性描述、解释的方法作出的价值判断。但定性评价也必须有评价的标准和依据，也必须在取得有关资料的基础上作出科学判断。在创新创业教育评价中排斥数量化的方法是不对的。但是，如果过分强调数量化方法也是不对的。第一，数量化方法固然很需要，也很重要，但它并不是进行创新创业教育评价的唯一方法。如果认为创新创业教育评价必须都数量化，就会有许多创新创业教育内容被排斥在评价范围之外，这样对创新创业教育的发展是不利的。第二，过分强调数量化的人往往误认为用数量化方法进行评价最客观、最准确，但实际上用数量化方法并不能排除评价工作中的主观因素的影响。数量化方法与非数量化方法各有所长，也各有所短。因此，在创新创业教育评价工作中，应该综合运用两种方法进行综合评价，使得评价更加科学、全面、有效。

3. 静态评价与动态评价相结合原则

静态评价是对评价对象目标到达程度的评价，其特点是不考虑原有状态和发展趋势，只考虑评价对象在特定时空范围内的现实状况。它有利于横向比较，有利于强化竞争机制，但无法进行纵向比较。动态评价是根据动态原理提出的进行教育评价活动的行为法则。其基本要求是教育评价过程中要注意对评价对象的历史情况、发展水平及发展趋势进行评价，并研究其对一定社会需要的敏感程度和响应能力。另外，评价的目的、内容、标准、方式应随时间的变化而逐步改进，评价的结论也应根据创新创业教育活动和相应教育教学要求的发展而不断修正。动态评价的使用有利于指导、激发被评价对象的进取精神，明确前进方向，有利于树立评价对象的信心，促进评价对象不断取得进步，但无法进行横向比较。只有将静态评价与动态评价结合起来，纵向比较与横向比较相结合，才能相互补充，相互促进，避免出现相对主义，使评价对象既看到自己的进步，也认清自己的不足，对创新创业教育促进作用更加有效。

4. 他人评价与自我评价相结合原则

他人评价是指评价对象自身以外任何客体实施的评价，也叫"外部评价"。它包括除"自我评价"以外的所有评价。如社会评价、领导评价、同行评价、行政评价、学生评价等。他人评价有以下特点：客观性强，用他人的新角度审视同一事物可以避免主观片面性；真实性强，可避免对自己评价过低或者评价过高；要求严格，参与评价和组织评价的人员都不清楚被评价者的身份与职责，因而能够比较认真负责地完成评价工作。他人评价的主要缺点是在组织实施的过程中耗费的人力与财力都比较多，因而不宜频繁进行。

自我评价是指被评价主体自己依据评价原理对照一定的评价标准主动评价自身的评价类型。广义的自我评价包括教师对自己工作的总结，部门负责人对本部门工作所做的自我检查。狭义的自我评价特指那些严格按照与他人评价相同的标准所进行的自测评价。自我评价受到普遍欢迎，并且得到广泛运用是由于它具备了以下一些特征：一是不受时间和场合的限制，简便易行；二是省时、省力、耗资较少；三是可在较长时间内连续操作，机动灵活。自我评价的实施有利于激发被评价者的积极性，但客观性不足，因而自我评价极少独立使用。自我评价一般在他人评价之前，或者穿插在他人评价中进行，用以证实或者完善他人评价的结果。对于规模比较大的评价活动，通常的做法是先进行自我评价，在此基础上再组织适当规模的他人评价，综合发挥两类评价各自的优势，最大限度地弥补二者之不足，以求达到尽可能理想的效果。所以，创新创业教育评价必须坚持他人评价与自我评价相结合，发挥各自优势，克服各自不足，相互补充，相互促进，通过评价促进创新创业教育有效实施。

（二）高职创新创业教育评价制度

建立健全高职创新创业教育评价制度需要考虑，坚持社会主义办学方向，坚持教书育人是教师的首要职责，以立德树人为根本，以提升创新创业教育质量为核心，以服务学生为重点，完善现有的高职创新创业教育评价制度，形成创新创业教育制度文化。坚持正确的价值导向，克服评价中只注重创业和高质量就业等倾向，将社会主义核心价值观融入评价中，促进学生创新创业意识和精神的塑造。要实施分类评价，尊重专业和课程差异，根据各专业和课程特点制定相应的创新创业教育评价标准。要完善以促进全面发展为目标的学生评价制度，着重培养学生创新意识、创业精神和创新创业能力，完善学生评奖评优机制，以提升创新创业质量为导向，完善创新创业素质评价标准，真正起到"评价促育"的目的。

二、评价理论与模式

(一)教育评价理论

在教育评价发展的百余年间，学者们从不同角度对教育评价理论的发展进行了不同划分，其中影响力较大的是古贝和林肯提出的"四代理论"，分别为：测量、描述、判断和建构，相应的四个时期被称作测量时代、描述时代、判断时代和建构时代。古贝和林肯提出的第四代评价理论认为，评价就是对被评事物赋予价值，其本质上是一种心理建构——是一种通过"协商"而形成的"共同的"心理建构。主要内容包括以下几点。

(1)把评价看作所有参与评价活动的人们，特别是评价者与评价对象双方交互作用、共同构建统一观点的过程，评价结果也是其双方交互作用的"产物"。

(2)提倡在评价中形成"全面参与"的意识和气氛。主张让参与评价的所有人都有机会发表自己的意见，并要求评价者在评价中充分尊重每个人的尊严、人格与隐私，所有参与评价的人都是平等、合作的关系。

(3)他们提出在评价中存在"价值差异"，认为参与评价的人们的价值观是各不相同的、价值标准是存在差异的。这种"差异"观点，纠正了传统评价理论中价值是一致的、单一的观点。

本书以第四代教育评价为理论基础，构建社会、行业、企业、学校和学生五维一体的评价体系，构建以创新创业能力为核心的评价标准，重视对培养过程的评价，选用定性定量相结合的科学评价方法。

(二)教学评价模式

教育评价的模式是相对固定的评价程序，它是在一定的理论指导下对教育评价的基本范围、内容、过程和程序的规定。西方教育评价的模式一般都有较大的适用范围。不但可以广泛地用于学生评价，在实践中也被广泛地运用于课程与教学方案评价等各个方面。教学评价的主要有以下三种模式。

1. 泰勒模式

泰勒模式诞生于 20 世纪 30 年代，泰勒评价模式与现代学生评价的关系最为密切。这一模式的基本观点集中体现在所谓的"泰勒原理"中。泰勒原理是由两条密切相关的基本原理组成的：一条是"评价活动的原理"；另一条是课程编制的原理。泰勒评价模式的评价步骤包括以下几个方面。

（1）确定教育方案的目标。

（2）根据行为和内容对每个目标加以定义。

（3）确定应用目标的情景。

（4）确定应用目标情景的途径。

（5）设计取得记录的途径。

（6）决定评定方式。

（7）决定获取代表性样本的方法。

2. CIPP 模式

CIPP 模式诞生于 20 世纪 60 年代。有人对泰勒评价模式提出疑问，认为，如果评价以目标为中心、依据，那么，目标的合理性又根据什么去判断？教育除了活动要达到预期的目标外，还会产生各种非预期的效应、效果，这些非预期的效应、效果等要不要进行评价？在西方，有一种教育流派认为，教育乃是个人自我实现的过程，用统一的目标模式去统一个人的自由发展，去评价教育、教学的结果，从根本上是不可以接受的。因此，他们比泰勒模式更为丰满。1966 年斯塔弗比姆首创了 CIPP 评价模式。这是由背景（Context）评价、输入（Input）评价、过程（Process）评价和成果（Product）评价这四种评价组成的一种综合评价模式。

3. 目的游离评价模式

这种模式诞生于 20 世纪 60 年代，由美国教育家和心理学家斯克里文提出。严格地说，目的游离模式不是一种完善的评价模式，它没有完整的评价程序。因此，有人把它仅当作一种关于评价的思想原则。斯克里文断定："对目的的考虑和评价是一个不必要的，而且是有害的步骤。"按他的观点来看，目标评价很容易使评价人受方案制订者所确定的目的所限制。因此，他建议把评价的重点由"方案想干什么"转移到"方案实际干了什么"上来。他认为，评价委托人不应把方案的目的、目标告诉评价人，而应当让评价人全面地收集关于方案实际结果的各种信息，不管这些结果是预期的还是非预期的，也不管这些结果是积极的还是消极的，这样才能使人们对方案作出正确的判断。

本书借鉴了泰勒模式和 CIPP 评价模式，进行创新创业教育质量评价步骤实施和最终指标的选择。

第三节 创新创业教育评价模型

高职院校创新创业教育质量与效果，很大程度上影响着学生创新意识与创业能力，从高职的视角进行创新创业教育评价，对深化高职创新创业教育实践、促进高校创新创业教育优化，培养适应国家创新发展所需的创新型技术技能人才有积极的推动促进作用。本节从高职视角来建立创新创业教育评价模型。

一、评价内容

高职学生创新创业教育质量评价内容，根据创新创业教育要求和特点，借鉴人才培养质量标准，主要从人才培养、人才输出和社会声誉等方面来进行评价，设置相关评价指标。

1. 人才培养

人才培养质量是高等教育的生命线，是高职学生培养重要的衡量标准。创新创业教育不是单纯地进行创新创业知识的传授和创业技能的训练，而是一个素质教育的过程，是培养适应创新发展、高质量发展的社会需要的合格高职学生的过程。因此，要从观念上改变为创业而进行的创新创业教育，将创新创业教育的思想渗透到高职的各方面教育中，并贯穿于教书育人、管理育人、服务育人的全过程之中，实施全方面、全课程、全过程评价。长期以来，中国的教育体制更多地注重学生的基础知识教育和专业技能教育，而忽视了对学生创新意识、创业精神和创新创业创造能力的培养。面对高职学生就业和再就业压力的进一步加大，如何切实有效地加强对学生创新创业精神和能力的培养是亟待解决的一个重要而迫切的问题。当前高职学生的就业压力依然很大，他们不仅应当具备社会能力、人际交往能力、组织管理能力、表达能力、动手能力、开拓创新能力、竞争能力、决策能力、沟通能力、合作能力，而且还要具备品德修养以及积极心态等基本能力和综合素质。毫无疑问，这些内容是建立在拥有基本知识和专业技能的基础之上的，但不少内容通过接受单一的课堂教育是无法得到的，需要教育体系的深化改革。

以创新创业教育质量为评估点，从高职院校的人才培养方案、师资队伍和人才培养环境等多方面，进行全方位多层次立体式的人才培养的内容评价，找到影响学生创新创业教育质量的关键因素。

2. 人才输出

人才输出质量是检验高职人才培养模式和培养质量的试金石，只有不断输出优质的高素质创新型技术技能人才，才能获得家长、学生、社会各界的认可，培养的毕业生才能得到企业的青睐，带来较好的社会声誉，真正成为国家需要的用得上、用得好的优秀之才。为了更为全面地评价创新创业教育质量，人才输出情况是必不可少的考虑因素。人才输出质量标准，有一个通识，即培养具有良好人文、科学素质和社会责任感，专业基础扎实，具有自我学习能力、创新意识、创业精神和创新创业能力的人才。本书通过学生素质各具体指标设置，来反映人才输出质量。

3. 社会声誉

学校声誉就是对学校建设、学生素质、教师素质和就业率、就业创业等情况的综合评价。社会声誉则是社会上多数人对于某件事或某个人的评价。高职学校声誉是高职在长期办学过程中给社会各界留下的综合印象，是高职与企事业单位、学生及家长、兄弟院校、学术界、政府、新闻界等公众在社会交往中自然形成的知名度与美誉度。它是社会各界对高职的评价，由诸多综合性因素影响并经过长期发展而形成，不仅是高职拥有的一项重要无形资产，而且也是高职未来发展的一种号召力、吸引力和推动力。社会声誉已日益成为判断高职办学水平高低的重要尺度。良好的社会声誉可以成为学校的无形资产，进而显著增强学校的竞争优势，提升学校的竞争地位。同样创新创业教育质量，是当前高职院校教育质量非常重要的一个质量衡量分支，影响着学校的办学声誉和社会认可。本书对创新创业教育质量评价，充分考虑了社会声誉这个因素。

二、综合评价方法

构成综合评价问题的要素主要有以下几个方面：评价目的；评价对象；评价者；评价指标；权重指数；综合评价模型；评价结果。

综合评价方法有多种，各种评价方法的总体思路是一致的，大致可以分为熟悉评价对象、确立评价指标、建立指标体系、确定各指标的权重、建立评价的熟悉模型、选择评价方法、分析评价结果等几个环节。其中确立评价指标，确定各指标的权重，建立数学模型是综合评价的关键环节。

（一）指标体系的建立

指标的选择是综合评价的基础。指标的选择好坏对分析评价结果有举足轻重的作用。事实上，指标太多会产生重复性的指标，指标太少会产生片面性。

指标体系的建立，要视具体的问题而定这是毫无疑问的，但是一般来说，要遵循以下的原则：

（1）指标宜少不宜多，宜简不宜繁。

（2）指标应具有独立性。

（3）指标应具有代表性。

(4)指标应具有可操作性，符合客观实际水平，有稳定的数据来源，易于操作，也就是具有可测性。

指标体系的确定具有很大的主观随意性，虽然指标体系的确定有经验确定和数学方法两种，但是多数研究中均采用经验确定法，确立指标体系的数学方法可以降低选择指标体系的主观随意性，但由于采用的样本集合不同，也不能保证指标体系的唯一性。在实际应用中，专家调研法是一种常用的方法。

(二)指标权重的确定

指标的权重是指标的重要程度的体现，它是指标评价过程中对其重要程度的一种主观对客观量度的反映。一般指标间权重差异主要是由以下三方面原因造成的：

(1)评价者对各指标的重视程度不同，反映评价者的主观差异。

(2)各指标在评价中所起的作用不同，反映了各指标间的客观差异。

(3)各指标的可靠性程度不同，反映了各指标所提供的信息的可靠性不同。

权重也称加权，它表示对某个指标重要程度的定量分配。加权的方法大体可以分为两种：经验加权，也称定性加权，它的主要优点是专家直接评估，简单易行；数学加权，也称定量加权，它以经验为基础，数学原理为背景，间接生成，具有较强的科学性。

目前权数的确定方法主要采用专家咨询的经验判断法。而且，目前权数的确定方法，基本上已由个人经验决策转向专家咨询的经验判断法。

计算公式：
$$a_j = \sum_{i=1}^{n} a_{ij}/n \, (j = 1, 2, \cdots, m)$$

n 为评委数；m 为评价指标数；a_j 为第 j 个指标的权数平均值；a_{ij} 为第 i 个评委对 j 个指标的打分值。然后进行归一化处理，因为归一化处理的结果比较符合人们的认识和使用习惯。

(三)评价方法的选择

综合评价方法大体分为四大类。

(1)专家评价方法，如专家打分综合法。

(2)运筹学和其他数学方法，如层次分析法，数据包络分析方法，模糊综合评价评判法。

(3)新型评价方法，如人工神经网络法，灰色综合评价法。

(4)混合方法，为几种方法混合使用的评价法，如 AHP+模糊综合评判法。模糊神经网络评价法。

筛选原则：

（1）选择评价应选择最熟悉的评价方法。

（2）所选择的方法必须有事件的理论基础，能为人们所信服。

（3）所选择的方法必须简洁明了，尽量降低算法的负责性。

（4）所选择的方法必须正确地反映评价对象和评价目标。

（四）层次分析法

层次分析法是美国著名运筹学家 T. L. Satty 等人在 20 世纪 70 年代提出的一种定性与定量相结合的多准则决策方法。

模型和步骤：

1. 构造层次分析结构

目标层：A

准则层 1：B_1，B_2，B_3，…

方案层（或准则层 2）：C_1，C_2，C_3，…

构造判断矩阵

表 7-1　　　　　　　　　　　　判断矩阵表

B_K	C_1	C_2	……	C_n
C_1	C_{11}	C_{12}	……	C_{1n}
C_2	C_{21}	C_{22}	……	C_{2n}
……	……	……	……	……
C_n	C_{n1}	C_{n2}	……	C_{nn}

矩阵 C 具有如下性质：

$C_{ij} > 0$；

$C_{ij} = 1/C_{ji}$（i 不等于 j）；

$C_{ii} = 1$（$i = 1$，2，…，n）。

我们把这类矩阵 C 称之为正反矩阵，对正反矩阵 C，若对任意 $C_{ij} \cdot C_{jk} = C_{ik}$，此时矩阵为一致矩阵。

表 7-2　　　　　　　　　　判断矩阵标度及其含义

序号	重要性等级	C_{ij} 赋值
1	i，j 两元素同等重要	1
2	i 元素比 j 元素稍微重要	3
3	i 元素比 j 元素明显重要	5

序号	重要性等级	C_{ij}赋值
4	i元素比j元素强烈重要	7
5	i元素比j元素极端重要	9
6	i元素比j元素稍不重要	1/3
7	i元素比j元素明显不重要	1/5
8	i元素比j元素强烈不重要	1/7
9	i元素比j元素极端不重要	1/9

2. 判断矩阵一致性检验

所谓判断思维的一致性是指专家在判断指标重要性时，各判断之间的协调一致，不可出现相互矛盾的现象和结果。

根据矩阵理论可以得到这样的结论，即：如果λ_1，λ_2，$\cdots$，λ_n是满足$Ax = \lambda x$的数，也就是矩阵A的特征根，并且对于所有的$a_{ii} = 1$，有$\sum_{i=1}^{n} \lambda_i = n$。

虽然矩阵具有完全一致性时，$\lambda_1 = \lambda_{max} = n$，其余特征值为零，而当矩阵$A$不具有完全一致性时，则有$\lambda_1 = \lambda_{max} > n$，其余特征跟$\lambda_2$，$\lambda_3$，$\cdots$，$\lambda_n$有如下关系：

$$\sum_{i=1}^{n} \lambda_i = n - \lambda_{max}$$

上述结论告诉我们，当判断矩阵不能保证具有完全一致性时，相应判断矩阵的特征根也将发生变化，这样就可以用判断矩阵特征根的变化来检验判断一致性程度。因此，在层次分析法中引入判断矩阵最大特征根以外的其余特征根的负平均值，作为度量判断矩阵偏离一致性的指标，即用 CI = (λ_{max} − n)/(n − 1) 来检验判断矩阵的一致性。

显然，判断矩阵具有完全一致性时，CI = 0，反之亦然，从而我们有 CI = 0，$\lambda_1 = \lambda_{max} = n$，判断矩阵具有完全一致性。

另外，当矩阵 A 满足一致性时，λ_{max} 稍大于 n，其余特征根也接近于零，不过这种说法不够严密，我们必须对于满意一致性给出一个度量指标，衡量不同阶段矩阵是否具有满意的一致性，我们还需要引入判断矩阵的平均随机一致性指标 RI 值。

对于 1—9 级矩阵，RI 的值如表 7-3 所示。

表 7-3　　　　　　　　　　　　1—9 级矩阵 **RI** 的值

1	2	3	4	5	6	7	8	9
0	0	058	0.90	1.12	1.24	1.32	1.41	1.45

在这里，1，2 阶判断矩阵，RI 只是形式上的，因为 1，2 阶判断矩阵总是具有完全一致性。当阶数大于 2 时，判断矩阵的一致性指标 CI 与同阶平均随机一致性指标 RI 之比称为随机一致性比率，即为 CR。当 $CR = \dfrac{CI}{RI} < 0.1$ 时，具有满意的一致性，否则调整。

3. 层次单排序

层次单排序是指根据判断矩阵计算对于上一层某个因素而言，本层次与之有联系的因素的重要性次序的权值。它是本层次所有因素相对上一层而言的重要性进行排序的基础。

一种简单的计算矩阵的最大特征根及其对应的特征向量方根法为：

(1)计算判断矩阵的每一行元素的乘积

$$M_i = \prod_{j=1}^{n} a_{ij}, \quad i = 1, 2, 3, \cdots, n$$

(2)计算 M_i 的 n 次方根

$$\overline{W}_i = \sqrt[n]{M_i}$$

(3)对向量 $\overline{W} = [\overline{W}_1, \overline{W}_2, \cdots, \overline{W}_n]^T$ 归一化处理

$$W_i = \frac{\overline{W}_i}{\sum_{j=1}^{n} \overline{W}_j}, \quad W = [W_1, W_2, \cdots, W_n]^T$$

(4)计算判断矩阵最大特征值 $\lambda_{\max}$

$$\lambda_{\max} = \sum_{i=1}^{n} \frac{(AW)_i}{n W_i} g$$

其中 $(AW)_i$ 表示 AW 的第 i 个元素。

方根法是一种简单易行的方法，在精度要求不高的情况下使用，处理方根法，还有和法，特征根法，最小二乘法等。

4. 层次总排序

依次沿阶梯层次结构，由上而下逐层计算，即可以计算出最底层因素相对高层的相对重要性或相对优劣的排序值或权重值，即层次总排序。层次总排序要进行一致性检验，检验是从高层到低层进行的。

三、评价指标

高职院校目前有针对理论教学和实践教学质量监控制度和方法，也有粗略的评价指标。创新创业教育评价，与现有的教学评价相比有一定区别，专业总体的教学评价不能较好地切合学校创新创业教育质量评价，必须有其单独的评价指标和体系。评价指标是在确定评价问题及对象后所确定的用于对其基本情况进行描述表示的载体。本书根据"人才输出质量为中心""创新型教师"和"终极性与形成性结合，多维度，动态性"等评价观，设计创新创业教育教学质量评价指标。

（一）指标选取

借鉴"全面质量管理理论"，从投入、建设、输出三个方面进行评价和设计创新创业教育教学质量评价指标，其中，评价目标体系如图7-1所示。

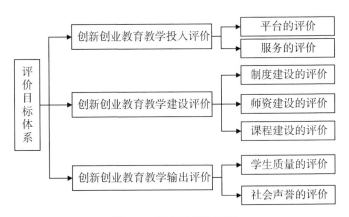

图7-1 评价目标体系图

根据评价目标体系框架，结合评价内容的主要要点，结合专家意见，我们选取了软件硬件环境、师资队伍、课程体系、学生素质和社会声誉作为评价的第一准则层的因素。通过查阅文献、专家咨询和同行讨论等方式，确定了第二和第三准则层的评价指标，确保每项指标尽量可以量化，具体指标见下节。

（二）评价层次模型构建

科学的创新创业教育质量评价体系是质量评价的基础，而建立评价指标体系是评价的核心问题。根据高职院校创新创业教育教学质量评价目标，在上节的指标选取基础上，本书评价指标体系，共设置了1个总指标，5个一级指标、13个二级指标及41个三级指标，建立的质量评价指标体系的层次结构模型（如图7-2所示）。

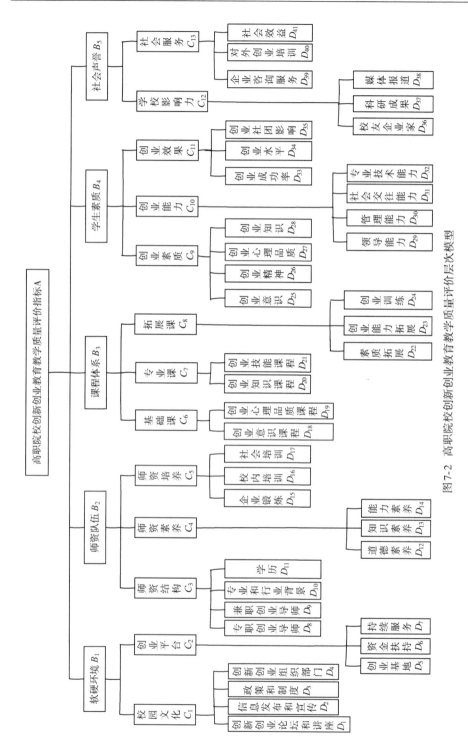

图7-2　高职院校创新创业教育教学质量评价层次模型

四、创新创业教育评价模型应用分析

以上一层次元素为准则，邀请高职院校创新创业教育专家和合作企业专家，对下层被支配的元素进行两两比较，按照表 7-5 所示进行打分，经过收集整理后，得到下列一系列的判断矩阵。经计算均通过一致性检验，最终计算的三级指标的权重如表 7-4 所示。

1. 一级指标对总指标的判断矩阵

$$A = \begin{pmatrix} 1 & \frac{1}{2} & \frac{1}{4} & \frac{1}{7} & \frac{3}{2} \\ 2 & 1 & \frac{2}{5} & \frac{1}{4} & 3 \\ 4 & \frac{5}{2} & 1 & \frac{3}{5} & 2 \\ 7 & 4 & \frac{5}{3} & 1 & 9 \\ \frac{2}{3} & \frac{1}{3} & \frac{1}{2} & \frac{1}{9} & 1 \end{pmatrix}$$

特征向量 $\vec{w}^{(1)} = (0.0706, 0.1330, 0.2479, 0.4841, 0.0654)^{\mathrm{T}}$，$\lambda_{\max} = 5.1719$，CR1 = 0.0384 < 0.1 通过一致性检验。

2. 二级指标对一级指标的判断矩阵

$$B_1 = \begin{pmatrix} 1 & 2 \\ \frac{1}{2} & 1 \end{pmatrix} \quad B_2 = \begin{pmatrix} 1 & \frac{1}{4} & \frac{1}{2} \\ 4 & 1 & \frac{7}{3} \\ 2 & \frac{3}{7} & 1 \end{pmatrix} \quad B_3 = \begin{pmatrix} 1 & \frac{5}{2} & \frac{7}{5} \\ \frac{2}{5} & 1 & \frac{1}{2} \\ \frac{5}{7} & 2 & 1 \end{pmatrix}$$

$$B_4 = \begin{pmatrix} 1 & \frac{3}{2} & \frac{2}{3} \\ \frac{2}{3} & 1 & \frac{1}{3} \\ \frac{3}{2} & 3 & 1 \end{pmatrix} \quad B_5 = \begin{pmatrix} 1 & \frac{2}{5} \\ \frac{5}{2} & 1 \end{pmatrix}$$

表 7-4　　　　　　　　二级指标对一级指标的判断矩阵分析表

k	1	2	3	4	5
$\vec{w}_k^{(2)}$	0.6667 0.3333	0.1406 0.5922 0.2672	0.4702 0.1811 0.3488	0.3071 0.1860 0.5069	0.2857 0.7143

k	1	2	3	4	5
$\lambda_{\max}^{k}$	2	3.0026	3.0014	3.0092	2
CR_k^2	0	0.0022	0.0012	0.0079	0

均通过一致性检验。

3. 三级指标对二级指标的判断矩阵

$$C_1=\begin{pmatrix} 1 & \dfrac{2}{3} & \dfrac{3}{4} & \dfrac{1}{2} \\ \dfrac{3}{2} & 1 & \dfrac{5}{4} & \dfrac{4}{5} \\ \dfrac{4}{3} & \dfrac{4}{5} & 1 & \dfrac{6}{7} \\ 2 & \dfrac{5}{4} & \dfrac{7}{6} & 1 \end{pmatrix} \quad C_2=\begin{pmatrix} 1 & 3 & \dfrac{2}{7} \\ \dfrac{1}{3} & 1 & \dfrac{1}{8} \\ \dfrac{7}{2} & 8 & 1 \end{pmatrix} \quad C_3=\begin{pmatrix} 1 & 2 & \dfrac{1}{3} & 3 \\ \dfrac{1}{2} & 1 & \dfrac{1}{5} & 2 \\ 3 & 5 & 1 & 8 \\ \dfrac{1}{3} & \dfrac{1}{2} & \dfrac{1}{8} & 1 \end{pmatrix}$$

$$C_4=\begin{pmatrix} 1 & 5 & 3 \\ \dfrac{1}{5} & 1 & \dfrac{1}{2} \\ \dfrac{1}{3} & 2 & 1 \end{pmatrix} \quad C_5=\begin{pmatrix} 1 & 4 & \dfrac{3}{2} \\ \dfrac{1}{4} & 1 & \dfrac{1}{3} \\ \dfrac{2}{3} & 3 & 1 \end{pmatrix} \quad C_6=\begin{pmatrix} 1 & 2 \\ \dfrac{1}{2} & 1 \end{pmatrix} \quad C_7=\begin{pmatrix} 1 & \dfrac{1}{3} \\ 3 & 1 \end{pmatrix}$$

$$C_8=\begin{pmatrix} 1 & 2 & 4 \\ \dfrac{1}{2} & 1 & \dfrac{5}{3} \\ \dfrac{1}{4} & \dfrac{3}{5} & 1 \end{pmatrix} \quad C_9=\begin{pmatrix} 1 & 3 & \dfrac{4}{3} & 5 \\ \dfrac{1}{3} & 1 & \dfrac{1}{2} & \dfrac{3}{2} \\ \dfrac{3}{4} & 2 & 1 & 3 \\ \dfrac{1}{5} & \dfrac{2}{3} & \dfrac{1}{3} & 1 \end{pmatrix} \quad C_{10}=\begin{pmatrix} 1 & 4 & 2 & 5 \\ \dfrac{1}{4} & 1 & \dfrac{2}{5} & \dfrac{4}{3} \\ \dfrac{1}{2} & \dfrac{5}{2} & 1 & \dfrac{7}{3} \\ \dfrac{1}{5} & \dfrac{3}{4} & \dfrac{3}{7} & 1 \end{pmatrix}$$

$$C_{11}=\begin{pmatrix} 1 & \dfrac{1}{2} & 3 \\ 2 & 1 & 5 \\ \dfrac{1}{3} & \dfrac{1}{5} & 1 \end{pmatrix} \quad C_{12}=\begin{pmatrix} 1 & 2 & 3 \\ \dfrac{1}{2} & 1 & \dfrac{5}{3} \\ \dfrac{1}{3} & \dfrac{3}{5} & 1 \end{pmatrix} \quad C_{13}=\begin{pmatrix} 1 & \dfrac{3}{2} & 2 \\ \dfrac{2}{3} & 1 & \dfrac{7}{2} \\ \dfrac{1}{2} & \dfrac{2}{7} & 1 \end{pmatrix}$$

均通过一次性检验。三级指标对总指标的权重如表7-6所示。

表7-5

三级指标对二级指标的判断矩阵分析表

j	1	2	3	4	5	6	7	8	9	10	11	12	13
$\overrightarrow{w_j^{(3)}}$	0.1723	0.2192	0.2145	0.6483	0.5171	0.8944	0.25	0.5760	0.4466	0.5093	0.3090	0.5463	0.4382
	0.2698	0.0800	0.1207	0.1220	0.1243	0.4472	0.75	0.2710	0.1491	0.1228	0.5816	0.2815	0.4030
	0.2389	0.7008	0.5962	0.2297	0.3586			0.1530	0.3075	0.2657	0.1095	0.1749	0.1588
	0.3191		0.0685						0.0969	0.1022			
λ_{max}^j	4.0103	3.0082	4.0112	3.0037	3.0015	2	2	3.0037	4.0047	4.0116	3.0037	3.0012	3.1044
CR_j^3	0.0038	0.0071	0.0041	0.0032	0.0013	0	0	0.0032	0.0017	0.0043	0.0032	0.0012	0.0909

159

表7-6　　　　　　　　三级指标对总指标的权重

总指标	一级指标	二级指标	三级指标	说明	权重
高职院校创新创业教育教学质量评价指标 A	软硬环境 B_1	校园文化 C_1	创新创业论坛和讲座 D_1	学期次数	0.0081
			信息发布和宣传 D_2	渠道和形式	0.0127
			政策和制度 D_3	重视程度	0.0112
			创新创业组织部门 D_4	指责是否明确	0.0150
		创业平台 C_2	创业基地 D_5	面积，入住团队数	0.0052
			资金扶持 D_6	力度和广度	0.0019
			持续服务 D_7	资金和导师跟踪	0.0165
	师资队伍 B_2	师资结构 C_3	专职创业导师 D_8	人数和比例	0.0040
			兼职创业导师 D_9	人数和比例	0.0023
			专业和行业背景 D_{10}	是否齐全	0.0111
			学历 D_{11}		0.0013
		师资素养 C_4	道德素养 D_{12}		0.0511
			知识素养 D_{13}		0.0096
			能力素养 D_{14}		0.0181
		师资培养 C_5	企业锻炼 D_{15}	时间和次数	0.0184
			校内培训 D_{16}	次数/学期	0.0044
			社会培训 D_{17}	次数/学期	0.0127
	课程体系 B_3	基础课 C_6	创业意识课程 D_{18}	学分	0.1043
			创业心理品质课程 D_{19}	学分	0.0521
		专业课 C_7	创业知识课程 D_{20}	学分	0.0112
			创业技能课程 D_{21}	学分	0.0337
		拓展课 C_8	素质拓展 D_{22}	形式和次数/学期	0.0498
			创业能力拓展 D_{23}	形式和次数/学期	0.0234
			创业训练 D_{24}	方式和成果	0.0132
	学生素质 B_4	创业素质 C_9	创业意识 D_{25}		0.0664
			创业精神 D_{26}		0.0222
			创业心理品质 D_{27}		0.0457
			创业知识 D_{28}		0.0144
		创业能力 C_{10}	领导能力 D_{29}		0.0459
			管理能力 D_{30}		0.0111
			社会交往能力 D_{31}		0.0239
			专业技术能力 D_{32}		0.0092
		创业效果 C_{11}	创业成功率 D_{33}	注册公司并运营	0.0758
			创业水平 D_{34}	公司规模和收益	0.1427
			创业社团影响 D_{35}		0.0269
	社会声誉 B_5	学校影响力 C_{12}	校友企业家 D_{36}	数量和质量	0.0102
			科研成果 D_{37}	专利数和论文	0.0053
			媒体报道 D_{38}	媒体等级和次数	0.0033
		社会服务 C_{13}	企业咨询服务 D_{39}	咨询项目数和金额/年	0.0205
			对外创业培训 D_{40}	次数/学期	0.0188
			社会效益 D_{41}	口碑和收益利润	0.0074

第四节 创新创业教育"评价促育"体系构建

创新创业教育质量不但影响学校自身的教育水平，也会影响高职院校整体办学质量和国家创新发展、高质量发展水平的支撑作用，创新创业教育整体发展水平，甚至会影响国家、社会、行业的发展水平和速度。创新创业教育教学质量建设和提升是一个系统工程，对其评价也应该从系统工程的角度去分析和思考，需要树立多维度、动态性的评价观，通过科学评价促进创新创业教育不断发展，充分发挥"以评促育"的作用。创新创业教育评价是创新创业教育"五育"体系不可或缺的重要部分，在构建评价体系时，应该充分了解受众主体对学校创新创业教育的获得感与满意度。

一、顶层设计

创新创业教育顶层设计，原本是一个系统工程学的概念，强调的是一项工程"整体理念"的具体化，即完成一项大工程，要以系统论的方法，从全局视角出发，对项目的各个层次、要素进行统筹考虑和规划。创新创业教育评价应该是动态的、系统的评价，可以采用顶层设计的理念，应用于创新创业教育"评价促育"体系构建中。可以分为三个步骤。

1. 凝练核心理念

创新创业教育评价体系构建，应该遵循理念先行，必须与各高职院校的核心办学理念相辅相成。核心理念是高等职业院校发展的基本纲领，高职师生共同认可，并付诸行动的精神力量，是指导学校的长远建设和发展的最高价值标准。

2. 构建主体框架

针对创新创业教育目标和要求，分为几个功能模块，进行模块的搭建和分析。首先需要确定评价原则、内容和对象，从全局出发，遵循客观性、科学性和导向性的原则，进行创新创业教育评价。其次需要优化评价指标，创新创业教育评价指标对结果有可能会有很大影响，必须建立科学、系统、可操作的评价指标体系。评价指标设置需要考虑全局情况，不同指标间的相互联系，以及尊重教育共性和个性共存的情况。

3. 完善制度建设

核心理念与主体框架的执行，需要制度加以固化。这样就不会因为人员的调动而出现频繁的改变。创新创业教育的各个部分围绕着核心理念，进行递归式的顶层设计，使整个体系结构成为一个相互支撑，同时也能相互衔接的体系。在整个体系的执行过程中，需要有充分的保障机制，分清权责，采取有力措施，保证体系正常有序运行。

从"准确定位，锁定目标"出发，经由"科学设计"和"战略控制"，确保目标"执行到位"，使最初设想变为现实。这几个步骤充分体现了"顶层设计"理念的逻辑关系，几个环节相互衔接，共同作用创新创业教育评价的整个过程。

二、学校视角的评价体系

在创新创业教育实施过程中，学校是重要的办学主体，也是实施创新创业教育的主体，其创新创业教育设计和实施水平，反映学校的综合办学水平，直接影响学生的创新创业素养培养和教育效果。对高职创新创业教育进行过程评价，关注高职创新创业教育设计和实践，是非常重要的维度。第三节创新创业教育评价模型，就是基于学校视角来建立的模型，从学校人才培养、人才输出和社会声誉等来评价学校创新创业教育质量和效果。其中人才培养通过学校软硬件环境、师资和课程建设来体现，人才输出通过学生素质来体现。2016年发布的《教育部关于大力推进高等学校创新创业教育和大学生自主创业工作的意见》指出"要把创业成功率和创业质量作为评价高校创新创业教育效果与质量的重要指标"。在本书模型构建和应用分析中，创业成功率和效果的评价权重较大。由于创业效果具有时滞现象，在评估中注意对学生创业率和创业成果率进行追踪。

三、学生视角的评价体系

现有的研究多数是从学校视角来构建创新创业教育评价体系的。创新创业教育接受主体是学生，因此在优化与发展创新创业教育理论与实践的过程中，必须关注学生的主观反馈数据，以拓展构建维度和提高评价工作效度。了解学生参与各阶段创新创业教育实践活动的程度及其影响，进而分析和评价高职创新创业教育质量，可以为高职创新创业教育的实际教学和评价策略提供建议。本书从过程维度，将创新创业教育从内化向外化的过程划分为四个阶段，即教育影响阶段、模拟启动阶段、实战转化阶段、成功创业阶段，并尝试构建过程性递进评价模型即阶梯模型。如图7-3所示。

1. 教育影响阶段

教育影响阶段是指学校开设创新创业教育各类课程，所有课程贯穿创新创业教育思想，学校文化活动引导，对学生的影响。《教育部关于大力推进高等学校创新创业教育和大学生自主创业工作的意见》（教办〔2010〕3号）明确指

图 7-3　学生接受创新创业教育转化阶梯模型

出："创新创业教育是适应经济社会和国家发展战略需要而产生的一种教学理念与模式。在高等学校中大力推进创新创业教育，对于促进高等教育科学发展，深化教育教学改革，提高人才培养质量具有重大的现实意义和长远的战略意义。创新创业教育要面向全体学生，融入人才培养全过程。"因此，高职创新创业课程和各课程贯穿创新创业教育，不仅是影响学生创新创业实战转化的桥梁，还是实现高职人才培养目标的必然要求。

2. 模拟启动阶段

这个阶段是指学生通过创新创业比赛或应用软件，进行创业项目的构思和策划，并模拟运营。将教育阶段积累的知识，进行实践操作或演练，检验所学知识成果。模拟启动阶段是架起教育影响阶段和实战转化阶段的桥梁。学校要重视模拟启动阶段对学生的指导，应该制定政策，鼓励引导学生参与大学生创新创业计划训练项目和创新创业竞赛项目，并对指导教师有一定的奖励，提高教师指导学生参与各级创新创业竞赛的积极性。学生通过参与创新创业竞赛，可以较好地检验学校创新创业教育的效果，考察衡量学生将创新意识转化为创业模拟活动的积极性与主动性。

3. 实战转化阶段

实战转化阶段是指学生依托学校的创新创业教育实践平台，将创新创业意识付诸创业实践，是由创业想法向创业实战转化的重要阶段。很多高职通过创业实践基地、创业孵化器、创业空间等各类形式，搭建创新创业实战平台，并给学生提供一定资源、资金和指导等各类支持。因此，学校实战平台运营情况与学生参与情况，可以用来衡量学生将创业项目向创业成果转化的过程与占比比例。从而也可以作为评价高职视角创新创业评价促育效果的重要因素。

4. 成功创业阶段

成功创业阶段是指将实战阶段创新创业成果进一步转化，成立公司，进行社会化、市场化动作，广泛服务社会或消费者，成功进行创业就业，从而实现创新创业教育的经济价值和社会价值。

四、评价反馈机制

创新创业教育评价中的信息反馈是创新创业教育质量评价与学生发展之间的桥梁，信息反馈的畅通与否直接决定着"评价促育"功能的体现。建立评价反馈机制，通过良性的信息反馈系统，迅速、准确地反馈评价结果和效果，能实现评价体系的不断更新和改进完善，逐步提高高职创新创业教育水平。

1. 学生主体的反馈

学生是高职创新创业教育的主要对象，是创新创业教育的受众主体。针对学生主体对学校创新创业教育进行参与度、满意度、转化度和自身能力进行调研和反馈。学生能广泛参与创新创业教育学习和实践活动，是学校创新创业教育开展的前提和重点，也是衡量学校创新创业教育开展效果的重要因素，创新创业教育评价需要调研学生的广泛参与，尽可能提高参与度。满意度是教育输出课程是否有吸引力的一个参考标准，是对学生主观情绪进行测量的主要指标，是设计创新创业教育方案的重要参照因素。

2. 教师的反馈

教师是创新创业教育的执行者，执行情况是否顺畅，是否达到创新创业教育目标，执行者的角色和意见也至关重要。针对教师进行教学课程、设计、体系等方面进行调研，找到不断促进创新创业教育的执行的因素和方法，作为设计创新创业教育方案的重要参考。

3. 社会和企业的反馈

社会和企业是学生的接收者和使用者，对学生质量和水平有着最直接的判断，对学生创新创业素养，有着另一个视角的理解和观察。这种理解和观察直接与企业和社会所需的人才相关联，直接反映学校培养的人才质量，是否符合社会发展和企业人才的需求。他们的评价反馈，是对学校创新创业教育改革的重要参考，是高职创新创业体系的不断更新、改革和完善的重要推手，是设计创新创业教育方案的必不可少的重要考量因素。

4. 多渠道信息反馈机制

通畅的信息反馈，需要建立多渠道信息反馈机制，培养多渠道获取信息的能力。为了建立更全面、更完善、更有效的创新创业教育评价体系，就需要及时进行信息反馈，通过纸质报告、电子传送、信息平台、应用软件等多种方式和渠道，收集获取评价的反馈信息，利用反馈信息，促进创新创业教育改革。

五、闭环评价促育体系构建

从系统工程的角度构建创新创业教育评价促育体系，从顶层设计到建立评价和评价反馈机制，自上而下互相影响，最后又自下而上进行修正和改进，形成持续进步的闭环评价系统。在评价阶段，分成学校和学生视角进行的评价设计，其中各个视角存在过程和结果评价，使得创新创业教育评价既重视过程的重要性，也强调结果的不可或缺性，要充分考虑学校评价体系实施对学生评价的影响。通过建立反馈机制，实现评价促育体系不断更新、修正和完善，构建"过程+结果"闭式环创新创业教育评价促育体系（如图7-4所示）。"评价促

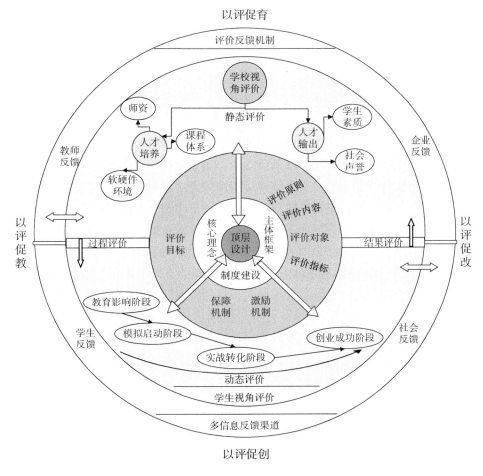

图 7-4 创新创业评价促育体系图

育"，即是实施"过程+结果"闭环创新创业教育评价举措，采取创新创业系统化评价，多重激励创新创业师生和团队，形成促进创新创业教育持续进步的评价制度体系，实现以评促育、以评促改、以评促教、以评促创。

第五节　本章小结

评价实质上是一种价值判断，任何一个价值判断，设定的价值尺度和客观标准，不以个人需求的满足程度来判定。本书以高职院校和学生两个视角来设定创新创业评价体系，既考虑了高职院校对创新创业教育的推动作用，又通过学生评价来检验学校实施的成果，真正实现"评价促育"功能。通过反馈机制形成了闭环评价系统，实现系统的自我更新，不断推动创新创业教育发展。

高职通过正确且科学的评价，以评促育、以评促改、以评促教、以评促学、以评促创。创新创业教育质量评价对加强学生创新创业教育起到重要促进作用，具有重要意义：一是促进培养具有创新创业基本素质和开创型个性的人才的必要导向，二是提高创新创业教育管理水平的重要举措，三是提高创新创业教育质量的有效手段。

创新创业教育评价必须坚持效用评价原则，使创新创业教育行为、方式具有效力和作用，提高正效用，降低负效用，达到评价促育之目的。必须坚持定性评价与定量评价相结合原则，综合运用两种方法进行评价，使得评价更加科学、全面、有效。必须坚持静态评价与动态评价相结合原则，使评价对象既看到自己的进步，也认清自己的不足，对创新创业教育促进作用更加有效。坚持他人评价与自我评价相结合原则，发挥各自优势，克服各自不足，相互补充，相互促进，通过评价促进创新创业教育有为有效。

借鉴教育评价理论、教学评价模式、目的游离评价模式，建立创新创业教育评价模型。

从高校视角来看，创新创业教育评价，应该从高职院校的人才培养方案、师资和人才培养环境等多方面，进行全方位多层次立体式的人才培养的内容评价，找到影响学生创新创业教育质量的关键因素。评价方法的选择对评价结果影响也很大，定性的评价方法受主观因素影响很大，定量的评价方法对评价因素选择比较苛刻，因此我们选取定性定量相结合的评价方法，即剔除了完全主观因素影响，也可以扩大评价因素和内容。尤其是在评价指标选择上，我们采取偏主观方法，专家打分法和文献梳理法，评价指标体系建立后，采取了定性定量相结合的方法，即层次分析法，给出最终评价指标权重。

从学生视角来看，在创新创业教育实施的各个阶段，学生的主观感受和收获也尤为重要，建立"阶梯模型"对各个阶段实施情况进行评价。同时为了构建不断更新完善的评价促育体系，我们考虑建立反馈机制，其尤其强调了学生对创新创业主观体会和满意度，使得创新创业评价体系更加全面系统，能够做到全面科学有效，对教育主体有提升有收获，更重要的是有吸引力，促进激发学生内在动力，实现自主学习的目标。

创新创业教育不是单纯地进行创新创业知识的传授和创业技能的训练，而是一个综合素质教育的过程，是培养适应社会需要的合格技术技能人才的过程。创新创业教育评价无疑对加强学生创新创业教育起到重要的推动促进作用。

第八章 高职创新创业教育实践成果及案例

多年来,湖北交通职业技术学院高度重视创新创业教育工作,在上级部门的支持和关怀下,学校以高标准、高质量全面服务学生,全面开展创新创业教育工作,深入实施创新创业教育"一把手工程",把开展"我选湖北"和"百万大学生留汉创业就业"等活动纳入学校年度工作重点进行全面部署和实施。学校全面实施"四全发力,五育并举"创新创业教育方案,不断完善创新创业工作体制机制,建设创新创业教育课程全育体系,以提升学生创新创业实践能力为核心,积极搭建平台,提供教育服务保障,营造校园良好的创新创业生态环境,激发学生创造活力。学校一批优秀学生参加全国大学生科技创新创业等大赛,获得优异的成绩。2016年10月14日,第二届中国"互联网+"大学生创新创业大赛总决赛在武汉举行。学校大学生创新创业项目"挖掘机智能管家"项目获银奖(当年全国高职院校有3所获奖,湖北交职是当年湖北高职中唯一获奖的院校)。

2016年9月29日,湖北省教育厅发布《关于认定2016年"湖北省大学生创业示范基地"的通知》(鄂教学函〔2016〕13号),湖北交通职业技术学院等11所高校大学生创业基地被评定为"湖北省大学生创业示范基地"。学校大学生创业孵化基地累计入驻创业团队(项目)42支,参与创业项目的学生总人数达到322人。其中,在校学生创业团队20支,参与创业项目人数140人;由学校教师牵头的创业团队9支,参与创业项目人数124人。涵盖了机械产品研发制造、电子商务、文化创意、教育培训、服务咨询、影视制作等领域。学校学生机械创新工作室、武汉叮当车友汽车服务公司、武汉新辰动力信息技术服务有限公司等15家创业团队(项目)首批入驻学校大学生创业特区孵化基地,参与创业项目的学生共75人。

2019年10月21日,湖北省教育厅发布《省教育厅办公室关于公布2019年"湖北省大学生创业示范基地"名单的通知》(鄂教学办〔2019〕1号),认定了华中科技大学、武汉理工大学、湖北工业大学、武汉纺织大学、武汉轻工大学、湖北第二师范学院、荆楚理工学院、武汉生物工程学院、武汉设计工程学院、恩施职业技术学院、湖北交通职业技术学院、湖北三峡职业技术学院 12 所高校大学生创业基地为"湖北省大学生创业示范基地"。学校大学生创业基地再次被评为省级示范基地。近年来，学校高度重视大学生创新创业工作，全面贯彻落实中央"大众创业、万众创新"的决策部署和中长期教育规划纲要精神，不断完善大学生创业特区孵化基地建设；先后与中兴通讯股份有限公司签订"教育部-中兴通讯 ICT（信息通讯技术）行业创新基地"合作协议，与丰田公司、宝马集团、东风集团、Today（今天）集团等企业共建面积约 2000 平方大学生创新创业实践基地；先后与省邮政管理局、武汉新港建设投资开发集团有限公司、省交通运输厅世界银行贷款办公室、省公路管理局、北京通用航空产业基地等 100 余家签订战略合作协议，建立"大学生就业创业见习基地"。学校以再次获评省级"大学生创业示范基地"为契机，积极探索大学生创新创业教育新模式、新方法，落实好各项创新创业优惠扶持政策，不断提高大学生的创新精神、创业意识和创业能力，加快创业孵化基地内涵发展，在优化服务上狠下工夫，推动大学生创新创业教育再上新台阶。

第一节　校企合作创新创业教育效果明显

湖北交通职业技术学院依托湖北省交通运输行业办学，深化校企合作，紧密结合产业情况，开展创新创业教育，实现职业岗位无缝对接，培养学生吃苦耐劳、勇于创新的意识，拓宽创业就业渠道，促进学生高质量就业，为交通运输事业和社会经济发展提供人才保障，为地方区域经济发展作出贡献。学生就业行业布局多样化，其中主要分布在路桥与轨道交通工程类、汽车与机电、航空设备类，软件和信息技术服务类，智慧物流与智慧商务服务类，港口与航运类以及建筑装饰类。学校与全国 500 多家大型企事业单位深度合作、联合培养，确保学生充分且高质量就业。

一、学校坚持办学与就业市场结合，增强了学生就业创业竞争力

学校深入分析经济社会发展对人才培养规模、结构和质量的需求，以就业创业和社会需求为导向进一步深化高等职业教育改革，积极探索建立专业设置与招生规模的预测预警机制。学校把学生就业创业状况作为调控招生规模的一项重要依据，在每年的招生计划制定过程中，参考近几年各学院专业升学率、签约率、学生就业创业等情况以及社会需求、用人单位满意度等指标，通过一系列定性评价与定量评价，衡量各学院专业等级和招生规模，对评价连续偏低

的专业招生规模适当予以缩减。为适应新产业、新业态发展，学校针对现代交通发展和汽车运输行业的需要，新增开城市轨道交通工程技术、新能源汽车技术等专业；对生源质量差、学生一次性就业率低的专业减少招生计划或者停招。学校以服务交通和社会经济发展为己任，积极推进教学科研与产业相结合，与社会经济建设相结合。全面实施"质量工程"，加快人才培养模式改革，切实提高学生的实践能力、就业能力、创新能力、创业能力，重点推进"双证书"和"订单式"培养，开展"1+X"证书试点，切实提高学生的就业创业竞争力。

二、学校坚持就业与重点行业对接，拓宽了学生创新创业教育领域

近年来，湖北省交通运输厅贯彻实施"打牢发展大底盘、建设祖国立交桥"发展战略，推动首批交通强国建设试点，全面推进铁、水、公、空等交通基础设施建设，加快形成新的增长点，为湖北交通职业技术学院学生就业创业工作提供了独特的条件。学校紧扣交通运输行业，准确定位企业需求，紧紧围绕"面向基层、服务交通运输行业和社会经济社会发展"的市场目标，按照"交通工程建设到哪里，学生就业创业基地就建设到哪里"的工作理念，开拓学生就业市场。学院相继与中铁大桥局、中交二航局、武汉地铁集团、三一重工、一汽丰田、烽火科技集团、顺丰速运集团、亚马逊·中国等近500家企业建立就业创业基地。与省邮政管理局、武汉新港建设投资开发集团有限公司、省交通运输厅世界银行贷款办公室、省公路管理局、北京通用航空产业基地等100余家签订战略合作协议，建立"大学生就业创业见习基地"。学校充分立足交通行业特色，在湖北省交通行业系统内建立了一批稳固的学生就业创业基地。

三、学校坚持与优质企业融合，增加了学生创新创业教育深度

由湖北交通职业技术学院牵头发起，近百家交通运输厅直单位、行业企业、行业协会和院校共同结成融教育性、职业性、行业性于一身的专业联合体——湖北交通职业教育集团。学校充分发挥湖北交通职业教育集团优势，有效推进学校依托行业办专业、办好专业促行业的发展进程，实现成员单位之间资源共享和人才需求零距离对接，增加了学生创新创业教育深度。学校以项目合作和专业群建设为纽带，通过校企联办、企业冠名等方式，推进职业教育与产业、学校与企业、专业设置与职业岗位等对接。积极引进先进的教学资源，充分发挥示范院校的辐射带动作用，学校与全国知名企业合作开办"武汉地铁

班""宝马班""丰田班""沃尔沃班""二航班""中兴班""顺丰班"等订单培养和"冠名班"共 68 个，订单培养涵盖 70%的专业，60%的学生。

四、学校坚持指导与用工标准同步，提高了指导学生就业创业教育强度

当前，快速发展的交通运输业，迫切需要大批量"下得去、用得上、留得住"高素质技术技能人才。学校瞄准企业岗位标准，同步实施"全程化、全员化、专业化"就业创业指导，以全方位的指导与服务为学生就业创业保驾护航。一是切实加强就业创业工作队伍建设。二是切实加强学生就业创业指导。将就业创业指导贯穿学生培养全过程，培养学生创新创业意识，提升学生就业创业能力。即：大一全面引导学生开展职业测评和职业生涯规划；大二重点引导学生围绕自己的职业生涯规划逐步提升自己所需的专业技能、职业素养、积极的就业心态和求职能力；大三指导学生通过实习工作这一实践平台进行职业规划调整、专业技能强化、职业能力锻炼、职业素养完善和就业心态调适。学校大力加强"我选湖北""百万大学生留汉创业就业"政策宣贯，开展就业创业实践，引导学生就业创业。通过三年时间的就业指导，使学生在走上工作岗位之前，形成较为清晰明确的职业发展方向。三是切实做好困难群体帮扶工作。建立就业创业"绿色通道"，建立工作档案，实行"一对一"扶持，重点指导、重点服务、重点培训和重点推荐。四是切实加强创新创业指导。学校设立大学生创业基金，投入专项资金建立大学生创业特区孵化基地；制定《大学生创业基金管理办法》《大学生创业特区管理办法》等；打造创业导师团队，提高学生创业成功率。导师团队为创业基地项目提供咨询服务和项目建设指导，对创业学生提供政策咨询、信息服务、项目开发、风险评估、开业指导、融资服务、跟踪扶持等"一条龙"服务。

第二节　创新创业教育课程体系架构不断优化

根据党的十九大的战略部署，系统谋划 2035 年的教育改革发展，"教育现代化"要求新时代的教育教学作出重大的变革和调整，高职院校将实现"产教融合、校企合作"办学模式的深化，并在德技并修、工学结合的育人机制方面进行进一步的完善。要实现这一过程的顺利推进，需要各相关主体实质性地发挥自身的作用。在根据文件精神分析"产教融合、校企合作"协同创新人才培养模式内涵的基础上，分析政府、高职、行业企业等多个层次多个不同参与主

体在其中发挥的作用，并将这一体系对创新创业课程知识架构调整与优化进行关联，使创新创业课程知识体系架构的调整和优化符合新时代人才培养的新要求。湖北交通职业技术学院进一步明确创新创业教育目标，将创新创业教育融入人才培养全过程，构建学生创新创业教育素质模型，健全课程全育体系，提高人才培养质量，促进产业的创新、可持续、长远健康发展。

一、明确质量标准

结合学校办学定位、服务面向和创新创业教育目标，明确创新创业素质能力要求，制订专业教学质量标准。修订人才培养方案，使创新精神、创业意识和创新创业能力成为评价人才培养质量的重要指标。

二、完善培养机制

建立需求导向的专业（群）结构和创业就业导向的人才培养类型结构，调整新机制，促进人才培养与经济社会发展、创业就业需求紧密对接；建立校政、校企、校地以及国际合作的协同育人新机制，深入实施系列"创新创业计划"、科教结合"协同育人行动计划"等，多形式举办"创新创业教育实验班"，积极吸引社会资源和国外优质教育资源投入创新创业人才培养；建立跨院系、跨学科、跨专业（群）交叉培养创新创业人才的新机制，打通专业（群）类下相近专业的基础课程，开设跨专业的交叉课程，促进人才培养由专业单一型向多专业融合型转变。

三、健全课程体系

在巩固学校已有课程建设成果的基础上，根据人才培养定位和创新创业教育目标要求，促进专业教育与创新创业教育有机融合，进一步完善依次递进、有机衔接、科学合理的创新创业教育专门课程体系和融入创新创业教育内容的专业课程体系，促进专业教育与创新创业教育有机融合。根据人才培养定位和创新创业教育目标要求，调整专业课程设置，挖掘和充实各类专业课程的创新创业教育资源，在传授专业知识过程中加强创新创业教育。开设创新创业教育的必修课和选修课，纳入学分管理。面向全体学生开发开设研究方法、技术前沿、创业基础、就业创业指导等方面的必修课和选修课，并设置相应学分，建设依次递进、有机衔接、科学合理的创新创业教育专门课程群。建立在线开放课程学习认证和学分认定制度。加快创新创业教育优质课程信息化建设，推出一批资源共享的慕课、视频公开课等在线开放课程。组织专业带头人、专业课程负责人、行业企业优秀人才，联合编写具有科学性、先进性、适用性的创新创业教育重点教材。不断完善创新创业课程体系，坚持以学生为中心的基本原则、以创业就业为导向的发展原则、以创新创业教育和专业教育深度融合的核心原则，结合不同学年阶段学生知识基础和学习需求的共性和特性，全方位优化课程结构和内容，采取必修与选修、理论与实践、显性与隐性、线上与线下相结合，实施专项课程主育、所有课程渗透、实践课程强化，形成所有课程全贯穿、全渗透的培养格局，创建了多层次、层递进、立体化的"三维立体化"创新创业课程全育体系。另外，学校还重点建设了两门必修课程。

(一)《创新创业基础》课程建设

"创新创业基础"课程，注重学生创新创业意识培养，是面向全校学生开设的一门必修课。课程共分5个模块，2个学分。其课程内容如表8-1所示。

表8-1　　　　　　　　　《创新创业基础》课程内容

课程模块	主要授课内容	课程目标
创新创业概述	1. 创新的概念及内涵。2. 创业的概念及内涵	了解创新、创业概念与内涵
创新原理	1. 创新概念的拓展。2. 创新的基本方法。3. 从创新到创业的过程	了解创新的基本方法，研究从创新到创业的过程与机理，通过创业创新教育提升受教育者的素质。
创业机会	1. 创业机会本质及来源。2. 创业机会的识别和评价。3. 创业风险及风险管理	知道创业机会和创业风险的定义、了解商业模式的概念、会识别和判断好的创业机会。
创业团队	1. 创业者。2. 成功创业者特质。3. 创业者素养。4. 企业家精神。5. 创业团队	了解创业应具备的素质和能力，职业经纪人与创业者的区别，认识创业团队对创业成功的重要性，学习组建创业团队。
创新创业应用	创业案例分析	对创业商机进行评估分析，形成创业项目。

(二)《创业实践》课程建设

"创业实践"课程，注重创新创业实践能力的培养，是面向全校学生开设的一门必修课。课程共分5个模块，2学分。其课程内容如表8-2所示。

表 8-2 《创业实践》课程内容

课程模块	主要授课内容	课程目标
创业计划书	1. 创业目标策划。2. 商业模式选择。3. 企业设立方式与法律形式选择。4. 创业团队组建	明确创业者个人创业目标,对创业项目进行准确的市场分析、财务评价,在此基础上,进行商业模式的设计和企业经营方式的选择。
创业筹融资	1. 创业融资的意义。2. 创业融资渠道。3. 创业融资过程	了解创业融资的作用和融资的原因,掌握创业融资的主要渠道,了解融资的过程。
企业运营	1. 人力资源管理。2. 资金运营管理。3. 市场营销管理	让学生了解员工招聘与录用的流程,知道企业绩效管理和薪酬管理机制,懂得资金计划的制订、现金管理和资金审批制度,懂得市场营销组合。
团队管理	1. 创业团队。2. 团队管理	认识创业团队对创业成功的重要性,懂得如何去管理团队。
创业应用	互联网+专业(汽车、旅游、物流、金融、连锁经营)	专业与创业结合,将创业融入各个行业、产业、专业当中,有针对性地对学生进行培养,使其更有目标性。

完成《创新创业基础》和《创业实践》2 门课程的建设,课程面向全校学生开设,使所有学生都能够通过课程学习接受创新创业教育,掌握开展创新创业活动所必需的基本知识和具备必要的创新创业能力。课程建设已达到的预期效果:(1)有教学名师培养计划,有资深专家授课;课程建设规划科学,年度执行情况较好;有校级以上教改立项或教学成果,有一定数量的教学研究论文;建设成为校级以上精品课程。(2)课程教学安排符合教学规律,授课教师具有主讲教师资格或相对应的资历;有自己出版的特色教材;教学大纲能够不断完善,教学日历规范,教研活动丰富;教学工作计划安排合理,执行情况较好。

四、推进教学改革

贯彻"课程全育"理念,广泛开展启发式、讨论式、参与式教学,扩大小班化教学覆盖面,推动教师把国际前沿专业技术发展、最新研究成果和实践经验融入课堂教学,注重培养学生的批判性和创造性思维,激发创新创业灵感。运用大数据技术,掌握不同学生学习需求和规律,为学生自主学习提供更加丰富多样的创新创业教育资源。改革考试考核内容和方式，注重考查学生运用知识分析、解决问题的能力，探索非标准答案考试，破除"高分低能"积弊。着力培养执著专注、精益求精、一丝不苟、追求卓越的工匠精神，勤于思考、求异求新、勇于创造、敢于突破的创新精神。

五、改革教学管理

建立创新创业学分积累与转换制度。设置合理的创新创业学分，将学生开展创新实验、发表论文、获得专利和自主创业等情况折算为学分，将学生参与课题研究、项目实践、技能大赛等活动认定为课堂学习。为有意愿有潜质的学生制订创新创业能力培养计划，建立创新创业档案和成绩单，客观记录并量化评价学生开展创新创业活动情况。优先支持参与创新创业的学生转入相关专业学习。实施弹性学制，放宽学生修业年限，允许调整学业进程、保留学籍休学创新创业。设立创新创业奖学金，并在现有相关评优评先项目中拿出一定比例用于表彰优秀创新创业的学生。

六、加强队伍建设

树立全员育人理念，明确全体教师创新创业教育责任，完善专业技术职务评聘和绩效考核标准，加强创新创业教育的考核评价。配齐配强创新创业教育与创业就业指导专职教师队伍，并建立定期考核、淘汰制度。聘请知名科学家、创业成功者、企业家、风险投资人等各行各业优秀人才，担任专业课、创新创业课授课或指导教师，并制订兼职教师管理规范，形成"优秀创新创业导师人才库"。将提高教师创新创业教育的意识和能力作为岗前培训、课程轮训、骨干研修的重要内容，建立相关专业教师、创新创业教育专职教师到行业企业挂职锻炼制度。加快完善学校科技成果处置和收益分配机制，支持教师以对外转让、合作转化、作价入股、自主创业等形式将科技成果产业化，并鼓励教师带领学生创新创业。

七、改进指导服务

巩固学校创新创业指导服务专门机构，推动二级学院建立健全学生创新创业指导服务专门机构，做到"机构、人员、场地、经费"四到位，对自主创业学生实行持续帮扶、全程指导、一站式服务。健全持续化信息服务制度，完善大学生创新创业服务网站功能，建立校院两级信息服务平台，为学生实时提供国家政策、市场动向等信息，并做好创业项目对接、知识产权交易等服务。积极落实学校学生创新创业培训政策，研发适合学生特点的创新创业培训课程，建设网络培训平台。自主编制专项培训计划，或与有条件的教育培训机构、行业协会、群团组织、企业联合开发创业培训项目。针对区域需求、行业发展，发布创业项目指南，引导学校学生识别创业机会、捕捉创业商机。

八、完善保障体系

不断完善学校"平台保育"体系，规范"创业基金"使用管理，优化经费支出结构，多渠道统筹安排资金，支持创新创业教育教学，资助学生创新创业项目。积极争取社会组织、公益团体、企事业单位和个人设立大学生创业风险基金，以多种形式向自主创业学生提供资金支持，提高扶持资金使用效益。制订实施"大学生创业计划"，落实各项扶持政策和服务措施，重点支持学生到新兴产业创业。加快制定有利于互联网创业的扶持政策。

第三节　专业教育与创新创业教育深度融合

从理论上来说，创新创业教育与专业教育融合的基本含义应该是指，经过融合之后，创新创业教育的过程与专业教育的过程是同一个过程，或者说是同一个教育过程，从专业教育的角度来看，它是专业教育，从创新创业教育的视角看，它是创新创业教育。理解这一界定须从"专业教育"之"专业"含义来解读。"专业"有两层含义：其一是指作为一种学习技术类别的专业，这是专业的外在组织建制，其二是作为知识和技能形态的专业，这是专业的内在知识建制。相应地，创新创业教育与专业教育融合理应有两层含义：一是创新创业教育与专业外在组织建制的融合；二是创新创业教育与专业内在知识建制的融合。由于专业的组织建制建立在专业的知识技能建制基础上，因此，创新创业教育与专业教育在知识技能层面的融合才是其最根本的含义。

倡导创新创业教育与专业教育融合的最终目的是培养学生的创新精神、创业意识和创新创业能力。其直接目的则有两个：一是提高创新创业教育的知识和技术含量，二是面向全体学生开展创新创业教育。第一个目的，高职创新创业教育若想发挥这一作用，就必须确保创新创业教育具有较高的专业知识和技术水平。要想保证创新创业教育的知识和技术水平，就要求实现创新创业教育与专业教育在知识技能层面的融合。第二个目的，高职教育是一种专业技术技能教育。要求创新创业教育与专业教育融合，就意味着创新创业教育应该面向全体学生。结合专业的两种含义及其关系，创新创业教育与专业教育融合的根本目的是，面向全体学生实现创新创业教育与专业教育在知识技能层面的融合。

首先，在外在组织融合层面。在这个层面上，创新创业教育与专业教育融合的一个重要体现就是创新创业教育被融入专业人才培养全过程。从实践来看，我国高职院校已经比较普遍地将创新创业教育纳入专业人才培养方案。从这个角度讲，高职院校已经比较好地实现了创新创业教育与专业教育在组织层面的融合。这种方式还实现了面向全体学生开展创新创业教育的目标，这是值得肯定的。但这种融合方式的特点是与专业知识和技能的学习毫无关系，因此，其不是建立在创新创业教育与专业内在知识建制融合基础上的。

其次，在内在知识融合层面，高职院校也有一定进展。这生动地体现在高职院校学生的创业项目中。如湖北交通职业技术学院"专业共建—技术研发—创新创业"三位一体，培养新技术应用创新创业人才的创新创业教育实践，就较好地实现了创新创业教育与专业教育内在知识的融合。显然，在创新创业教育与专业内在知识建制的融合上，高职院校一般是以项目研究的方式实现的。这种方式虽然实现了创新创业教育与专业内在知识建制的融合，却只是面向部分学生而不是全体学生。

目前来看，高职院校做到的只是通过创新创业教育与专业外在组织建制的融合，实现了创新创业教育面向全体学生的目标；在内在知识技能层面，创新创业教育与专业教育融合实践仍然只是面向部分精英学生。因此，高职院校创新创业教育与专业教育融合实践的真正问题是如何基于创新创业教育与专业教育在内在知识技能层面的融合，达成创新创业教育面向全体学生的目标。

创新创业教育与传统的专业教育相互渗透需要有一个探索和积淀的过程，高职院校需要对创新创业教育与专业教育进行系统设计，遵循针对性、发散性、适用性原则，通过理念与课程融合、师资与项目融合、实践与体验融合、平台与资源融合、引导与制度融合、形态与文化融合等推进人才培养模式改革。

一、理念与课程融合

将创新创业教育融入专业教育的理念贯穿到课程设计的全过程。结合专业群特点，突出课程"意识培养+知识普及+体验实践"的教学功能，分门别类地设置创新创业教育相关的必修课与选修课，将创新创业的基本理论知识和创新创业实践中所需要的法律、营销、电子商务、企业管理等相关内容，作为必修通用知识编入创新创业通识课程教材。根据不同专业群，从创新创业知识与专业知识互补的角度出发，搭配适当的选修课建议组合供学生选择，也可根据专业相关性直接提供一定量的选修模块内容由学生自由搭配，不断开发适合不同学生群体的课程内容与实践案例。

二、师资与项目融合

积极拓展校内的创新创业活动、项目载体，分兴趣、分类型、分方向构建学生的实践项目体系。以社团活动为项目载体，分专业类、兴趣类、实战类等组建创新创业型社团，每个社团相对固定一名有相关专业背景的指导教师，引导学生能力激发、兴趣激发、创意激发；以科技创新活动或竞赛为项目载体，每个项目对接一名或若干名指导教师，跨专业组建师生共同参与的项目团队，可采用教师指导、学生合作开发的模式，教师带动学生深入真实项目研究；组建由"专业导师+企业导师+创业导师"组成的结构合理、相对稳定的指导师资团队，选拔在各类活动、项目中表现突出，有一定潜质的学生进行强化训练，提高学生创新创业教育与专业指导的灵活性和针对性。

三、实践与体验融合

在实践中加强学生的角色体验、过程体验和环境体验。将社会调研、专业领域信息数据整理、行业发展分析、案例剖析等纳入课程学习内容，使学生定位于社会职业人的身份，在实践活动中梳理出体现专业背景、符合市场需求、适合自身发展实际的专业拓展方向和创新创业方向；引导学生走出课堂、走进实训室、走入企业社会，将实践教学与产品研发、课题研究等工作相结合，以提升技术技能水平，夯实学生创新创业发展的基础；辅助学生依托专业社会服务平台、专业技能与创新创业竞赛、创业孵化等平台走出校园、走向社会，加强专业实践与创新创业的综合体验，形成"专业技能+科技创新+社会服务+素质拓展"的综合体验链。

四、平台与资源融合

构建有利于创新创业教育融入专业教育的平台，并进行合理的资源配置。充分整合校内外资源，针对创新创业教育与专业教育有效结合的需要进行机构改革，成立创新创业教育与专业教育融合发展的协调机构；以专业（群）资源共享的方式建设校内外实训基地，使实训基地进一步发挥优势，在专业教育的基础上进一步丰富和拓展其创新创业教育功能；借助地方办学或行业办学的优势，充分发挥地方政府或行业企业的资源，争取地方政府或行业支持学生创新创业的政策支持，引导鼓励校内师生团队融入地方特色产业和创意产业发展，促进行业产业新产品、新技术的开发，助推地方和行业的创新创业。

五、引导与制度融合

跳出专业层面，顶层设计人才培养过程中创新创业通用能力的培养载体，配套制度引导创新创业教育与专业教育的相互渗透。如在学生的学业管理和学分取得上，可采用学分积累或转换的方式，对学生在科技竞赛、创新创业实践等方面取得的优秀成果进行学分认定和转换，使学生的创新创业成果学分可累加替换为通识选修课、专业课、第二课堂等课程学分，激发学生在专业学习中参与创新创业活动的积极性。

六、形态与文化融合

将组织形态、教学形态、制度形态、空间布局形态等与创新创业教育文化融入人才培养全过程。在学习、生活和实践场所宣传励志成才的典型案例，营造"大众创业、万众创新"的氛围；在校企合作单位与学生实践实习场所，将企业文化融于学生的学习过程，使创新创业的企业发展理念深入人心；将流程规范、管理制度、激励制度等制度的学习，作为新生入学的第一课，引导学生养成良好的学习习惯和精神状态，在专业学习和创新创业活动中形成一种自觉规范；立足校情，结合专业特点，以届制性和延续性的活动为载体，塑造适合本校的创新创业文化生态，彰显文化软环境在人才培养中的导育作用。

促进专业教育与创新创业教育有机融合；利用各种资源建设大学科技园、大学生创业园、创业孵化基地和小微企业创业基地，作为创业教育实践平台。加强专业实验室、虚拟仿真实验室、创业实验室和训练中心建设，促进实验教学平台共享。科技创新资源原则上向全体在校学生开放，开放情况纳入各类研究基地、实训基地、创业孵化基地评估标准。充分利用各种资源推进校内学生创业园（创业孵化基地、小微企业创业基地）建设，搭建创业教育实践平台，促进创业项目孵化。建好一批学生校外实践教育基地、创业示范基地、科技创业实习基地。完善国家、地方、高职三级创新创业实训教学体系，深入实施高职学生创新创业训练计划，扩大覆盖面，促进项目落地转化。每年举办校级"创新创业大赛"，支持二级学院举办各类科技创新、创意设计、创业计划等专题竞赛，纳入二级学院创新创业工作考核。成立"学校创新创业联盟"，支持二级学院成立"创新创业俱乐部""创新创业协会"等社团，定期举办创新创业讲座论坛、沙龙，开展创新创业实践。根据学生创新创业教育的需要，通过模拟仿真综合实践中心、各二级学院众创空间、现代学徒制等教学运行和实践，融入创新创业教育理念，培养学生的社会责任感、创新精神、创业意识和能力，提升学生的职业素养。

第四节　创新创业教育改革实践成效显著

一、组专班，层层抓，加强创新创业工作领导

学校成立学生创新创业工作领导小组，由党委书记，校长任组长，其他校领导任副组长，成员由招生与就业指导处、计划财务处、教务处、学生工作处、合作交流处、科研处、后勤处、后勤中心、团委及各二级学院负责人组成。大学生创新创业工作领导小组下设办公室，挂靠招生与就业指导处。

（一）领导小组主要职责

（1）负责领导、统筹和协调全校大学生创新创业工作，负责就业创业重大事项决策。

（2）负责宣传、贯彻落实国家有关创新创业政策。

（3）负责研究制订学校创新创业工作年度实施方案，明确学校创新创业工作的指导思想、目标和任务。

（4）负责创新创业工作总体组织协调。

（5）负责指导学校创新创业工作体系和机制建设。

（6）负责指导相关职能部门和二级学院（部）开展创新创业等服务工作。

（7）负责对全校教职员工的宣传教育，营造人人关心、全员参与创新创业工作的良好氛围。

（二）领导小组成员单位主要职责

（1）招生与就业指导处：负责全校创新创业工作；制订全校创新创业工作的实施方案并组织考核；负责校级毕业生就业基地、创业基地的审核与管理；负责全校创新创业工作人员业务培训，加强就业创业工作队伍建设等。

（2）计划财务处：负责审查创新创业项目运行成本、方式以及运行收入分配的合理性；负责毕业生就业创业帮扶基金的筹措、管理、安排等。

（3）教务处：负责创新创业指导教学管理、教学改革、课程建设；负责指导创新创业指导教学研究室工作；负责组织创新创业教育、创新创业实践活动；负责创新创业师资队伍管理。

（4）学生工作处：负责创新创业的思想教育；负责协调创新创业过程与学

生权益相关的事项。负责毕业生心理咨询、困难援助工作。

（5）合作交流处：负责校企合作与交流，拓宽创新创业渠道和途径；努力挖掘资源，加强企业调研与考察，为毕业生就业创业创造机会。

（6）科研处：负责毕业生创新意识培养；指导创新创业中项目选定、科技运用、成果转化等，并提供必要的技术服务。

（7）后勤处、后勤中心：负责为创新创业工作开展提供后勤支持；负责为创新创业基地建设提供后勤支持。

（8）团委：负责创新创业社团管理；协助创新创业实践活动的组织与开展。

（9）各二级学院（部）：根据学校创新创业工作的意见、规定，制定本学院（部）创新创业工作计划；定期召开会议，总结、分析、研究本院（部）创新创业情况，建立全员参与就业创业工作的激励机制，制订促进创新创业的具体措施；根据社会需求变化情况，围绕创新创业，负责对本院（部）专业建设，课程、教学计划、培养方式等方面的调整与改革，提高学生就业创业核心竞争力；负责本院（部）毕业生思想教育，开展日常就业创业指导与咨询工作，实施个性化指导；按照学校就业创业管理与服务规程，做好本院（部）创新创业指导、服务、管理的各项工作；结合本院（部）专业实际，加强就业基地和创业基地建设；实施学校创新创业目标管理方案，加强过程监控和目标考核；负责创新创业实践活动的组织和开展。

为进一步推进大众创业、万众创新，加强创新创业人才的培养，提高学生的创业技能，学校成立学生就业创业指导服务中心，设7名专职人员，3名兼职人员，全面协调和负责全校学生就业创业工作。各二级学院也设立了就业创业工作领导小组和就业创业指导办公室。通过提供创业场地及相关扶持政策，规范引导园区内学生创业团队创业实践，为自主创业学生提供政策咨询、项目开发、开业指导、创业培训、融资服务、跟踪扶持等"一条龙"服务，让创业团队在经营管理、资本运营、团队协作、公共关系、风险竞争、法律契约、开拓创新等方面得到锻炼和提高。学校招生与就业指导处是负责运营与管理的创业场所。创业孵化基地以扶持学生自主创业为核心目标，具有"服务性、公益性、示范性、专业性"的特征，致力于培养一批技术服务型、产品开发型和特色商业服务型创业者。高职学生创新创业孵化基地以省教育厅《关于组织实施"湖北省大学生创业示范基地建设计划"的通知》和《武汉市政府关于实施"青桐"计划鼓励大学生到科技企业孵化器创业的意见》精神为指导，充分发挥学生创业孵化基地引领、培育、孵化作用，建成了在全省发挥示范引领作用的创新创业示范基地。

在领导小组的领导下，学校成立大学生创新创业基地管委会，下设创业俱乐部、教育培训部、指导服务部和物业管理部，负责创业基地的日常运行、管理和服务工作，统筹创业基地发展规划。通过实施"大学生创业引领计划"，制定创业相关政策和制度，提供创业培训、创业指导、信息咨询和政策落实等有关服务。主要职责包括：负责宣传党和政府对创新创业工作的重视和采取的政策措施，普及创业教育；统筹创业特区发展规划，实施"大学生创业引领计划"，制定创业相关政策和制度；负责提供创业培训、创业指导、信息咨询和政策落实等有关服务；负责对申请入驻创业特区团队的评定、审批等工作；负责对创业团队的入驻、考核和退出等工作；负责创业社团组建和管理；负责推介创业项目，帮助转化科技成果；负责创业特区各项服务设施物业管理工作；负责学校大学生创业扶持基金使用与管理工作。

二、提资质，重专兼，优化师资队伍建设

学校不断完善学生创新创业指导教研室建设，加大创新创业导师队伍建设力度，包括积极引进人才，输送骨干教师参加培训和企业挂职，注重"双师素质"培养，逐步建立创新创业指导专家库，聘请企业家、创业成功人士、专家学者等作为兼职创业导师。目前学校有创新创业管理人员10人（专职7人、兼职3人），创新创业指导专职教师21人，学校兼职指导教师65人，并聘请创业成功的企业家16人。其中，3人获得高级职业指导资格证书，5人获得创业教育师资培训合格证书，46人获得职业指导师资格证书。学校逐步形成了一支校内外结合，学术与实务结合、创新与创业结合的创新创业导师队伍。现学校开设了《高职生职业发展与就业创业指导》《创新创业基础》和《创新创业实践》等必修课，并引进了KAB创业培训认证体系，推荐教师参加创业指导师培训，提升创新创业指导教师的能力和素质。通过课内与课外的有效对接，实现了学生创新创业精神养成、创新创业意识激发、创新创业知识积累、创新创业能力提升的统一，构建起了创新创业教学体系，形成了"全员覆盖+重点突破+特色培育"的创新创业教学模式。

三、勤响应，建制度，落实指导服务效能

根据创新创业教育工作的需要，学校继续采取有效措施，在人员、经费、场地、工作条件等方面给予保证。学校设立创业帮扶基金，帮助大学生迈进创业门槛。学校拨付100万元专款，设立"大学生创业基金"，制定《大学生创业

基金管理办法》。

根据《省教育厅关于组织实施"湖北省大学生创业示范基地建设计划"的通知》(鄂教学〔2010〕7号)文件精神,为进一步推动学校学生创业教育工作,促进以创业带动就业,鼓励高职学生自主创业,完善创新创业教育体系。学生创业扶持基金由湖北交通职业技术学院设立,是鼓励学生勇于创新、自主创业,培育创新创业人才,拓宽学生就业渠道的专项资金。湖北省交通运输厅提供的毕业生就业帮扶资金;其他机构、团体、企事业单位或个人的捐款;其他合法捐助;其他合法收入。以借款方式,支持高职学生自主创办企业;为符合本基金规定条件的学生提供资金支持,但不得改变使用人员,不得改变使用项目;每笔借款一般不超过该创业项目投入的50%,且上限一般不超过5000元;采用借款方式使用本基金的高职学生,原则上应在毕业前归还所借资金,以利于基金周转使用,此期间内所借资金不计利息;毕业前未归还的,除应偿还所借资金外,还应按银行同期贷款利率计算利息,有其他约定的除外;使用本基金的高职学生须提供担保人,担保人应为学院事业编制教职工。学院可根据学生创业扶持的需要,设立或改善学生创业基地建设项目使用基金的由校党委会研究决定。

学校成立大学生创业扶持基金管理委员会,负责管理基金,基金管理委员会由学工处、招生与就业指导处、计财处、监察处、团委、赞助单位和个人组成。其职责如下:根据国家法律、法规和本管理办法管理本基金。根据本管理办法,负责基金使用的申报、评审与发放;对项目的进展、基金使用情况进行监督;负责对基金的财务管理并定期进行审计;接受和处理有关基金使用方面的异议;负责解答基金出资人的咨询或查询;听取和审查基金管理办公室关于基金使用的情况报告;决定其他与基金有关的重大事项。

基金管理委员会下设基金管理办公室,办公室设在学生资助管理办公室,负责基金的日常管理工作。

四、高标准,联校企,加大基地内涵建设

根据《省教育厅关于组织实施"湖北省大学生创业示范基地建设计划"的通知》(鄂教学〔2010〕7号)和《湖北省大学生创业示范基地评选细则》精神,学校多年来积极开展学生创新创业教育工作,构建"五育"体系,实施"五育并举、四全发力"的创新创业教育,从机制建设、经费投入、政策激励、平台构建、氛围营造等多方面引导和支持学生开展创新创业实践活动,取得了较好的成效,学校大学生创业基地得到不断完善。学校创业工作的基本情况如表8-3

所示。

表 8-3   学校创业工作基本情况统计表（2019 年）

项 目	层 次	数量/面积/元
在校生规模数(人) (具体到个位数，截至 2019 年 6 月)	高职高专	12572
创业基地面积(m²)	校级场地(建筑面积)	2500
	创客空间(个)	9
近 3 年创业工作经费投入 (万元)	2017 年	100
	2018 年	100
	2019 年	100
创业项目数(个)	科技类(A)	19
	产品类(B)	10
	服务类(C)	13
	以上三项合计数	42
	其中，创业实体数(有营业执照)	42
创业指导师资队伍(人)	校级专(兼)职创业指导服务工作人员数	10
	校级专职创业指导教师数	21
	兼职创业导师数	65
在校学生创业人数	高职高专	120
在校学生创业团队数(个)	学生创立	30
	教师牵头	9

(一)校级场地建设

"播种青春创业希望、催生创新创业梦想、汇集多方创业资源、引领校园创业新风"，为搭建学校学生创新创业实践平台，增强学生创新创业意识，培养学生创新创业能力，湖北交通职业技术学院大学生创业特区于 2016 年 5 月孕育而生。

大学生创业特区以湖北省教育厅《关于组织实施"湖北省大学生创业示范基地建设计划"的通知》和《武汉市政府关于实施"青桐"计划鼓励大学生到科技

企业孵化器创业的意见》精神为指导，充分发挥大学生创业特区引领、培育、孵化作用，全力建成在全省发挥示范引领作用的创新创业示范基地。大学生创业特区是校内创新创业孵化基地，通过提供创业场地及相关扶持政策，规范引导园区内高职学生创业团队创业实践，为自主创业高职学生提供政策咨询、项目开发、开业指导、创业培训、融资服务、跟踪扶持等"一条龙"服务，让创业团队在经营管理、资本运营、团队协作、公共关系、风险竞争、法律契约、开拓创新等方面得到锻炼和提高。大学生创业特区总面积约 2500 平方米，按照"布局合理、环境优雅、设施齐全、功能完备、管理科学、服务高效"的标准规划建设。创业特区内设有创业孵化室、创业指导服务室、会议室、办公室等区域，统一配备中央空调、办公座椅、文件柜、宽带、电话线等，为高职学生创业团队提供办公场地、交流平台及配套创业服务，满足高职学生创新创业的需要。

(二) 校企 (地) 合作、二级学院创客空间建设

学校与省邮政管理局、武汉新港建设投资开发集团有限公司、省交通运输厅世界银行贷款办公室、省公路管理局、北京通用航空产业基地等 100 余家签订战略合作协议，建立"大学生就业创业见习基地"。学校每年有 60% 以上学生进入校企合作基地见习实训，为学生提高就业创业素质搭建了平台。学校充分立足交通行业，突出交通运输特色，在湖北省交通运输行业系统内建立了一批稳固的学生就业创业基地。

学校与中兴通讯股份有限公司签订"教育部-中兴通讯 ICT (信息通讯技术) 行业创新基地"合作协议；与丰田公司、宝马集团、东风集团共建校内培训基地；与 Today (今天) 集团联合创建物流产学研合作基地等。各二级学院结合专业和创业需求，均建立了 50—100 平方不等的各类创客空间，在产学研基地、实训中心及实验室等建有学生创新创业场所，总面积约 2000 平方米，帮助学生开展创新创业实践。

1. Today 物流管理产学研基地建设情况 (基地面积 200 平方米，经费投入 300 万元)

学校与 Today (今天) 集团共建了一支基于物流管理产学研基地的"双聘双管"校企合作团队 ("双聘"：学校聘用企业能工巧匠，企业聘用物流管理专业骨干教师，组成校企合作团队)。团队共有 10 名成员，企业和学校各 5 人，其中有学校物流管理专业带头人和负责人各 1 人，均具备"高级物流师"职业资格；有来自企业具备"高级经营师"职业资格的总监级管理人员 2 人，其余成员均具备中级及以上职称或职业资格。在基地建设上，依托产业办专业、办好专业促产业，根据企业需求，立足职业素质和职业精神的培养，创造性地提出了具有中国精神、胸怀梦想、有能力实现梦想和放飞梦想的人才培养目标。基地先行先试的O2O(线上线下)模式扩大了城市共同配送覆盖范围，解决了城市最后一公里的诸多难题，并对于实施农村物流就业创业、建立县乡村一体化的新型农村物流配送网络，发挥交通物流优势，推进精准扶贫、精准脱贫战略提供有效支撑。在"学习、训练、生产"三位一体教学模式下，共为企业培养了100多名店长，20多名企业中高层管理人员，人才培养效果显著。

2. 宝马武汉培训基地建设情况(基地面积1442平方米，经费投入850万元)

学校与华晨宝马汽车旗下宝马中国培训学院于2011年开始合作实施宝马售后英才教育(BEST)项目。2013年4月18日，经过一年的试运营，该项目正式落户学校。该基地除开设了BEST机电项目课程和服务项目课程外，并还担负着华晨宝马公司西区经销商员工的常规培训任务，为湖北省及周边地区的宝马售后服务企业培养并输送了大量优秀人才，有效地满足了本地区快速增长的售后服务需求。该基地引进了德国的"双元制"教学模式，将职业学历教育与国际先进的教学模式接轨，以人才培养为立项宗旨，始终坚持小班化，以宝马经销商员工能力指标为标准，结合宝马最新、最尖端的技术和培训理念，通过系统培训，为全国各地区宝马经销商培养合格的企业员工。在与宝马公司共建的宝马武汉培训基地内，在与企业工作环境一样的教学环境中，真正实行了"教、学、做"三位一体的培养模式，学生能够在真实的情境中学与做，有效锻炼了实践能力，大大提高了职业素养及社会服务能力。自该基地运营以来，共培训宝马全国经销商员工近3500人次、1503天次，培养宝马机电BEST学员161人，非技术BEST学员34人，开展"宝马品牌日"和"宝马招聘日"活动各4次，基地内各培训单元的使用达到820天次(不含BEST学生上课使用)，创造了良好的经济价值和社会价值。

3. 宝中旅游湖北交职院门市建设情况(基地面积50平方米、装修经费投入1.5万元)

2013年年初基地开始建设，2013年9月正式成立宝中旅游湖北交通职业学院门市，该门市作为旅游管理专业的"校中企"，一个真实对外经营的企业，同时也是旅游专业学生生产性实训基地，旅游专业的学生均在此基地进行实训，掌握旅行社门市操作系统、门市运作及经营，为毕业后学生自行创业开设旅行社门市打下坚实的基础。目前有五届学生在此基地实训。经过五年的建设，有近100名学生毕业后在宝中旅游就业，近30人自主创业开设了宝中旅游的加盟门市，成为门市经理。

4. 楚雄公路勘察设计公司生产性就业创业基地建设情况（基地面积 50 平方米、经费投入 200 万元）

学校高度重视楚雄公司的发展，除选派公路与轨道学院院长程海潜博士担任楚雄公路勘察设计公司总经理外，还选派公路与轨道学院副院长韩军担任副总经理，韩红青、唐涛为副总工，马运朝为经营部长，张奇为办公室主任。公司领导均为双师型教师，为公司发展、应用技术创新和学生实习实训提供了强有力保证。经过多年的发展与建设，楚雄公司成为学校公路与轨道学院的应用技术创新平台、生产性实习实训基地。目前公司已取得工程勘查类乙级资质。"十三五"期间，公路与轨道学院教师与近千人次学生通过公司平台参与生产实践，创造了一千多万元的智力成果，提升了学生的就业和创业能力，提高了学生的综合素质，取得了良好的社会效益，对兄弟院校起到了示范和带头作用。

5. 莱斯特运营中心建设情况（基地面积 500 平方米、经费投入 50 万元）

2014 年 3 月正式成立莱斯特交通信息学院运营中心，引企入校，成立莱斯特"校中企"，为在校学生提供真实企业运营环境。企业主要从事技能实训设备、技能竞赛产品、物联网实训平台、SMT 表面回流焊接工艺设备、波峰焊接工艺设备、电子装配流水线、PCB 线路制板工艺设备的设计、生产及销售。一个真实对外经营的企业，同时也是电子信息技术和移动通信专业学生生产性实训和创新创业基地，学生均在此基地进行实训，为学生的创业就业打下坚实的基础。目前有三届学生在此基地实训。自该中心运营以来，共培训全省中职教师近 500 人次，学校提供真实实训场所，每年为学校开展焊接技能大赛提供设备和奖金，派工程师培训省级和国家级技能大赛参赛学生，创造了良好的经济价值和社会价值。

6. 顺丰交职院营业部创新创业基地建设情况（基地面积 821 平方米、经费投入 100 多万元）

"顺丰速运集团湖北交通职业技术学院营业部"是顺丰速运集团和学校共同出资建设的生产化、教学化的实习实训和创新创业基地。该基地是学校第一个"校中企"，于 2010 年 4 月挂牌营业，由物流与交通管理学院物流管理专业负责人担任部长。"顺丰营业部"占地 821 平方米，由顺丰速运集团提供人员培训、设备、物料和通达世界的营销系统，学校在集团制度和生产标准框架下，承担顺丰速运集团从圣堡龙至武汉工程大学区域的业务，实施部长负责制下的学生自我管理、合法有序经营。多年来无差错、无投诉，124 名学生参加生产经营，促进了物流管理专业人才培养质量和水平。近两年，校企共同投入100多万元用于营业部建设。创业基地的创建提升了学生的就业和创新创业能力、提高了学生的综合素质，取得了良好的社会效益，对兄弟院校起到了示范和带头作用。

7. 苏州广文BPO产业中心建设情况(基地面积200平方米、经费投入20多万元)

该中心是学校"校中企"，于2014年4月挂牌营业。校企双方人员将职场素质教育和技能学习融入人才培养的全过程，共同指导学生严格按照企业规范、职业操守开展生产经营活动和教学活动，并共同组建了由2名学校教师、3名企业人员组成的校企合作团队，利用中心教学化、生产化的环境。安排专业教师参与和指导中心的经营和教学，企业选派了一批能工巧匠到校承担教学任务，将教师的生产活动和能工巧匠的教学任务作为岗位考核内容，实施企业和学校双考核。学校与苏州广文信息科技有限公司校企合作共建Business Process Outsourcing产业中心，引入某美系国际著名品牌汽车业务受理咨询项目，于2014年6月挂牌营业。BPO中心占地180多平米，由苏州广文提供人员培训、设备和业务的一整套流程系统，学校在公司制度和生产标准框架下，承担美国汽车品牌的客户服务咨询的业务。多年来无差错、无投诉，89名学生参加生产经营，促进了电子商务专业人才培养质量和水平。近两年，校企共同投入20多万元用于中心的运营。该产业中心的创建提升了学生的就业和创新创业能力，提高了学生的综合素质，取得了良好的社会效益，对兄弟院校起到了示范和引领作用。

8. 武汉玖邦"快枪大师"漆面快修培训中心建设情况(基地面积20平方米、经费投入10万元)

学校与武汉玖邦共建了一支基于汽车车身维修技术"双聘双管"校企合作团队("双聘")：学校聘用企业能工巧匠，企业聘用汽车车身维修技术专业骨干教师，组成校企合作团队。团队共有6名成员，企业和学校各3人，其中有学校汽车专业骨干教师1人和项目负责人各1人，均具备中级职称；有来自企业具备"高级技师"职业资格的技术人员2人，其余成员均具备高级工及以上职称或职业资格。在培训中心建设上，依托产业办专业、办好专业促产业，根据企业需求，立足职业素质和职业精神的培养，创造性地提出了具有中国精神、胸怀梦想、有能力实现梦想和放飞梦想的人才培养目标。在"学习、训练、模拟"三位一体的教学环境中，学生能够学习到前沿的汽车车身维修最新理论知识，在实训操作中提升技术技能，在模拟生产实践中应用知识和技能，充分实现学中做，做中学，有效锻炼了实践和创新创业能力，大大提高了职业素养及社会服务能力。在"学习、训练、模拟"三位一体教学模式下，共为企业培养了 20 多名技术骨干，100 多名汽车车身维修技术专业毕业生。其中，6 名学生组建了一支创业团队进入学校创业基地进行孵化。

9. 有车邦交院店汽车美容实训中心建设情况（基地面积 226 平方米，经费投入 50 多万元）

"深圳有车邦汽车美容服务连锁有限公司湖北交院店"（简称"有车邦交院店"）是深圳有车邦公司和学校共同出资建设的生产化、教学化的实习实训中心。该中心于 2013 年 10 月挂牌营业，汽车车身维修技术专业教师田兴政担任指导教师（即中心负责人）。"有车邦交院店"占地 226 平方米，由深圳有车邦公司提供人员培训、设备、物料和信息化关系的网络系统，学校在公司制度和生产标准框架下，承担湖北交通职业技术学院教职工和车队老师区域的业务，实施轮流店长负责制下的学生自我管理、有序经营服务。多年来无差错、无投诉，100 多名学生参加生产经营，促进了汽车车身维修技术专业人才培养质量和水平。近两年，校企共同投入 50 多万元用于有车邦交院店的各项建设。其中，组建 2 支创业团队进入学校创业基地进行孵化并已成功，且已进入社会创办了企业。

五、拓平台，重内涵，创新创业取得实效

（一）完善双创社团平台，培养学生创新创业意识

为积极响应国家"万众创新、大众创业"的号召，贯彻落实教育部《关于大力推进高等学校创新创业教育和大学生自主创业工作的意见》（教办〔2010〕3 号）和湖北省教育厅《关于加强高校大学生创新创业俱乐部建设的通知》（鄂教学〔2013〕1 号）文件精神，学校成立了湖北交通职业技术学院大学生创新创业俱乐部。

1. 指导思想

大学生创新创业俱乐部以邓小平理论和"三个代表"重要思想为指导，坚持科学发展观，贯彻党的十八大提出的"促进创业带动就业战略"的精神，引导大学生增强创新创业意识、学习创新创业知识，组织大学生开展创新创业竞赛、增进创新创业交流，扶持大学生实际创业、实现创业成才，为共建共享"中国梦"作出积极贡献。大学生创新创业俱乐部由招生与就业指导处、校团委共管的公益性青年创新创业社团，致力于为大学生创业者提供相互交流、学习、合作、资源共享的平台；为在校大学生提供见习、实习、兼职等社会实践

的机会；为投资者和创业者之间搭建一座合作的桥梁。帮助和扶持大学生把"创新创业梦想"转变为"创新创业行动"、把"创新创业项目"付诸"创新创业实践"，努力成为大学生初创企业的"孵化器"，成为培养学校青年企业家的新"摇篮"。目前，大学生创新创业俱乐部有 100 余名成员。

2. 机构设置

大学生创新创业俱乐部是在学校就业创业工作领导小组的指导下，由招生与就业指导处、校团委统筹协调大学生创新创业工作和俱乐部建设。各二级学院设大学生创新创业俱乐部分部，组织和指导大学生开展创新创业活动。俱乐部成立了顾问团，邀请企业家、高校专家、KAB 创业中心老师及政府部门相关人士担任，顾问团主要为同学提供相应的知识培训和创业咨询，可就所有涉及创新创业中的问题向俱乐部提出建议，但不介入俱乐部的日常事务。俱乐部还成立了理事会，为大学生创新创业俱乐部最高权力机构。理事会下设 1 个理事长、2 个常务副理事长负责俱乐部的日常事务；设秘书部、宣传部、财务部、外联部，处理俱乐部日常工作。理事会行使下列职权：负责制订俱乐部年度发展计划、长期发展计划；整体资源整合(媒体、政府、企业、人才、活动等)；引进优秀人才；负责审批、决定俱乐部工作计划和重大决策；制定并修改俱乐部章程；弘扬俱乐部文化；营造俱乐部创新创业氛围等。

3. 主要内容

开展培训、研讨、交流、竞赛、论坛等活动，帮助大学生提高创业能力和创业素质；发掘、表彰、推荐、宣传优秀创新创业大学生典型，营造大学生创业成才良好氛围；帮助大学生创业者加强与政府部门、科研院校、工商企业、孵化基地、金融投资等的沟通联系和对接合作，为大学生创业者提供政策、法律、信息、技术、资金、阵地等咨询服务；反映大学生创业者的意愿和诉求，维护大学生创业者的合法权益；加强与各类大学生、青年创业组织的交流与合作。

(二) 完善专业技术竞赛平台，激发学生创新创业热情

学校每年积极组织学生团队参加互联网+创新大赛、全国职业院校模拟创业技能竞赛、全国软件创业团队选拔赛、全国职业院校技能大赛等，鼓励学生创新创业，培养学生创新思维，进行创业模拟。学校在数学建模大赛、市场营销大赛、互联网+创新大赛等众多赛事中成绩显著。通过引导学生参加专业技术和创新创业竞赛，激发了学生创新创业的热情，参与竞赛的同学的专业学习积极性和主动性明显增强，很多学生通过技术技能竞赛活动，发现了自己专业技术知识的不足，自觉选修了企业管理、市场营销、电子商务、财务管理、经济法等课程，实现了向复合型技术技能人才的转变。学校创新创业、技能大赛获奖情况如表8-4所示。

表 8-4　　　　创新创业、技能大赛获奖统计表（2014—2019）

时间	奖项	学院/个人
2020/7/14	第六届"长江学子"大学生就业创业人物"开拓创新类"学子	汽车与航空学院 2020 届毕业生李畅
2020/6/29	"勇往职前·大学生就业技能与知识竞赛"获三等奖	公路与轨道学院邓成峰
2019/11/18	第五届中国"互联网+"大学生创新创业大赛湖北省复赛职教赛道的铜奖	学校项目团队由选手谭毅、李华玟、殷凯、任骜、邹璇、南燚、谈雨恒、柳佳朗、刘涛、王家豪、甘雨、黄鹤啸、黄震、丁强、王骞组成
2019/10/25	2019 年全国职业院校无人机应用创新技能大赛三等奖	汽车与航空学院孙跃峰、王鲲鹏
2019/7/18	第三届全国"互联网+交通"全国职业院校学生创新创业大赛	物流与交通管理学院两支代表队入围全国总决赛，唐云山、汪玉卉老师带领的创梦队智慧易拆装共享快递盒获得创意组银奖，许慧、郭向红老师带领的梦想队快递易、无人快件超市队获得创意组铜奖。
2018/11/30	第三届全国"互联网+"快递大学生创新创业大赛全国金奖中获得一金两银一铜奖	物流与交通管理学院
2018/11/26	全国职业院校创业技能大赛"物流企业经营赛项"总决赛一等奖	物流与交通管理学院
2018/9/4	"互联网+交通"全国交通运输职业院校创新创业大赛中喜获佳绩一金一银一铜的好成绩	汪玉卉、周泉老师指导的项目"共享绿色快递袋+智慧标签"荣获全国金奖，刘婷、夏秋老师指导的项目"基于新型二维码面单的个人信息保护快递系统"荣获银奖，刘莉飞、翟娟老师指导的项目"VR 驾驶馆"荣获铜奖。

续表

时间	奖项	学院/个人
2018/7/26	第八届全国大学生机械创新设计大赛一等奖	汽车与航空学院
2017/12/7	全国"互联网+"快递大学生创新创业大赛前30强	湖北交通职业技术学院
2017/9/5	第三届"长江学子"创新奖	汽车与航空学院2017届毕业生周永峰
2017/8/28	获金砖国家技能发展与技术创新大赛-首届3D打印与智能制造技能大赛三等奖	由学校汽车与航空学院杨程、魏棋老师指导，周文、黄尧、鲁志豪同学组成的湖北交通职业技术学院代表队在"智能制造技能大赛"赛项中，荣获三等奖
2017/6/27	汽车与航空学院荣获全国"2017智能交通创意大赛"铜奖	汽车与航空学院
2016/12/26	第三届全国高校移动互联网应用开发创新大赛总决赛学校荣获高职组一等奖、二等奖	交通信息学院
2016/10/17	学校荣获全国交通运输职业院校物流创新大赛三等奖	物流与交通管理学院参赛选手干维、肖邦、张康和杨林霞四位同学荣获"现代物流储存与配送作业优化设计和实施"赛项团体三等奖
2016/5/9	机械创新团队在湖北省大学生机械创新设计大赛中荣获佳绩	汽车与航空学院
2016/4/8	首届中国"互联网+"大学生创新创业大赛湖北赛区中获铜奖	公路与轨道学院王浩、张顺意、何杰

（三）丰富校企实践平台，培养学生创新创业技能

把校内外实训基地办成创新创业教育实践基地，根据不同专业特点联系相关行业企业，建立创新创业实践平台。先后与省邮政管理局、武汉新港建设投资开发集团有限公司、省交通运输厅世界银行贷款办公室、省公路管理局、北京通用航空产业基地等100余家签订战略合作协议；与中兴通讯股份有限公司签订"教育部-中兴通讯ICT(信息通讯技术)行业创新基地"合作协议；与丰田公司、宝马集团、东风集团共建校内培训基地；学生在实践基地实习实训，参

与企业的生产和经营活动，将学到的创业文化知识具体应用到实际中去，学生通过在实习实践中领会感悟，学会了在现实经济生活中寻找差距，体会创业的艰辛，感悟创业的精神，从而调整求职创业过程中急功近利、急于求成的心理。

（四）推动创新创业结硕果，形成师生创新创业潮流

学校 2016—2019 年申请和参加创业团队（项目）95 支，参与创业项目的学生总人数达到 300 余人。通过评审专家从项目经营业务、科技含量、市场前景、发展战略、管理能力、财务状况和风险承受力等方面，考察创业项目的综合实力和团队的创新创业能力，现阶段入驻学校大学生创业特区孵化基地团队（项目）共有 41 项，涵盖了机械产品研发制造、电子商务、文化创意、教育培训、服务咨询、影视制作等领域，参与创业项目的学生共 120 人。目前 73 支创业团队已通过工商程序正式注册成立。每年有 4000 余名学生在校企合作平台得到锻炼，每年有 30 余支创业团队（项目）进入学校创业基地孵化，一批批优秀学生参加全省、全国大学生科技创新创业等大赛，获得优异的成绩。2016年、2019 年在学校申报、专家实地考察、专家评选和预选公示的基础上，学校大学生创业孵化基地连续两次被省教育厅评为"湖北省大学生创业示范基地"。

（五）取得成果

1. 理论成果

学校完成了《高职院校职业指导和创业教育研究》《高职创新创业孵化基地建设研究与实践》《职业技能竞赛促推人才培养模式改革研究》《高职院校创新创业教育教学质量评价体系研究》等省厅级项目研究，系统构建了文化导育、课程全育、项目训育、平台保育、评价促育的创新创业"五育"培养体系，创立了"四全发力、五育并举"系统化创新创业教育实施方案，推动了学校创新创业教育全员参与、全方位推进、全课程贯穿、全过程实施。公开发表了《创新教育对教师的素质要求》《高职学院开展创新教育活动的实践与思考》等论文。论文《高职院校创新创业教育的探索与实践历程》于 2016 年 12 月获中国职业技术教育学会、教育部职业技术教育中心研究所"纪念职业教育公布实施20 周年暨中国近现代职业教育发轫 150 周年"征文三等奖，2017 年 8 月在《武汉职业技术学院学报》第 4 期上公开发表。2017 年 11 月，获湖北省高教学会产学研合作教育专委会优秀论文二等奖。论文《高职院校开展创新创业教育的尝试——以湖北交通职业技术学院为例》于 2018 年 10 月在《武汉船舶职业技术学院学报》第 3 期上公开发表。调研报告《湖北交通职业技术学院创新创业教育改革调研报告》于 2017 年 12 月报省交通运输厅。典型案例《湖北交通职业技术学院科协服务创新创业教育改革总结》于 2016 年 11 月报湖北省科学技术协会。建设省级课程《创新创业基础》《创业实践》，其相关教材于 2019 年 8 月出版。开设《大学生职业生涯规划》《大学生创新创业指导》等公共选修课，《创新中国》《创业精神与实践》等网络通识课，《职业基本素养》《创新创业实践》等必修课程。学校将培养学生的创新创业精神贯彻到人才培养方案中，将创新创业理论、方法和技术引入人才培养中，实现创新创业教育全覆盖。

2. 制度成果

学校印发了《湖北交通职业技术学院大学生创业特区管理办法》的通知、《湖北交通职业技术学院大学生创业基金管理办法》，形成了《湖北交通职业技术学院"四全发力、五育并举"创新创业教育实施方案》《湖北交通职业技术学院大学生创业特区创业团队(项目)日常考核评比细则(试行)》《湖北交通职业技术学院关于开展校内二级创新创业孵化基地建设工作的通知》《湖北交通职业技术学院大学生创新创业俱乐部章程》等制度。

3. 实践成果

学校与省邮政管理局、武汉新港建设投资开发集团有限公司、省交通运输厅世界银行贷款办公室、省公路管理局、北京通用航空产业基地等 100 余家签订战略合作协议，建立"大学生创新创业见习基地"。与中兴通讯股份有限公司签订"教育部-中兴通讯 ICT(信息通讯技术)行业创新基地"合作协议；与丰田公司、宝马集团、东风集团共建校内创新创业培训基地；与 Today(今天)集团联合创建物流产学研合作创新基地等。各二级学院结合专业与学生创新创业需求，建立总面积约 3000 平方创客空间、创新创业工作室。学校每年有 60% 以上学生进入创新创业基地见习实训。

截至 2020 年 10 月，学校大学生创新创业孵化基地累计入驻创业特区团队(项目)95 个，参与创业项目在校生 120 余人，创新创业带动就业 400 余人。2016 年 9 月 29 日，湖北省教育厅发布《关于认定 2016 年"湖北省大学生创业示范基地"的通知》(鄂教学函〔2016〕13 号)，湖北交通职业技术学院大学生创业基地被评定为"湖北省大学生创业示范基地"。2017 年湖北交通职业技术学院入选武汉市洪山区科技孵化器协会会员单位；获得国家创新服务平台建设与发展专项资金补助 19.68 万元；创新创业平台绩效考核奖励 5 万元。2018 年加入洪山大学之城众创孵化联盟；入选全国高等职业院校创新创业教育联盟第一届委员会理事单位;武汉市洪山区科学技术和经济信息化局评定湖北交通职业技术学院大学生创业特区在 2018 年度洪山区众创孵化平台绩效考核中等级为 B(优良),获得国家创新服务平台建设与发展专项资金补助 5.01 万元,绩效考核优秀奖励 10 万元。2019 年 10 月 21 日,湖北省教育厅发布《省教育厅办公室关于公布 2019 年"湖北省大学生创业示范基地"名单的通知》(鄂教学办〔2019〕1 号),再次认定湖北交通职业技术学院大学生创新创业基地为"湖北省大学生创业示范基地"。

4. 学生成果

2016 年 10 月 14 日,第二届中国"互联网+"大学生创新创业大赛总决赛在武汉举行。学校"挖掘机智能管家"项目获银奖。大学生创业特区创业项目《VR 驾驶馆》荣获全国"互联网+"交通职业院校创新创业大赛三等奖。大学生创业特区孵化企业武汉青众创文化传播有限公司法人张光大被《湖北企业家》评为"职业经理人",创业事迹被新华网报道,各二级学院学生团队参加创新创业大赛相继获奖等。

2017 年 5 月 26 日,"在汉高校校友总会联盟"在武汉成立,省委副书记、市委书记陈一新为 34 名"资智回汉杰出校友"颁发荣誉证书。湖北交通职业技术学院校友、湖北大道物流集团总裁梅海涛与海尔集团总裁周云杰、格力电器董事长董明珠、小米科技首席执行官雷军等一同获此殊荣,成为全省高职院校毕业生的唯一代表。

学校举办了全国部队士官电工电子技能大赛、全国"互联网+"快递创新创业大赛、全国邮政行业职业技术大赛、全省汽车专业技能大赛,与莱施特合作共同组织指导全省中职电子设计与制作技能大赛。学生参加技能竞赛硕果累累。2016 年以来共参与了 61 种类型的技能大赛,共获得 272 项不同等级的奖项。其中参与创新创业类型技能大赛获奖 60 次,分别为国家级一等奖 8 次、二等奖 15 次、三等奖 20 次;省级一等奖 2 次、二等奖 7 次、三等奖 8 次。参与其他类型技能大赛获奖 212 次,分别为国家级一等奖 18 次、二等奖 23 次、三等奖 63 次;省级一等奖 19 次、二等奖 28 次、三等奖 61 次。

学校"十四五"将全面深化创新创业教育改革,建立创新创业教育体系。普及创新创业教育,创新人才培养机制。形成了一整套创新创业人才培养模式和制度成果。营造并形成了"人人关心创业、人人支持创业、人人实践创业"就业创业文化氛围。人才培养质量显著提升,学生的创新精神、创业意识和创新创业能力明显增强,投身创业实践的学生显著增加,为社会培养了一大批应用型、创新创业型、复合型人才。创新离不开实践，学校将继续为学生搭建实践和创新创业的舞台，以扶持学生创新创业为核心目标，充分发挥"服务性、公益性、示范性、专业性"的特征，致力于培养一批技术服务型、产品开发型和特色商业服务型自主创业典型，实现创业带动就业的倍增效应，全力建成在全省发挥示范引领作用的创新创业示范基地。

第五节　创新创业教育典型案例

典型案例一：

构建"五育"体系，培养学生创新创业能力（培养体系）

贯彻新发展新理念，实施创新驱动发展战略，加快建设创新型国家，坚持创新核心地位，推动经济转型提质增效升级，迫切需要高职加强创新创业教育，培养创新型技术技能人才。学校高度重视创新创业教育，从2007年，就开始了省交通运输厅立项项目《高职院校职业指导和创业教育研究》的研究与实践，相继进行了5个省级相关课题研究，系统构建了创新创业教育文化导育、课程全育、项目训育、平台保育、评价保育的"五育"培养体系，通过营造创新创业文化氛围，创建课程体系，强化项目实战，搭建教育平台，实施评价激励，经过14年的探索与实践，学校逐步形成"四全发力、五育并举"的系统化创新创业培养方案，有效培养了学生的创新创业能力。

针对高职创新创业教育与发展要求不适应、教育体系不健全、学生培养不系统等问题，学校系统构建了创新创业教育"五育"培养体系。"文化导育"即是不断完善精神文化、制度文化、特色文化、物质文化"四位一体"的创新创业教育文化导育生态体系，实施顶层设计引导、制度标准引导、人才培养方案引导、课程体系贯穿引导、创新创业实践引导、区域行业企业学校特色文化引导、环境氛围引导、文化传播载体引导的创新创业文化"八导"，形成全员同欲的创新创业育人环境。"课程全育"即是创建"三维立体化"课程全育体系，采取专项课程主育、所有课程渗透、实践课程强化，坚持必修与选修、理论与实践、第一课堂与第二课堂相结合，形成所有课程贯穿培养格局。"项目训育"即是构建"三阶多维"项目训育体系，采用多类型项目、针对性训练、实战化演练，形成层级化、多维度实践培养场域。"平台保育"即是搭建"思想、教学、实践、服务"四功能平台保育体系，建立基础、研究、文化、校企合作、活动、资助、信息、国际合作、孵化"九大"平台，为师生提供了创新创业教育全方位服务，保障了创新创业教育的有效实施。"评价促育"即是实施"过程+结果"闭环创新创业教育评价举措，采取创新创业系统化评价，多重激励创新创业师生和团队，形成促进创新创业教育持续进步的评价制度体系。按照"适应发展、体系健全、培养有效"理念，通过全员参与、全方位推进、全课程贯穿、全过程实施，"导全训保促"五育并举、相互促进，系统培养学生的创新精神、创业意识和创新创业能力，实现学生创新创业素质提升，创业就业量质双升，全面提高技术技能人才培养质量。"五育"培养体系如图 8-1 所示。

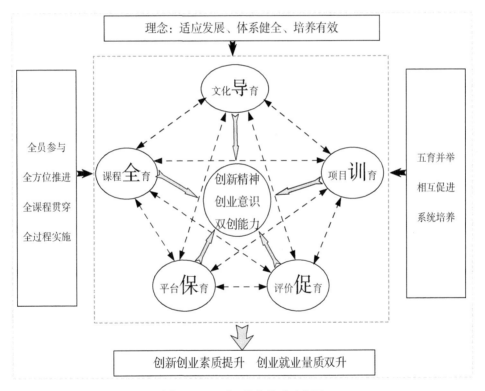

图 8-1 "五育"培养体系示意图

学校成立了创新创业教育领导小组，形成"学校、二级学院、教研室"三级管理服务体系，实施"四全发力、五育并举"培养，取得了明显成效。一是创新创业教育思想深入人心，形成了全员、全方位、全课程、全过程育人局面。二是推动了人培养模式改革，打造了"4双3段1赛"精英式学徒制才培养模式、嵌入岗位创新能力培养模式等。三是推进了创业孵化基地建设，孵化基地累计入驻创业团队(项目)95个，参与创业项目在校生120余人，创新创业带动就业400余人，大学生创业基地2017年、2019年两次被湖北省教育厅认定为"湖北省大学生创业示范基地"。四是促进了创新创业基础建设，学校成立了科协、交通科技研究院，与100余家行企共建了创新创业见习基地、校内创新创业培训基地、产学研合作创新基地、教育部-中兴通讯ICT创新基地，建立了总面积约3000平方创客空间、创新创业工作室，每年有60%以上学生进入创新创业基地见习实训。五是学生培养成效显著。近五年，创新创业教育覆盖学生6万余人，学生就业率达98%以上，连续两年获湖北省高校就业核查免检单位。学生创新、技能竞赛获得省级以上奖励272项，其中获第二届中国"互联网+"大学生创新创业大赛国家银奖1项。

典型案例二：校企融通以工匠精神打造
"精英式学徒制"人才培养新模式(模式创新)

一、实施背景

现代学徒制是传统学徒培训与现代职业教育的结合。从"工业4.0"到"中国制造2025"，随着国家加快实施从制造大国向制造强国的战略转型，职业教育承担着培养高技能蓝领人才、助力"中国智造"的重任。为响应国家关于"推进产教融合、打造大国工匠"的号召，充分发挥学校与企业双方的优势，探索新型"现代学徒制"教学，促进学校高技能型人才的培养，2015年学院引进了武汉莱斯特电子科技有限公司，共建校企合作实训基地，共同打造"精英式学徒制"人才培养新模式。

"精英式学徒制"模式，是学院结合专业教学特点，开展创新创业教育，积极探索新教学模式的一种尝试。通过"精英式学徒制"教学模式的探索，实现以生产性实习为合作载体，以全省职业技能大赛为抓手，以培养精英式工匠为核心的产教融合。形成了"校企融通、赛教融合、创新现代学徒制"的校企合作新模式，创新了"4双3段1赛"的人才培养新模式。

二、具体做法

(一)校企协同，共同制订"精英式学徒制"人才培养新模式

武汉莱斯特电子科技有限公司是一家致力于智能物联网教学平台搭建、电

子竞赛实训器材开发为主的创新型高新技术企业。多年来，该企业一直是湖北省职业院校技能大赛高职组"电子产品设计与制作"赛项和中职组"电子产品装配与调试"赛项的技术支持单位。作为"校中企"，校企协同，共同制订了"精英式学徒制"实施方案，确定了"4双3段1赛"人才培养新模式，构建了校企耦合课程体系。"4双"是指：一是双主体育人，学校和企业均是育人主体；二是双导师教学，学校教师和企业师傅均承担教学任务；三是学生双重身份，学生既是学校的学生，又是企业的员工；四是签订双份合同，学生与企业签订劳动合同，学校与企业签订联合办专业合同。"3段"是指将学生的学业划分为基础学习阶段、拓展学习阶段、创新应用阶段。"1赛"是指选拔有学业所长的学生，校企共同培养，目标直指各类各级专业技能大赛。

（二）对接岗位，共同构建"精英式学徒制"课程体系

校企共建课程开发小组，共同确定专业技能课程和企业岗位课程同步推进，构建了"课程模块化、内容项目化、项目岗位化"的课程体系，将所学专业课程分解成若干个模块，再将每个课程模块分解成若干个岗位，每个岗位分解成若干个技能项目，开发学徒制实训项目。根据专业教学计划要求，结合行业人才需求和岗位要求，科学合理提炼岗位核心技能，由行业、企业、学校共同研究制订实习计划与实习大纲，编写具有鲜明职业特色的高质量的实训教材，注重实践性和可操作性。从职业岗位、工作任务、工作过程、岗位能力及职业素养出发，共同编写"精英式学徒制"校本教材2本。"精英式学徒制"课程模块结构如图8-2所示。

图8-2 "精英式学徒制"课程模块结构图

（三）优化配置，创新开展"精英式学徒制"实训教学

武汉莱斯特电子科技有限公司创新能力强，产品种类较多、市场占有率稳定，生产线配置较多种类的设备，既利于学生掌握多种设备操作，也帮助学校解决设备不足的问题，节约办学成本，利于学生掌握多种设备和仪器仪表的操作，更有利于学校开展"精英式学徒制"的实训教学。

（1）按照企业管理方式，将实训环境"企业化"。学生生产实训，完全按照企业的管理方式进行管理，学生身份更多体现的是作为一名生产型技术工人所必备的安全、质量、效率、效益要求，初步达到"车间、教室合一""学生、员工合一"的要求。

（2）学生实训切实做到"一体化"要求，有利于学生技能水平的提高和毕业后的岗位适应能力的锻炼。

（3）实训期间，企业提供指导师傅和管理人员指导学生正式生产企业产品，初步达到"作品、产品合一"的实训要求，使"生产型"实训培养出社会需要的人才（图 8-3）。

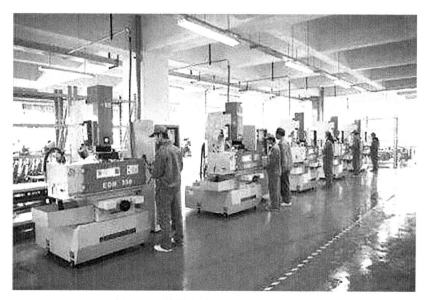

图 8-3　"精英式学徒制"实训现场照片

（四）实施三段育人，共同打造"精英式学徒制"育人样本

三段育人，是指将学生的学业划分为基础学习阶段、拓展学习阶段、创新应用阶段。第一学年，学生以学生身份在校学习文化基础模块和专业基础模块，依托校内实训基地训练职业技能模块，让学生学会岗位需要的基本技能，同时开展企业文化讲座，渗透企业文化，让学生了解企业。第二学年，学生以学徒身份在企业轮岗实训，学生在岗位师傅的带领下，进行 3—5 个岗位的技能轮训，实施企业化班组管理，一个师傅带 5 个左右的学徒；同时学校安排专业教师下企业带队指导。第三学年，学生以准员工身份顶岗实习。企业根据岗位轮训情况和技能特长安排实习岗位，培养学生的技能专长，学校和企业为学生进行专业拓展，增加开设企业管理课程，培养企业骨干。"精英式学徒制"人才培养结构如图 8-4 所示。

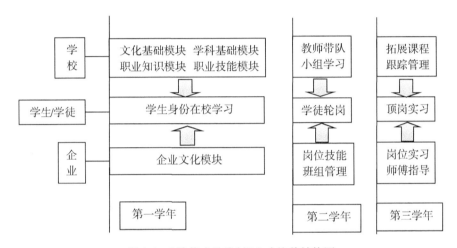

图 8-4　"精英式学徒制"人才培养结构图

(五) 以赛促教，以技能大赛为抓手引领"精英式学徒制"

技能大赛作为一种制度设计，不仅仅是学校办学水平的阅兵式，更是促进学生创新创业的重要途径。

1. 建立大赛机制，实现"三个"覆盖

学校建立健全以赛促教、以赛促练、以赛促学、以赛促创的学练结合机制，推动了创新创业教育改革。突出"三个覆盖"，即实现技能大赛覆盖每个专业、覆盖每位专业老师、覆盖每名专业学生。

2. 注重大赛过程，提升教学水平

一是落实"一个基础"，技能大赛设计以专业岗位需求和人才培养方案为基本依据，二是加强"两个联合"。形成校企合作办赛机制。三是强化"三个意识"：一是"问题意识"。使教师在比赛过程中发现理论与实践中存在的问题。二是"成功意识"。让教师体验到竞赛成功的喜悦，从而激活团队力量。三是"工匠意识"。师生通过竞赛过程，逐步培育和形成工匠精神，树立成为大国工匠的理想和信念。

3. 深化大赛效能，推动教学改革

一是客观全面总结。每次大赛结束，从大赛的组织、训练、成绩、经验教训、建议启示等方面，进行全面深刻的总结。二是充分发挥大赛引领作用。开展"课堂教学+技能训练+技能竞赛"的教学活动，注重理论与实践有机结合，以技能训练为基础，以课堂教学为支撑，以技能竞赛为抓手，构建"三位一体"的教学模式，将技能大赛演化为教学常态模式。

（六）合作共享共赢，校企共建"精英式学徒制"保障机制

1. 制度保障

为保障现代学徒制的顺利实施，在实践中不断完善协议类、制度类、职责类、考核类、方案类5类文件，确保工作有序有效。比如学校与企业合作协议，学校、企业、家长三方协议，师傅与学徒协议等，再如《现代学徒制试点专业实施方案》《学徒实习管理制度》《安全措施与学生违纪处理办法》《学徒实习考核办法》《带教师傅工作职责》等。

2. 共享共赢

合作企业分担了部分人才培养成本，学徒还可以获得相应的经济报酬，从而降低了学校直接教育成本，提高了学校人才培养的质量；企业在不损害学生利益、符合国家法律法规前提下，减少了劳务成本，增加了企业受益，与直接招聘熟练工人相比，学徒制能给企业带来更多的经济回报，提高了企业参与职业教育的积极性。在企业追求经济效益和学校追求教育效益之间的矛盾上，实现了质量、成本与收益的平衡，从而达到共享共赢。

三、实际成果

三年来，依托紧密融合的校企合作，以全国、全省职业院校技能大赛为平台，打造了"精英式学徒制"培养方案，在"4双3段1赛"的新型人才培养模式下，结出了累累硕果。

（一）"4双"模式成果显著，促进了专业教学改革新发展

1. 校企深度合作实现产教融合

现代学徒制是以企业用人需求为目标，以校企深度合作为基础，以学生（学徒）培养为核心，以工学结合、半工半读为形式，以教师、师傅联合传授为支撑，校企双方各司其职、各负其责、各尽所长、分工合作，从而共同完成了对学生（员工）的培养。把工作岗位的技能训练与学校课堂的专业教学紧密结合，既重视专业知识和全面素质的培养，也重视专业素养和从业技能的训练，增强了校企双主体育人融合度，真正实现了产教融合。

2. 校企共同研究制定了人才培养方案

实施现代学徒制人才培养模式，企业成为了"育人主体"，学校能充分利用企业的专业设备、专家师傅等资源，既解决了学校专业设备不足，师资缺乏等矛盾，又解决了学生的专业实习问题，强化了专业岗位技能训练。校企双方共同参与、相互协作、相互配合、优势互补，提高了人才培养质量。

3. 学生技能和经济获得双受益

学徒制的实施过程中，学生可以从企业获得一定的报酬。根据企业的性质不同，学生从企业获得的报酬可能是不相同的，但是对他们来说也是一定的生活补助。这种模式不仅使学生掌握职业技能，还可以缓解经济压力，减轻家长的经济负担，有益于学生未来的就业，增强了吸引力。

4. 充分体现了以就业为导向

现代学徒制采用校企双方合作提供培训课程，课程学习与企业岗位培训相结合，更注重"工作体验""做中学、学中做"，使学生上岗前得到良好锻炼，提前掌握职业技能，提高职业素养，实现"零距离上岗"，校企双方按照学生→学徒→准员工→员工的路径培养人才，企业在学生实习期间可以对其进行较长时间的观察，对优秀学生进行挑选，真正达到优化用工的目的。优秀学徒毕业后能被原企业录用，就业前景明朗。

(二)"1 赛"模式硕果累累，引领了教学改革新思路

1. 大赛引领，提升了专业实力

举办技能竞赛的终极目的在于通过竞赛强化学生的职业技能，但客观上对改善实训环境、提升专业实力都有着深远影响。在实践中，把技能竞赛与日常教学结合，校级技能竞赛与国家、省市技能竞赛结合，将竞赛要求与专业教学计划、课程设置和教学模式结合，使教育教学与技能竞赛之间形成了良性互动。

2. 大赛导向，深化了课程改革

以技能竞赛为切入点，为课程改革提供了动力。大赛规程反映了企业最新的技术发展趋势、技术标准，通过吸取大赛项目的内容和标准，重新修订了课程标准，围绕"教得了、学得会、用得着"的课程改革思想，开发了 2 本教、学、做一体的"精英式学徒制"校本实训教材，新教材改变了老师讲的企业不用、企业用的书本不讲的状态。技能大赛更加注重选手的职业素养，考量师生技能创新、应变能力、沟通能力、心理素质，比赛过程就是师生"学中赛，赛中学"的过程，师生新课程观的形成过程，实现了技能竞赛对教学改革的导向作用。

图 8-5　2016 年 11 月，在湖北省职业院校技能大赛(高职组)"电子产品设计与制作"赛项中，我校代表队荣获两个二等奖

图 8-6　2016 年 12 月，第三届全国高校移动互联网应用开发创新大赛全国总决赛，我校参赛队"湖交职院移动互联 1 队"以全国排名第一的优异成绩荣获全国总决赛高职组一等奖(全国仅 3 个)；参赛队"湖交职院移动互联 2 队"以全国排名第五的优异成绩荣获全国总决赛高职组二等奖(全国仅 8 个)

图 8-7 2017 年 11 月，在湖北省职业院校技能大赛(高职组)"电子产品设计与制作"赛项中，我校代表队分别获得推荐组一等奖和抽签组二等奖

图 8-8 2018 年 5 月，在全国职业院校技能大赛(高职组)"电子产品芯片级检测维修与数据恢复"赛项中，我校交通信息学院的王铭锴和刘添 2 位同学在白桂银和刘解放两位老师的指导下，不畏强手，奋力争先，终获该赛项三等奖

图 8-9　2018 年 5 月，在全国职业院校技能大赛"电子产品设计及制作"赛项中，我校电子教研室教师胡亚波、李鹏，学生游良鑫、徐辉、严洪飞组成的竞赛团队经过长达 8 个多小时的艰苦奋战，最终荣获该赛项三等奖

典型案例三：

高职汽车运用技术专业嵌入岗位创新能力培养模式（模式改革）

为了提高学生的岗位创新能力，根据汽车运用技术专业岗位创新能力的要求，围绕专业涉及的汽车维修、汽车营销、汽车维修接待等工作岗位，培养学生成为技术技能创新型人才，能够在汽车售后服务相关岗位对工具、流程、车辆技术、服务、管理等领域进行创新，提高工作质量和效率。

一、嵌入方法

一是嵌入课程标准。将课程标准与专业创新能力培养目标对接，专业技术技能培养与创新活动相结合，增加提问、质疑讨论、小设计、小制作等教学环节。同时，开展丰富多彩的第二课堂活动，引入创新竞赛体系，拓宽学生获取创新能力的渠道。二是嵌入课程体系。在专业课程体系中，增设创新课程，如创新思维与方法、汽车连锁经营理念创新、维修企业互联网管理，开设智能网联汽车技术等课程。在计算机基础等课程中增加互联网+的相关内容，在汽车保养和维修类课程中增加工具结构原理、车辆原理、性能和维修流程设计的原则等相关内容，并在教学设计中突出创新能力培养。三是嵌入培养保障。为保证汽车运用技术专业学生岗位创新能力培养，从竞赛体系设计和实施、教学团队、学生创新活动室、教学条件等方面予以保障。四是嵌入多元评价。构建多元化的评价体系，将创新需要的各个要素纳入进来，因材施教，将学生的创新成果视为人才评价的一部分，对学生的创新行为给予肯定和鼓励，让学生成为创新的主体，充分发挥其自主创新的能力。

二、培养举措

一是增强岗位创新意识。在课内外教学活动中，尤其在实践活动中，多引入新奇的知识、事物，培养学生的求知欲、好奇欲，鼓励学生多提问、多质疑，并将其转化为创新的动力，鼓励他们自主创新，在这个过程中培养其创新方式的学习和思考习惯。二是注重创新素质的全面培养。营造民主、宽松、轻松的教育氛围，实施商量对话式的指导与引领，努力激发学生的创新精神与创新思维。不仅要让学生知道"是什么"和"为什么"，还要知道"到哪去找知识""如何用知识做"和"如何超越现有知识"，进而综合培养其创新精神和创新能力。三是营造良好创新氛围。开展丰富多彩的课外创新活动，可拓宽学生获取创新能力的渠道。并组织学生建立创新活动小组，提高专业教师和学生参与创新活动的积极性。四是构建合理的课程体系和评价体系。建立多元化的课程体系，将创新需要的各个要素纳入进来，并将学生的发明、制作、设计、论文、竞赛成果等创新成果纳入到考评体系中，让学生成为教学的主体，充分发挥其自主创新的能力。

三、培养成效

学生创新意识明显增强。通过课堂内外创新环境、氛围的营造，并在老师的正确引导下，学生参与创新活动的积极性和主动性有了显著提高。学生自主创建了大学生创新社团，定期开展创新活动；积极参与教师的科学研究项目，协助完成技术文件编写和专利申请工作；积极参加各类创新技能大赛，到省赛国赛平台交流学习创新经验，参与各类创新大赛的专业学生累计160余人次，并带动汽车与航空学院其他专业积极参与创新大赛。在2018年的"互联网+"创新创业大赛学院初赛中，全校共有230名学生参加。

学生创新能力和素质大幅提升。经过各类创新活动的锻炼，学生的创新能力得到了提高。在实训室建设中，学生参与了汽车电器示教板、汽车电器实训平台、汽车拆装台架、汽车发动机实训平台的研制和建设工作，涉及平台从设计、制作、调试的全部过程；在钳工实训中，学生能够根据钳工基本技能，自主设计制造特色作品，如汽车车标、十二生肖造型等。在 2018 年的"互联网+"创新创业大赛学院初赛中，学生共提交了 46 项作品。

各类创新大赛硕果丰富。通过模式实施，在学生参加的全国大学生机械创新设计大赛、湖北省大学生机械创新设计大赛中，累计获得国家级一等奖 1 项、省级一等奖 1 项、二等奖 6 项、三等奖 6 项，申请实用新型专利 3 项，获奖学生 86 人次。

毕业生岗位创新有成果。汽车运用技术专业毕业生进入企业后，在各自的岗位上积极参与企业的创新活动。代表企业参加汽车维修接待、汽车维修技术、汽车营销类改善大赛，自主设计改造汽车维修工具、设备，对服务、流程、工艺、工具、设备、管理等进行创新，如学生对工具车进行改进，对制动总泵拆装工具改进，对正时链条磨损测试方法的改进，对空调检修流程的改进等，得到了各种奖励和荣誉，也获得了企业的肯定。

典型案例四：第六届"长江学子" 大学生就业创业人物事迹推荐案例（开拓创新类）

李畅，湖北交通职业技术学院飞机机电设备维修专业 2020 届毕业生。他有航空梦，怀揣"逐梦航空·笃行飞翔"的信念，大学三年发奋学习，荣获国家奖学金、校三好学生等荣誉称号；他有工匠心，攻坚克难，朝着梦想砥砺前行，代表湖北省参加全国职业院校技能大赛飞机发动机拆装调试与维修赛项获得二等奖，站上了国赛的领奖台；他有报国志，毕业后进入武汉凌云科技集团工作，航空报国，矢志奋斗，为早日成为一名大国工匠不懈奋斗！

他有一个航空梦，砥砺前行方始终。那一年，中国的大飞机 C919 首飞成功，2017 年 5 月 5 日，是他始终铭记的日子，C919 起飞的那刻，他便在心里种下了航空梦，渴望飞翔，向往蓝天。那一年，湖北交通职业技术学院开办了湖北省内第一个航空专业，为那些有着航空梦的孩子提供逐梦的平台。那一年，他毅然选择湖北交通职业技术学院飞机维修专业，笃信湖北交通职业技术学院的荣耀带他实现梦想，翱翔蓝天。他站在操场歼-6 战机下仰望凝视，心中默念"航空报国，笃行兴校"的训语，如同灯塔一般指引他坚定前行，激励他不懈奋斗。大学的学习生活他从不敢怠慢，大一当选为班长，时刻提醒着自己要不断前行，要为身边那一群有着同样梦想的同学们树立榜样，积极帮助其解决学习和生活中的困难，并在 2020 年被评为优秀学生干部！大学三年，他努力学习专业课程，不断夯实专业技能，2019 年他以总分 991 分的成绩成为本专业第一名，荣获本年度国家奖学金、"沃尔沃"励志奖学金以及三好学生等称号。

他有一颗工匠心，致知力行取佳绩。他深知中国大飞机的起飞，航空产业的迅猛发展，离不开一代代航空人的"工匠精神"，他时刻用航空从业者应该有的工匠精神和职业素养严格要求自己，对待每一次日常实训，他都精工细作，毫厘之间追寻造物极致。2018 年，国赛集结，他最先报名！这一年，他和队友们刻苦训练，国赛集训制订了严格的训练计划。为拥有适应高强度比赛的体能，整整三个月，他每天早晨 6 点起床跑足 5 公里；为具备国赛技能水准，他开展了工具认知、适应训练、赛项训练、模拟 PK 等一系列系统集训，每天训练 15 个小时；活塞发动机拆装调试需要掌握全面的故排、分析和测量技巧，而且要分秒必争，以获取时间加分；高压燃油泵沉重且安装难度大，为了省时间，他和同伴们蹲在工作梯上训练，一练就是数小时；为掌握比赛中专业英语应用能力，熟练掌握波音全英文维修手册，他恶补英语，最终能看懂并正确填写全英文查询记录工单；为了不负学校厚望，在春节家家户户团圆的日子，他主动"加班"训练——晚回家十天、早到校十天，只为将技能熟练到极致。秉承精益求精的信念，练就工匠之手，时刻练、反复练、寻找机会练。经过训练，他改掉一切"差不多"习惯，坚持完美，追求极致，做到了手上有技术，脑中有知识，正为自己的工匠之路打下坚实的基础！正是因为他的工匠心，带领团队站上了国赛的领奖台，荣获 2019 年全国职业技能大赛飞机发动机拆装调试与维修赛项二等奖！2019 年年底，在学校的号召和工匠精神的指引下，他再一次出发，参与到 2020 年紧张的国赛集训中。这一次他本将再次全力以赴、追求更高的荣耀，但由于 2020 年初疫情的影响，他只好将线下集训转为线上继续带领学弟学妹们巩固专业理论知识，强化专业技能操作，向他们传递大赛经验技巧，让这份荣誉和收获能不断传承！

一腔报国志，开拓创新逐梦行。集各种优秀于一身的他时刻提醒自己，矢志奋斗正青春，航空报国应始于每一处细微。在校耀眼的成绩让他顺利进入心仪的企业——武汉凌云科技集团有限责任公司，在这里他一如往常般努力学习，想要展翅高飞；在这里他时刻警醒自己脚踏实地，用实际行动践行航空报国精神。星光不问赶路人，时光不负有心人。李畅十分庆幸自己选择湖北交通职业技术学院实现梦想，同时也特别感激每一位教导自己的老师，助力其在追梦路上越走越顺。他坚信，只要努力追梦，希望与梦想定不会辜负于自己，而他将一如既往地为成为一名大国工匠和航空后浪而努力奋斗！

典型案例五：第六届"长江学子"
大学生就业创业人物事迹推荐案例（自主创业类）

张光大，男，湖北麻城人，学校 2016 届工程机械运用与维护专业毕业生，中国共青团团员。2016 年创立武汉青众创文化传播有限公司，任执行董事兼总经理；2017 年荣获"湖北（2017）年度优秀青年企业家"荣誉称号；2018 年武汉市大学生留汉创业培训班优秀学员。

创业是因为爱好，做毕业季是出于情怀。2015 年 5 月，即将出去实习的张光大接到了一个高中同学的电话，希望他在就读学校联系几个即将毕业的班级租借学士服。抱着给同学帮一下忙的想法，他将出租学士服的消息在学院班委群发了一下，没想到一石激起千层浪，这一次消息群发让他走上了创业之路。原本就爱好摄影和怀旧的张光大在同学的牵线搭桥下，开始关注毕业季里的商机。当年 6 月，张光大离校去了武汉一家公司实习，他发现，随着生活水平提高，学生们对毕业照要求也越来越高，而在当时武汉并没有一家成体系的毕业季文化服务公司。于是，一颗创业的种子在张光大的心中发了芽。

一波三折，负债累累。2016 年年初，已经大三的张光大路过湖北交通职业技术学院北门时，看到大学生创业孵化器第一批入驻团队开始招募的消息后，立即和关系要好的大学同学以及 3 个学弟组建了创业团队。在学校扶持下，当年 3 月，张光大的创业团队顺利入驻创业特区，并成功注册武汉青众创文化传播有限公司。第一笔业务，他们就瞄准了 4 月至 6 月的毕业照拍摄。创业初期，团队五个人使出浑身解数到处拉业务，联系衣服租赁公司、摄影师和后期制作公司，但辛辛苦苦三个月，最后却只做出了七万元流水，利润不足两万元。由于投入与付出严重不对等，其他四个人受不了心理落差，之后陆续退出创业团队。后来他又了解到，租赁演出服利润不菲，对创业仍抱希望的张光大咬牙找朋友、同学凑了六万块钱，买了 2000 套演出服，但令他没想到的是，演出服租赁费利厚，但市场却很难打开，他购买的演出服基本无人问津。2016 年下半年，张光大举步维艰，公司打不开市场，只能借贷维持运转，再加上房租和生活开销，他不仅花光了大学期间兼职攒下的三万块钱，还新添了八万债务。张光大来自大别山农村，在他上大学前，其父因骑车撞到人，家里背上了 10 多万事故赔偿款。张光大明白，自己再困难，家里也无法提供援助，自己选择的路只能自己走，背上的债也只能自己扛。仔细分析后，张光大认为虽然公司举步维艰但仍有前景，眼前窘境主要是市场开拓不力所致。此后，他开始一心扑在市场上，雇不起专职工作人员，他就招在校大学生兼职，并通过各种渠道与各高校毕业班辅导员、班干建立联系，为打开 2017 年毕业季市场作准备。

调整策略迎来转机。白天想方设法拉业务，晚上仔细分析创业失败原因，慢慢地，张光大发现公司之所以迟迟得不到发展主要有三个原因：一是公司概念淡薄，没有建立规章制度，创业团队想解散就解散；二是在没有充分了解市场的情况下，盲目投资；三是创业初期，为省钱，他请最便宜的摄影师，联系最便宜的制作公司，影响了作品的质量与公司的口碑。明白创业失败的原因后，张光大开始大刀阔斧地改革。功夫不负有心人，2017 年毕业季来临后，业务量剧增，最忙时，一天能够接下 15 单，张光大开始前所未有地忙碌起来。业务量虽然大幅增加，但张光大不敢马虎，坚持聘请高水平摄影师，与优质制作公司合作，始终以客户满意度为中心。张光大对摄影师也提出了高要求，不定期进行在线培训，不允许他们与客户发生冲突，更不许他们带情绪工作。张光大还建立了一个业务群，随时接受客户监督和意见，在他精心管理下，公司的信誉度越来越高，客户也越来越多，其中 80% 的客户是通过已有客户介绍的。2017 年，张光大的公司终于突破困境，迎来转机。如今，张光大的公司发展蒸蒸日上，已经达成合作的客户较 2017 年增加了 7 倍多，团队规模也扩展到了 12 人，同时，公司在湖北第二师范学院、武汉城市学院、华中农业大学投资开了新店，计划在未来三年将业务推广至合肥、洛阳、长沙、南昌、北京。

典型案例六：湖北交通职业技术学院"四全发力、五育并举"创新创业教育实施方案

为深入贯彻落实《国务院办公厅关于深化高等学校创新创业教育改革的实施意见》(国办发〔2015〕36 号) 和《国务院关于推动创新创业高质量发展打造"双创"升级版的意见》(国发〔2018〕32 号) 的精神，以及党的十八大提出的"实施创新驱动发展的战略""创业带动就业"精神，进一步推动我校学生创新创业教育工作，帮助大学生树立创新创业意识，完善创新创业知识结构，掌握创新创业技能，以创业促就业，为有效实施"四全发力、五育并举"创新创业教育，结合学校实际，特制定本实施方案。

一、指导思想

以习近平新时代中国特色社会主义思想为指导，坚持党的教育方针，贯彻落实《国务院关于大力推进大众创业万众创新若干政策措施的意见》，以培养

具有扎实基础知识、较强实践能力和创新创业精神人才为目标，加强师资队伍建设，深化教学内容和课程体系改革，完善实践教学体系和评价体系，统筹校内外资源，打造创新创业孵化新高地，营造良好的创新创业教育文化生态，将创新创业团队扶持和就业服务相结合，引进社会资源构建管理、教育、实训、指导、服务、宣传的创新创业工作平台，培养社会发展需要的，德智体美劳协调发展的高水平创新创业技术技能人才，提升我校毕业生的就业创业竞争力和社会贡献度，全面推进我校创新创业教育工作的新局面。

二、实施目标

(1)通过"全员参与、全方位推进、全课程贯穿、全过程实施"，推动适应发展、体系健全的"文化导育、课程全育、项目训育、平台保育、评价促育"的创新创业教育体系落地生根、开花结果。

(2)通过全面实施"四全发力、五育并举"的创新创业教育，推进学校教育教学综合改革，建立以学生为中心的创新创业人才培养模式，面向全体、分类施教，把创新创业教育融入人才培养全过程。

(3)通过全面实施"四全发力、五育并举"的创新创业教育，建设创新创业教育与专业教育深度融合的人才培养新体系，实现从注重知识传授向注重创新精神、创业意识和创新创业能力培养的转变。

(4)通过全面实施"四全发力、五育并举"的创新创业教育，建立完善的大学生创新创业实践体系和平台，建设为大学生创新创业成果转化提供技术、场地、政策、管理等支持和创业孵化的服务体系。

(5)通过全面实施"四全发力、五育并举"的创新创业教育，建立创新创业教育专兼职结合的师资队伍，建立创新创业教育的考核评价体系和资源配置导向，创造有利于创新创业人才成长的教学与实践条件及文化生态。

三、组织与领导

1. 成立学校创新创业教育工作领导小组和专家指导委员会

为统筹协调学校的创新创业教育工作，成立由校长任组长，分管教学和学生工作的副校长任副组长，招生就业处、教务处、学生工作处、思想政治处、团委、科技处、合作交流处、人事处、计划财务处信息中心和各二级学院负责人为组员的创新创业教育工作领导小组，负责创新创业教育的统筹规划、政策制定、经费保障、监督评价、管理和决策。专家指导委员会聘请校内外创新创业教育专家、教授学者、企业家和优秀校友开展创新创业教育的研究、咨询、项目评审、教育活动指导和服务，整合资源，协同育人。创新创业教育领导小组办公室设在大学生创新创业教育中心，负责具体的日常工作。

2. 加强二级学院对创新创业教育工作的组织领导

成立由二级学院党总支、团委和系(专业)主任及部分老师组成的创新创业教育指导中心，结合学院专业实际，整合校内外优质师资资源，组建一支高水平的创新创业导师队伍，加强实验室资源、实践教育基地资源对各类科技创新活动、创新创业大赛活动、科研训练活动和大学生创业活动等的支持力度；通过"全员参与、全方位推进、全课程贯穿、全过程实施"，建立"文化导育、课程全育、项目训育、平台保育、评价促育"的创业教育"五育"培养体系，为学生的创新创业活动提供强有力的支持。

3. 加强大学生创新创业教育中心对创新创业活动的统筹协调

由大学生创新创业教育中心牵头，以创新创业园、创新创业教育基地、工培训中心、校外实习实训基地等实践教育基地为依托，联合条件成熟的开放实验室，整合学校创新创业教育资源，建立开放式校级创新创业综合实践基地，提供良好的实践环境与必要条件，面向全体教师、学生，项目式引进、开放式管理，为优秀创新创业项目培育提供土壤，为具备创新创业潜质和创新创业热情的大学生和大学生团队脱颖而出创造条件。

四、实施措施

(一) 更新创新创业教育理念，推动创新创业教育健康发展

科学把握创新创业教育与专业教育、素质教育、就业教育的内在联系，坚持以促进学生全面发展为目标，以培养学生创新创业意识和创新创业精神为核心，以创新创业项目和活动为载体，以创新创业能力提高为关键的创新创业教育新理念。切实把创新创业教育贯穿于人才培养的全过程，注重顶层设计和整体谋划，注重面向全体学生，注重文化引导，注重项目带动，注重评价督促，注重通过深化课程体系和教学内容改革推动创新创业教育的健康发展。

(二) 明确创新创业培养标准，推动人才培养方案修订和完善

创新创业教育是培养技术技能型人才的重要途径。创新创业教育必须面向学生全体、有明确的培养目标，需要系统的课程学习，以及实践训练和参加各种社会实践活动。根据国家和行业标准，从教育全过程出发，将创新创业教育纳入人才培养方案进行整体规划设计，确保学生创新创业的知识、能力、素质达到预期要求。

(三)健全文化导育体系,营造创新创业文化生态

(1)通过从顶层设计置入、人才培养方案纳入、全部课程贯入、文化氛围营造、创业环境打造、创新创业活动开展、创业学子激励、创新创业教育宣传等全域导入创新创业文化元素,全面渗透创新创业思想、理念、制度、资源,不断健全创新创业教育文化体系。

(2)通过广泛开展创新创业教育和大学生自主创业的宣传和舆论引导,营造创新创业的良好氛围。通过网站、广播、微信公众号和直播平台等新媒体,积极宣传国家、地方和学校促进创业的政策、措施,宣传大学生自主创新创业的先进典型,激发学生的创新创业热情,引导学生树立科学的创业观、就业观、成才观。

(3)通过在教室、图书馆、实训室等学习实训场所放置宣传展板、广告栏、橱窗等阵地,营造创新创业的文化氛围,让这些场所既是学习实训的场所,又是创新创业教育的场所,耳濡目染,入脑入心。

(四)健全课程全育体系,形成所有课程贯穿培养格局

按照创新创业基础课程、实践课程、延伸课程、项目体验实践四个层次构建动态的、多层次的、立体化的创新创业课程体系。扩展和进一步加强"职业发展与创业就业指导"课程建设,加强创新创业教育内容,使之成为创新创业教育全校通识必修课程;在通识选修课体系中设置"创新创业类"板块学分;开设创新性思维与研究方法、专业前沿、创业基础、就业创业指导等方面的必修课和选修课程;在第二课堂设置创新创业教育实践拓展课程、跨专业体验课程等;开展基于"学生创新创业学习平台+教师创新创业教学平台+社会创新创业服务平台"于一体的网络教学资源建设,建立大学生创新创业教育网络学习、交流、咨询平台,使学生初步了解创新创业的基本知识、途径和一般规律,培养学生创新创业的意识,实现创新创业教育"全覆盖"的目标。根据不同专业,开发多样化的专业创新创业课程,在专业领域进行创新创业的针对性教育,引导学生获得基于专业教育的创新创业知识,推进创新创业教育与专业教育的深度融合,实现创新创业教育"个性化"的目标。

(五)构建项目训育体系,形成多样性创新创业实践活动场域

(1)各教学单位积极组织学生参加创新创业、职业技能和科技创新等各级别大赛,充分发挥相关竞赛的育人作用,提高赛事组织工作水平,扩大学生参与面。学生工作处、团委和招生就业处等部门要组织做好的各类社会实践活动、科技节活动,力争实现每名学生在校期间参加一项创新创业训练项目,实施育苗选苗工程,通过多样化的创新创业实践活动,在全校形成浓郁的创新创

业活动氛围。

(2)举办学院层面的大学生职业生涯规划和创新创业实践活动,支持学生创办创新创业类的学生社团,支持学生自主开展创新创业实践,组织这些社团定期到企业参观学习,促进学生创新创业类社团的沟通、交流和发展。

(3)通过举办创新创业论坛、经验交流会、事迹报告会,邀请知名企业家、教育家、相关领域的政府领导,以及我校成功创业学生和成功校友到校讲座、对话,组织到企业参观学习等课外创新创业实践活动,丰富学生的创新创业知识和体验,激发学生创业动机与需求。

(六)搭建平台保育体系,保障创新创业教育有效实施

(1)根据国家文件要求,针对创新创业教育问题和需求,以有利于培养学生创新精神、创业意识和创新创业能力,培养高素质创新型技术技能人才为目标,结合区域资源优势、学校专业特点和学校现有条件,充分整合境外境内、校外校内资源,抓住学校"双高"建设机遇,加大支持投入,搭建"九大平台",形成创新创业系统完备、相互联系、相互支撑、运行有效、保障有力的"平台保育"体系,保障政策衔接、文化引领、教育教学、创新研究、科技大赛、资金扶持、创业实践、项目孵化等,丰富完善创新创业教育体系,支撑保障创新创业教育顺利有效开展。

(2)整合学校实践教育资源,在学校工程训练中心建立涵盖工程认知、工程综合、创新创业的三层次综合实训体系,开展工程设计、工程制造、工程管理和工程创新训练;在学校文科实验教学中心建立由企业管理仿真、供应链管理和商业社会环境组成的企业运营虚拟生态系统,开展多类型企业的经营模拟实训。开放学院专业实训室、实训中心,构建突出专业特点的创新创业实训基地,开展创新训练、创业训练、创业虚拟实践等活动,把学生科研训练纳入专业培养计划,为相关专业学生参与科研项目研究,完成创新创业训练计划项目创造条件。

(3)协同推进校内外资源,发挥学校地处九省通衢的中心地域优势,以大学生创新创业园平台为依托,创建"众创空间",构建大学生创新创业项目培育和产业孵化平台、产学研项目研发和转化平台,发挥政策集成和协同效应,引进产业资源,建立协同育人长效机制,为大学生创新创业训练计划提供实践载体,提高学生职业发展能力、就业创业能力和水平,实现创新与创业相结合、线上与线下相结合、孵化与投资相结合,为大学生创新创业提供助推动力。

(七)健全评价促育体系,激发师生的创新创业积极性

(1)创新创业教育评价应该重视学生为主体的主观感受,通过设置教育影响阶段、模拟启动阶段、实战转化阶段、成功创业阶段，四个阶段"阶梯模型"，进行全过程评价，检验学校视角创新创业评价体系成果，真正实现"以评促育"功能。并通过反馈机制设置，形成闭环评价系统，体现动态评价功能，实现系统的自我更新，不断推动创新创业教育自我更新和发展，使得评价体系能适应社会发展对人才培养需求。

（2）加快完善教师学生创新创业成果处置和收益分配机制，支持教师将基于创新的科技成果转化为创业项目，并鼓励带领学生创新创业。

（3）建立对各部门、各系部、全体教师创新创业教育成果的评价考核机制。确定创新创业教育成果的考评指标体系和考评办法，定期对创新创业教育工作进行考核评价。

（4）建立创新创业教育质量检测跟踪机制。把未来创业成功率和创业质量作为评价创新创业教育的重要指标，反馈指导学院教育教学和人才培养。

（八）打造专兼结合教师队伍，提升创新创业教育教学能力

明确全体教师的创新创业教育责任，实施教师创新创业教育能力提升计划，将提高创新创业教育的意识和能力作为岗前培训、课程轮训、骨干研修的重要内容，建立相关专业教师、创新创业教育专职教师到行业企业挂职锻炼制度，将教师从事创新创业教育情况作为专业技术职务评聘和绩效考核的重要指标，建立教师指导创新创业教育奖励办法，提高教师从事创新创业教育的积极性。选聘富有创新创业经验的企业管理人员、政府相关专业人员、创业成功者、企业家、成功创业校友等各行各业优秀人才建立"创新创业导师团"，担任创新创业授课或实践指导教师，逐步建立一支与创新创业教育要求相适应的、具有先进理念与奉献精神的、结构合理的、专兼职结合的高素质教师队伍。建立创新创业教育研究中心，配备专职教师，聘请校内外专家，开展创新创业教育系列课程的开发、讲授与实践指导。

（九）健全制度保障体系，为大学生创新创业提供制度保障

建立多元化的学籍管理制度，在校学生可根据自主创业意愿申请在校创业和休学创业，修读年限在国家政策范围内可不受限制。建立"创新创业学分"积累与转换制度，将学生参与课题研究、开展创新实践、发表论文、获得知识产权、参加创业实践活动和自主创业等情况折算为学分，"创新创业学分"经认定后可替代选修课程学分。为创新创业学生修读辅修专业或转入相关专业学习创造条件。设立创新创业专项奖，对创新创业成绩突出的学生给予表彰和奖励，创新创业经历与成绩作为学生评优、评奖的重要考核指标，并对学生大学期间的创新创业能力进行认定和评价。进一步完善选课制度，主要基础课程实现学生选时段、选教师，为学生参与学科竞赛和创新创业实践创造时间和空间条件。通过多种渠道整合社会资源，建立"大学生创新创业专项基金"，创建服务"大众创业、万众创新"需要的科技成果转化和产业化机制。建立科研业务费支持品学兼优且具有较强科研潜质的学生开展创新科研工作的制度。多渠道统筹安排资金，加大对创新创业教育的投入，在预算中安排专项资金支持创新创业教育工作和大学生创新创业训练项目。鼓励教师投身创新创业教育，对指导学生取得优异成绩的教师进行表彰奖励。

典型案例七：二级学院文化建设案例
——以湖北交通职业技术学院交通信息学院为例

交通信息学院深入贯彻党的教育方针，以马克思主义科学理论为指导，以创建优质学院，培养"推进网络化、信息化、智能化，服务于区域经济发展"的高素质技术技能人才为目标，以加强文化建设和学风建设为中心，以丰富多彩、积极向上的文化活动为载体，推动学院文化建设和文明形成，为师生和学院发展创造优良的文化环境，突出文化建设引领，推进优质学院建设。

学院文化是学院的灵魂，具有导向、凝聚、规范、陶冶、激励作用，是驱动学院不断创新、不断进步的精神家园，也是学院持续发展的精神动力。作为社会主义先进文化的重要组成部分，在新时代，努力建设体现时代特征和学院特色的学院文化，具有十分重要的现实意义和战略意义。

学院文化的形成与发展具有历史积淀性、群体共鸣性、阶段现实性和时代同步性的特性。加强学院文化建设，最终的目标要落实到实施学生素质教育、全面提高职业教育质量、促进学生全面可持续发展上；落实到全面提高教师的思想道德、科学文化、专业能力和职业素养，着力在坚定理想信念、厚植爱国主义情怀、加强品德修养、增长知识见识、培养奋斗精神、增强综合素质上下工夫，促进教师职业发展上；落实到提高学院的亲和力、向心力、凝聚力、感召力、创造力、发展力，促进学院持续发展上。

学院经过近17年发展，积累了独特的文化，特别是近年来，学院着力加强党建文化、制度文化、精神文化和物质文化建设，不断总结提炼，形成了"以德立院、民主理院、质量强院、科研兴院"的学院办学思想，"立足交通、面向未来、创新驱动、特色发展"的学院办学理念，"创新奉献、追求优质"的学院精神，"德仁敬静，智勇竞进"的学院院训，"知行合一、行胜于言"的学院院风，"立德树人、求真力行"的学院教风，"德技并修，勤学致用"的学院学风。

"春雨润物细无声，无声处处孕芳华。"让我们在学院文化的孕育下，创新奉献，坚定信念，净化灵魂，修养品德，升华人格，完善自己，共同建设学院文化，共同构筑我们的精神家园！

一、学院精神诠释：创新奉献，追求优质

(一) 创新精神

创新是一个民族进步的灵魂，是国家兴旺发达的不竭动力，是引领发展的第一动力。创新精神，是社会前进的动力源、是事业发展的催化剂、是人生成长的精神钙。创新精神是一种勇于摒弃旧思想旧事物、创立新思想新事物的精神。创新精神也是进行创新活动必备的心理特征，包括创新意识、创新兴趣、创新胆量、创新决心，以及相关的思维活动。

学院创新精神的核心内涵就是"锐意改革、勇于突破"。具体表现在：教育认识突破。不满足职业教育已有认识，加强学习探索，不断追求职业教育新知识、新理论、新方法。全面改革突破。不满足现有的职业教育管理体制机制、教育教学模式、教学方式方法、教学工具材料、教学辅助手段等，根据现实需要或新形势、新情况、新要求，不断进行教育教学改革创新。规则习惯突破。不墨守成规，不受原有规则、方法、理论、说法、习惯的束缚，敢于打破原有框框，探索新规律，提出新方法，培养新习惯。思维方式突破。不迷信书本和权威、唯书唯上、人云亦云，坚持独立思考，敢于根据事实和自己的独立思考，质疑书本和权威。创新追求突破。不停留于一般化，追求新颖独特、异想天开、与众不同。实践运用突破。不僵化呆板，灵活运用已有知识和能力解决教育教学、生活工作中的问题。

(二) 奉献精神

奉献是一种境界，是一种态度，是一种行动，也是一种信念。奉，即捧，意思是献给；献，即恭敬庄严地送给集体或尊敬的人，原意为献祭。奉献，就是恭敬的交付，呈献，也是指满怀感情、不计回报地为他人服务，作出贡献。奉献精神是对自己事业不求回报的热爱和全身心的付出，也就是把本职工作当成事业来热爱、追求和完成，坚持团队协作，努力做好每一件事、认真善待每一个人，全心全意为人民服务，立足岗位，担当作为，用自己的热爱和付出去感染身边的每一个人，人人奉献、共同奋斗创造美好生活。

学院奉献精神的核心内涵就是"献身职教、全心付出"。具体表现在：一是对职业教育的热爱执著。要有"衣带渐宽终不悔，为伊消得人憔悴"的热爱执著，顺应大力发展职业教育时代要求，献身交通信息职业教育，影响感染学生热爱专业，执著提高技术技能。二是对职教事业的全力付出。要有"春蚕到

死丝方尽，蜡炬成灰泪始干"的终身付出，为了学院事业发展和学生成长发展，立足本职，全力以赴，奋斗终生，燃烧自己，照亮别人。三是先人后己的思想态度。要有"先天下之忧而忧，后天下之乐而乐"的思想态度，吃苦在前，享受在后，学院集体利益在前，师生个人利益在后，倡导无私奉献。四是舍生取义的牺牲情怀。要有"人生自古谁无死，留取丹心照汗青"的牺牲情怀，心中有大义，为了国家富强、民族振兴、人民幸福而忘我工作，舍生忘死献身职教育事业，付出丹心培养大国工匠。五是推己及人的宽阔胸怀。要有"己欲立而立人，己欲达而达人"的宽恕胸襟，以上率下、以老带新、互相帮助，关心师生成长发展。六是乐观其成的必胜信心。要有"为有牺牲多壮志，敢叫日月换新天"的英雄气概，乐观向上、积极进取，对优质学院建设充满必胜信心。七是高风亮节的人生境界。要有"捧着一颗心来，不带半根草去"的人生境界，用心学习、努力工作、尽其所能，为国为民为师生多做实事好事，学习工作追求高标准。不争待遇、不讲条件、清正廉洁、高风亮节，为国家社会学院多作贡献，生活待遇追求低标准。……

(三) 追求优质精神

优质就是好质量、高质量，它既是一种标准、一种目标，也是一种状态，更是一种境界。质量是品质、是效益、是生命，质量是学院发展的生命线。学院必须充分发挥自身资源能力优势，培养高质量教师学生，建设高水平专业，实现优质学院目标。追求优质是学院的发展目标与方向。追求优质精神是咬定优质目标与方向不放松，坚定向前，永不言败，直面困难挑战，积极开拓进取，努力拼搏争优，学习勤奋务实、德技并修、学以致用，工作踏实认真、追求卓越、精益求精，打造优秀教师、优能学生、优质学院。

学院追求优质精神的核心内涵就是"瞄准优质，不解追求"。具体表现在：一是目标指向优质。学院发展聚焦优质学院目标，要建设特色鲜明的优质专业，着力打造优质学院。二是标准要求优质。教师和学生，无论学习还是工作，标准要优质，着力培养优秀教师和优能学生。三是追求境界优质。境界优质就要求全员拥有大格局，把握大方向，拓展大胸怀，提升大境界，以世界眼光、国家情怀、学校大局来思考自己的学习和工作，将职业当作事业来看待，以国家新时代追求高质量发展的高度，来谋划学院人才培养优质发展。四是追求优质执著。全员都要有追求优质的执著，以"想干事、能干事、敢担当、善作为"干事创业勇气，咬定优质不放松，克服困难不言败，拼搏争优永向前。五是创优信心坚定。全员要有人人皆可创优、人人皆可出彩的坚定信念，形成人人渴望成才、人人努力成才、人人皆可成才、人人尽展其才的良好局面，师生主动钻研新业务、掌握新技能、创造新业绩，弘扬劳动光荣、技能宝贵、创造伟大的时代风尚。六是发扬工匠精神。要求全员对待学习和工作，有如工匠对自己的产品精雕细琢，追求完美和极致，对精品有着执著的坚持和追求，不断发扬精益求精、追求卓越的工匠精神。……

创新是精神动力，奉献是精神品质，优质是精神形象，追求优质是精神追求。创新奉献是核心精神，决定着追求优质的成效，追求优质是核心目标，是创新奉献的价值追求。只有目标追求明确，才能主动创新奉献，也只有人人创新奉献，人人追求优质，咬定优质目标持之以恒、久久为功，才能实现优质目标，实现教师优秀、学生优能、学院优质。

二、学院院训诠释：德仁敬静，智勇竞进

"训"，本义是用言语（贯通）使人心思如河流般流淌顺畅。从"言"从"川"，"言"指"劝说""说教"，"川"本指"归向大泽大海的水流"，"言"与"川"联合起来表示"用言辞劝教以使归于"。引申义是用成文规范或先例进行说教、教导。"训"是成文的规范、集体的观念，"院训"是学院对全体师生观念和行为规定有指导意义的语词。在国家推动社会主义文化建设大发展大繁荣的背景下，学校大力推动校园文化建设，结合交通信息学院发展历程和文化积累，落实学校"重德、励志、笃学、尚能"校训，凝练提出了"德（dé）仁（rén）敬（jìng）静（jìng），智（zhì）勇（yǒng）竞（jìng）进（jìn）"的八字院训，激励引导交通信息学院师生以"德仁敬静"做人、修身、提能，以"智勇竞进"做事、奋斗、发展。立德树人是根本，仁爱互助是本分，敬畏尊敬是态度，安静宁静是需要，智慧智能是必要，勇敢勇气是应然，竞争竞赛是当然，进步先进是必然。

（一）德，道德的德

"德"即道德、品德。有德者必有位。立德树人是学院的根本任务，修德做人是全员的终身任务。"德有邻，而不孤"，有德之人，必然高朋满座。"德"为人之"魂"。师生要以德立身、以德立学、以德立业，要有理想信念，树立正确的世界观、人生观和价值观，坚定政治方向，遵循天德，推崇道德，弘扬中华传统美德，践行社会主义核心价值观，在思想中"知德明德"，在实践中"守德行德"，在追求中"尊德修德"，做到"循天德、讲道德、修品德"，不断提高思想政治素质、职业道德素养、人格品德修养。

（二）仁，仁爱的仁

"仁"即是爱，是博爱。有仁者必无忧。子曰"仁者不忧"，即是说有仁德

的人不会忧愁。孟子曰："仁者以其所爱及其所不爱，不仁者以其所不爱及其所爱。"就是仁者把对他喜爱的人的恩惠推及他不喜欢的人，不仁者把对他不喜欢的人的祸害推及他喜爱的人。子曰："仁者，己欲立而立人，己欲达而达人。""己所不欲，勿施于人"，信奉"四海之内，皆兄弟也"，体现在教育上就要"因材施教""关爱学生"。我们要把忠心献给祖国、爱心献给社会、关心献给他人、孝心献给父母、信心留给自己。泛爱众，而亲仁，做到"爱党、爱国、爱校、爱人"。

（三）敬，尊敬的敬

"敬"即敬畏、尊敬。能敬者必有德。一个人只有心存敬畏，才会有整体意识，懂得感恩，懂得包容，把自己周围一切视为上宾，而不是利用与践踏。孟子曰："君子以仁存心，以礼存心。仁者爱人，有礼者敬人。爱人者，人恒爱之；敬人者，人恒敬之。"师生对法律规矩要心存敬畏，对同事同学要心存敬尊，对学习工作要心存敬态，做到"敬法纪、敬学业、敬师长、敬同学"。

（四）静，安静的静

"静"即是安静、宁静、平静。能静者必学成。诸葛亮《诫子书》说："夫君子之行，静以修身，俭以养德。非澹泊无以明志，非宁静无以致远。夫学须静也，才须学也，非学无以广才，非志无以成学。"学院是一个立德修学的地方，我们要德技并修，学习研究，学有所成，就必须要静，做到"课堂安静、集会肃静、心态宁静、为人平静"。

（五）智，智慧的智

"智"即智慧、智能。有智者必无惑。子曰："知者不惑"，即是说聪明人不会迷惑。智者能明万物阴阳之本，知万物阴阳之变化。黄石公云："贤人君子明乎盛衰之道，通乎成败之数。审乎理乱之势，达乎去就之理。时至而行，顺机而动。"管子说："四时能变谓之智"，师生要顺应"国家富强、民族振兴、人民幸福"中国梦追求之变化，追求"学院优质、教师优秀、学生优能"之目标，就必须要集大家之智慧、展各自之智能、顺时代之变化，做到"顺时势、辨是非、明善恶、知进退"。

（六）勇，勇敢的勇

"勇"即勇敢、勇气。有勇者必无惧。子曰："勇者不惧"，即是说勇敢的人不会畏惧。"知耻而后勇"，源于"知耻近乎勇"，语出《礼记·中庸》，意为知道羞耻就接近勇敢了，知道对错就能主动学习礼仪，遵守规章制度。面对大是大非敢于亮剑，面对矛盾困难敢于迎难而上，面对危机危险敢于挺身而出，面对失误错误敢于承担责任，面对歪风邪气敢于坚决斗争。面对学习工作生活，要有敢为人先、攻坚克难、担当作为、百折不挠的勇气，做到"勇当先、勇克难、勇担当、勇创新"。

(七)竞，竞争的竞

"竞"即竞争、竞赛。敢竞者才可胜。毛主席说："为有牺牲多壮志　敢叫日月换新天"。习近平总书记说："幸福都是奋斗出来的。"竞争是不甘平庸，追求卓越，它使个人完善，群体上进，社会发展。未来行业的竞争，社会的竞争，主要是人才的竞争，是人的创新精神的竞争。只有创造性的劳动，主动竞争竞赛，方可占有社会空间的一席之地。有竞争才会有活力，通过竞争竞赛能使人振奋精神，奋发进取，全力以赴，充分发挥内在潜能与创造力，提高学习工作效率，促进个人与学院发展。实现个人成长成才，推动学院高质量发展，必须要有竞争意识、竞争胆识、竞争学识、竞争务实，做到"强意识、立胆识、增学识、求务实"。

(八)进，进步的进

"进"即进步、先进。有进取心方可有进步，有进步方可成先进。毛主席教导我们："好好学习，天天向上"，牢记"虚心使人进步，骄傲使人落后"的真理，《荀子·修身》中说："道虽迩，不行不至；事虽小，不为不成。"再冷的板凳，座上三年也会暖，保持上进的心态，每天一点小进步，三年一个大变化。只有人人进步，创新争优，争做先进，才能让学院整体先进。要获得进步必须要有上进心、自信心、进取心、发展心，做到"想进步、能进步、求进步、日进步"。

"德仁敬静"修身做人，"智勇竞进"修学做事。交通信息学院全体员工，应该牢记八字院训，在学习工作生活中身体力行。只要我们按院训要求去努力，"德"字上做到循天德、讲道德、修品德，"仁"字上做到爱党、爱国、爱校、爱人，"敬"字上做到敬法纪、敬学业、敬师长、敬同学，"静"字上做到课堂安静、集会肃静、心态宁静、为人平静，"智"字上做到顺时势、辨是非、明善恶、知进退，"勇"字上做到勇当先、勇克难、勇担当、勇创新，"竞"字上做到强意识、立胆识、增学识、求务实，"进"字上做到想进步、能进步、求进步、日进步，驰而不息，日积月累，学院文化一定会呈现新气象，学院面貌一定会发生新变化，师生精神一定会呈现新状态，院训的磅礴精神力量，必将对未来学院发展、高质量人才培养、师生成长产生积极而深远的影响。

三、学院院风诠释：知行合一，行胜于言

知，即知道。行，即行动。只知不行，是谓知识；知而行之，是谓知

"道"。知行合一就是心里知道就付诸行动，"知而不行，尤如不知"。要做事情，要做好事情，就必须心里知道，要有想法、有构思、有策略、有目标，才能行动，才能达到预想的效果。既要知道，又要行动，两者统一，做到知行合一，有始有终，才能达到尽善尽美。知行合一是人生追求的最高境界，行是知之始，知是行之成。知行合一要求去私欲、存天理，有良知、存良知、致良知。良知就是真善美，就是真诚、善良和美丽。只有知行合一，才会诚实守信，人与人才会更和睦，生活才会更美好，社会才会更和谐。只有知行合一，才能做到"博学之、审问之、慎思之、明辨之、笃行之"，教师师德高尚，爱岗敬业，诲人不倦，学生勤学善思，工学结合，学业有成，才能使我们成就伟大人格，不以物喜，不以己悲，成为高尚的人、充满爱心的人、有良知的人、有责任心的人、对社会有用的人。

行胜于言是成语，"行胜于言"不是不言，而是言必求实，以行证言。"行胜于言"是重视实践、重视实干的体现，是将德技双修落到实处，为学校发展脚踏实地、埋头苦干、改革创新。行胜于言要求少空谈、多做事、能实干、能行动，这是一个人品质和修养的体现。"一语不能践，万卷徒空虚。"言动不如行动，万物于行中运转，社会于行中发展，人生于行中辉煌。只有行胜于言，具备实干、务实的素质，努力去学习创造，才能取得成功的果实。教师要身教重于言教，学生要行动重于言动。幸福是行动、实干、奋斗出来的，只有撸起袖子加油干，我们的未来才会更加美好，我们的学院才会更加优质，我们的社会才会不断进步。

四、学院教风诠释：立德树人，求真力行

立德树人是教师的根本任务和事业追求，求真力行是教师完成任务达成目标的必由之路。德高品自华，学高为人师，身正为示范。教师必须把"立德树人"作为自己毕生的事业和追求，努力培养德智体美劳全面发展的社会主义建设者和接班人，不忘"为党育人、为国育人"的责任使命。将立德树人落实到教育教学和行为生活各方面、各环节、全时段。求真就是求真学问，练真本领，千教万教教人求真，千学万学学做真人；力行就是知行合一，做实干家。求真力行要求教师追求真理，探索规律，身体力行；团结同志，关心每一位同志，爱生如子，关爱每一位学生；工作认真，教学严谨，讲求方法，务求实效；敏于学习，勤于思考，勇于实践，善于总结，勇于改革创新，形成教学风格与个性；忠于职守，爱岗敬业，廉洁从教，乐于奉献。

立德树人是教师的奋斗目标和根本任务，求真力行是方法路径和行动准

则，通过形成"立德树人，求真力行"教风，教师自觉以德立身、以德立学、以德施教、以德育德，坚持"四个统一"，即坚持教书与育人相统一、言传与身教相统一、潜心问道与关注社会相统一、学术自由与学术规范相统一；争做"四有"好教师，即：有理想信念，有道德情操，有扎实学识，有仁爱之心；做好"四个引路人"，即：做学生锤炼品德的引路人，做学生学习知识的引路人，做学生创新思维的引路人，做学生奉献祖国的引路人。

五、学院学风诠释：德技并修，勤学致用

修德就是修养思想品德，加强道德修养，注重道德实践。要求学生把修德作为终身追求，树立社会主义核心价值观，要坚定信念，爱国励志，忠于祖国，忠于人民，立鸿鹄志，做奋斗者；要明辨笃实，善于明辨是非，善于决断选择，遵纪守法，弘扬正气，诚实守信，严于律己；要明礼修身，团结友爱，勤俭节约，艰苦朴素，扎扎实实干事，踏踏实实做人。修技就是勤修技术技能，注重实训实践。"纸上得来终觉浅，绝知此事要躬行"，把实践作为第一方法，坚持工学结合，要学好专业技术，在做中学，在做中悟，在做中得；要练好专业技能，深入练、反复练、长期练、全面练，在实践锻炼中提高能力、增强本领。德是技之帅，技是德之资，要坚持德技并修。

勤学就是勤奋学习，下得苦工夫，求得真本领。明末清初大思想家黄宗羲说："学则智，不学则愚；学则治，不学则乱。自古圣贤，圣德大业，未有不由学而成者也。"学以立德，学以增智，要求全体学生，把学习作为第一要求，要静心学、刻苦学、善于学、全面学、理论联系实际学，学理论、修品德，学知识、懂技术，学操作、强技能，做到学有所悟、学有所得、学有所获、学有所成。致用就是尽其所用，为了实际应用而学习，将学识见识付诸实用，学以致用。要求全体学生，做好职业规划，结合专业岗位需要，懂得专业技术，崇尚专业技能，培养工匠精神，增强就业创业本领。学是用之始，用是学之终，勤学致用，学用结合。

第九章　创新创业教育趋势与展望

我国将进入全面建设社会主义现代化国家的新时代，创新位于现代化建设全局中的核心地位。国家将深入实施科教兴国战略、人才强国战略、创新驱动发展战略，建设创新型国家，以创新推动质量变革、效率变革、动力变革，实现更高质量、更有效率、更可持续发展。创新驱动高质量发展需要创新创业教育提供人才支撑，高职创新创业教育经过近二十年的发展，取得了一定的理论研究和实践探索成果，新时代对高职创新创业教育提出了更高更迫切的新要求，将呈现十大发展趋势。

一、创新创业教育地位更加突出

新时代高职创新创业教育的战略性、重要性地位必将更加突出。

总书记要求使然。2020 年 9 月 11 日，习近平总书记在科学家座谈会上的讲话中指出，我国经济社会发展和民生改善比过去任何时候都更加需要科学技术解决方案，都更加需要增强创新这个第一动力。加强创新人才教育培养。人才是第一资源。国家科技创新力的根本源泉在于人。十年树木，百年树人。要把教育摆在更加重要位置，全面提高教育质量，注重培养学生创新意识和创新能力。总书记明确要求加强创新创业教育，使其地位必然更加突出。

国家核心战略使然。全面建设社会主义现代化国家的新时代，高质量发展成为新时代主旋律，坚持新发展理念首要的是创新，创新是推动高质量发展的第一动力、核心动力，"大众创业、万众创新"成为社会普遍共识，创新驱动发展战略成为新时代的核心战略，地位更加凸显。这就要求创新创业教育赋能国民经济建设发展，为教育强国、人才强国的创新型国家建设培养出更多、更高质量的创新创业人才，其地位必将更加突出。

国家发展推动使然。2018 年《国务院关于推动创新创业高质量发展打造"双创"升级版的意见》指出，我国经济已由高速增长阶段转向高质量发展阶段，对推动大众创业万众创新提出了新的更高要求，并在强化大学生创新创业教育培训方面提出，在全国高校推广创业导师制，把创新创业教育和实践课程纳入高校必修课体系,允许大学生用创业成果申请学位论文答辩。支持高校、职业院校(含技工院校)深化产教融合,引入企业开展生产性实习实训。[94]创新创业教育上升为国家推动,其地位必须更加突出。

高职高质量发展使然。2019年开始,国家推动高职实施中国特色高水平高职学校和专业建设计划(以下简称"双高计划"),建设一批当地离不开、业内都认同、国际可交流的高职学校。"双高计划"通过"引领改革、支撑发展、中国特色、世界水平"的质量内涵建设,推动高职高质量发展,高职创新创业教育将在"双高计划"的落地中,扮演高质量发展的重要"角色",为培养高质量创新型技术技能人才发挥重要作用,创新创业教育在高职教育中的地位只能是更加突出。

二、创新创业教育面向更加全面

新时代高职创新创业教育面向必须更加全面,将"面向全体""面向人人""面向终身"。

一是面向全体学生的教育。教育部提出"创新创业要面向全体学生,融入人才培养的全过程"[95],要坚持"面向全体、注重引导、分类施教、结合专业、强化实践"的教育原则,要"把创业教育融入人才培养体系,贯穿人才培养全过程,面向全体学生广泛、系统开展"。[96]目前高职院校普遍开设了创新创业教育必修和选修课程,面向全体学生的"广谱式"施教已成为高职创新创业教育发展的必然趋势,要将创新创业教育面向全体学生,并贯穿于高职教育教学全过程、各方面,成为"全员、全课程、全过程、全方位"的全校性教育。

二是面向人人的教育。联合国教科文组织提出教育要面向人人,高职创新创业教育也应该面向人人。李克强总理提出"大众创业、万众创新",这就要求对所有人都要培养社会责任感、创新精神、创业意识和创业能力,高职教育将是开放的教育,结合专业开发的创新创业教育课程、文化元素,面向社会开放,通过网络智联,实施泛在化教育,面向在校学生和社会人人开展创新创业教育。

三是面向终身的教育。教育部办公厅等十四部门在《职业院校全面开展职业培训促进就业创业行动计划》中提出,支持职业院校开发具有专业特色的创业课程,建设创业孵化器,对自谋职业和具有创业意向的参训人员进行创业意识、创业知识、创业能力等方面的培训。[97]高职教育的一个重要任务是对社会企业人员的职业培训,促进就业创业,为职业人终身学习服务。所以,新时代高职创新创业教育必然是面向终身的教育。

三、创新创业教育理念更加适应

新时代高职创新创业教育理念更加符合时代要求。高职将主动服务国家创新驱动发展，主动适应高质量发展新要求，"大众创业，万众创新"将成为社会普遍理念，"人人可创新，人人可成才"将成为师生的共同理念，"全域教育、全程教育"将成为创新创业教育实施的核心理念。在这样理念引领下，高职将以习近平新时代中国特色社会主义思想为指导，全面贯彻新发展理念，打造创新创业教育升级版，坚持以立德树人为根本，创新引领创业、创业带动就业，以培养具有创新思维品质、创业基本素质和开创型个性的人才为目标，以推进素质教育为主题，以提高人才培养质量为核心，以创新人才培养机制为重点，以完善创新创业教育服务为支撑，面向全体高职学生，全员、全方位、全课程、全过程开展创新创业教育，加快培养富有创新精神、勇于投身实践的创新创业人才，为创新型国家建设提供创新型技术技能人才支撑。同时，高职将加强学校与科技、经济、社会紧密结合，面向社会有创业意愿群体，开放共享创新创业资源，开展创新创业培训，分阶段、分层次、有针对性地开展创新思维培养和创业能力训练。国家和地方政府将出台更有针对性的创新创业教育促进政策，优化创新创业教育服务体系，政行企校将合力营造并进一步优化有利于创新创业教育的社会环境，提升支撑平台服务能力，大幅降低创新创业成本。学校将坚持线上线下结合、产学研用协同、校企深度融合，增强创新引领创业作用，提升创业带动就业能力，形成"敢为人先、敢冒风险、宽容失败"的创新创业氛围环境，引导更多学生心仪创新创业、投身创新创业、成就创新创业。

四、创新创业教育体制机制更加完善

高职创新创业教育体制机制将更加完善，为创新创业教育高质量发展提供支撑保障。[98]一是创新创业教育主体更名明确。高职学院承担主体责任，应提升创新创业教育在学校发展中的重要战略地位，以"全域教育"理念为引领，强化创新创业教育组织管理体制，把创新创业教育作为人才培养的重要内容，加强顶层设计和规划。二是管理体系更加健全。实施"一把手工程"，高职普遍建立创新创业学院(中心)，成立由校内外专家组成的创新创业教育顾问委员会和职业教育集团下的校企合作指导委员会，建立学校、各二级、各专业创新创业领导小组，健全"三级领导"体系，形成"1+X"组织管理体系，"1"是指学校领导小组办公室，"X"是指强化教务处、学生处、团委、创业就业中心、

财务处、人事处、科研处、国际交流处等部门密切协作，形成多元参与、统一领导、齐抓共管、开放合作、协同高效的创新创业教育组织管理体制。三是机制更加灵活有效。高职创新创业教育要体现时代性，把握规律性，富有创造性，加强机制建设，校内外专家全程参与高层决策管理、指导教育教学改革，形成各组织机构相互配合、合力推进、制度健全、内外协同的创新创业教育运行机制，推动高职创新创业教育治理能力现代化。协同育人趋势明显，建立协同机制，包括政策制度协同、教育内容协同、教育方法协同、教育评价协同、保障支持协同、政产学研协同等。[99] 以高职院校为主体，加强与政府、行业企业、科研院所、相关社会服务机构联系，汇聚资源开展创新创业教育。创新创业教育和人才培养质量评价机制、与专业教育融合机制、第一课堂与第二课堂有机结合机制不断完善。健全完善创新创业教育管理制度，如创新创业项目立项、中期检查、成果评价及质量管理制度、促进学生技能大赛激励制度，全面实施弹性学制，建立创新创业学分积累与转化制度、在线开放课程学习认证和学分认定制度，激发大学生创新创业的活力。

五、创新创业教育体系更加健全

习近平总书记指出"抓创新就是抓发展，谋创新就是谋未来"，经济高质量发展要从"有没有"向"好不好"转变，从"旧动能"向"新动能"提升，从"积累量"到"提升质"发展，这就要求高职高质量的创新创业教育适应新发展要求。如何完善高职创新创业教育体系，推动高职创新创业教育高质量发展将成为重要课题。一是国家政策支持体系将更加有力。国家通过改革科技管理体制，加强创新政策评估督查与绩效评价，形成职责明晰、积极作为、协调有力、长效管用的创新治理体系，政府推进创新的作用发挥更好，为创新创业教育提供正向引导和有力支持。二是高职院校创新创业教育体系将日臻完善。创新创业文化逐步形成，创新创业教育"文化导育"将体系化；根据人才培养定位和创新创业教育目标要求，人才培养方案更加注重专业教育与创新创业教育有机融合，调整专业课程设置，强化创新创业课程，挖掘和充实各类专业课程的创新创业教育资源，在传授专业知识过程中加强创新创业教育，面向全体学生开设有关创新方法、专业前沿、创业基础、就业创业指导等方面的必修课和选修课，纳入学分管理，建设依次递进、有机衔接、科学合理的创新创业教育专门课程群，创新创业教育"课程全育"将体系化；组织专业带头人、行业企业优秀人才，联合编写具有科学性、先进性、适用性的创新创业教育教材，创新创业教材将体系化；创新创业教育优质课程信息化建设加快步伐，资源共享的慕课、视频公开课等在线开放课程不断推出，在线开放课程学习认证和学分认定制度不断建立，创新创业课程教学将更加信息化；"课程实践化、实践课程化"[100]趋势明显，高职技术技能培养更加突出，产教融合更加深入，"1+X"证书在各专业试点后普遍实施，技能大赛覆盖面不断扩大，创新创业教育"项目训育"实践将体系化；教育教学评价更加注重学校创新创业教育成果和教师学生创新创业成果，开展多元教育教学评价，创新创业教育教学评价多元化，创新创业教育"评价促育"将体系化；在高职学院里，创新创业学院、创业孵化基地、技能实践基地、合作研发基地、创客空间等平台不断健全完善，创新创业"平台保育"将体系化。

六、创新创业教育模式更加创新

创新创业教育模式是指在创新创业思想指导下，在一定环境中建立起来的相对稳定的创新创业教育活动程序、方式和方法。高校成立创新创业学院、建立创业孵化基地、构筑创新创业教育体系都是对创新创业模式的有益尝试。[101]高职在借鉴国内外高校创新创业教育经验，结合高职环境，逐步形成了由学校、企业、政府相结合的合作教育模式，即在政府引导、高校实施、企业协作下而形成的"三位一体"协同模式。其中，学校主体出台相关政策激励、优化人才培养方案、创新创业类课程和教材建设、创新创业教育师资队伍建设、实践平台建设和学生实训能力提升；企业协作开展校企合作，通过共建创新创业实训平台、师资支持、课程与教材建设、资金支持等方式来协同育人；政府引导通过出台政策支持、资金支持、实训平台建设支持来引导育人。未来，学校、企业、政府相结合的"三位一体"协同教育模式将成为高职院校创新创业教育的主导模式。同时，将更加强调高职主体地位，在"创新、协调、绿色、开放、共享"理论指引下，持续开展创新创业教育模式创新，普遍成立创新创业学院(中心)，建立创业孵化基地，开设"创业班"，将创新创业教育融入人才培养全过程，加强专业教育、创新创业教育、素质教育融合，不断创新全员参与、全方位推进、全课程贯穿、全过程实施的"四全"创新创业育人模式。

七、创新创业教育"三教"改革更加深入

创新创业教育的教师、教材、教法"三教"改革，是推进高职创新创业教育高质量发展的重要抓手。新时代创新创业教育"三教"改革将更加深入，通过打造一支德技精湛的教师队伍，"赋能"教师以提升教师创新创业教育改革

能力；通过建设一批内容形式精良的创新创业教材，"升级"教材以推动教材改革，通过形成一套精准施教的创新创业教法，"激活"教法以推动教学改革。高职院校将明确全体教师创新创业教育责任，完善专业技术职务评聘和绩效考核标准，加强创新创业教育的考核评价。建立创新创业教育与创业就业指导专职教师队伍定期考核评价制度。聘请各行各业优秀人才，担任专业课、创新创业课授课或指导教师，制定兼职教师管理办法，形成学校创新创业导师人才库。将提高高职教师创新创业教育的意识和能力作为岗前培训、课程轮训、骨干研修的重要内容，建立相关专业教师、创新创业教育专职教师到行业企业挂职锻炼制度。加快完善高职科技成果处置和收益分配机制，支持教师以对外转让、合作转化、作价入股、自主创业等形式将科技成果产业化，鼓励教师带领学生创新创业。教材是课程标准的具体化，是教学内容的依据素材，是人才培养的重要载体。高职所有课程教材将融入创新创业理念和元素，体现专业与创新创业教育的融合，充分应用信息资源，开发创新创业立体教材，服务线上线下结合教学，聚焦书证衔接融通，开发专业融创新型教材，完善教材选用机制，规范使用创新创业通用教材。高职创新创业教育方法将持续改进，广泛开展启发式、讨论式、参与式、探究式教学，持续推动教师把国际前沿技术发展、最新研究成果和实践经验融入课堂教学，注重培养学生的批判性和创造性思维，激发创新创业灵感。

八、创新创业教育课程体系更加完备

创新创业教育课程体系将不断健全、更加完备。高职院校将根据人才培养定位和创新创业教育目标要求，与地方经济发展需求相贴合、与高职院校人才培养目标相一致、与专业特色教育相融合、与学生需求相适应不断健全完善创新创业教育课程体系，促进全课程贯穿创新创业教育，促进专业教育与创新创业教育有机融合，调整专业课程设置，增加创新创业专项课程，挖掘和充实各类专业课程的创新创业教育资源，在传授专业知识过程中加强创新创业教育。面向全体学生开设有关研究方法、专业前沿、创业基础、就业创业指导等方面的必修课程和选修课程，纳入学分管理，建设依次递进、有机衔接、科学合理的创新创业教育专门课程群。各高职院校将加快创新创业教育优质课程信息化建设，推出一批资源共享的慕课、视频公开课等在线开放课程。建立在线开放课程学习认证和学分认定制度。创新创业课程体系建设，将坚持以学生为中心的基本原则、以创业就业为导向的发展原则、以创新创业教育和专业教育深度融合的核心原则，结合不同学年阶段学生知识基础和学习需求的共性和特性，全方位优化课程结构和内容，采取必修与选修、理论与实践、显性与隐性、线上与线下相结合，实施专项课程主育、所有课程渗透、实践课程强化，形成所有课程全贯穿、全渗透的培养格局，构建多层次、层递进、立体化的"三维立体化"创新创业课程全育体系。

九、创新创业教育平台服务更加开放

创新创业教育平台服务将更加开放。一是学校平台服务对社会企业开放，二是社会企业平台服务对学校开放，三是信息网络平台服务全面开放，四是平台服务国际化开放。高职院校将普遍建立健全创新创业指导服务专门机构，做到"机构、人员、场地、经费"四到位，对自主创业学生实行持续帮扶、全程指导、一站式服务，对社会企业有创新创业学习意愿人员进行开放式培训服务，校企合作平台更加深入融合，建立校企联合的创新创业教育机制。地方、高职两级信息服务平台不断完善，全国大学生创业服务网功能更全面，能为创新创业者实时提供国家政策、市场动向等信息，做好创业项目对接、知识产权交易等服务。网络培训服务平台不断优化，各地区、各有关部门将积极落实高校学生创业培训政策，研发适合学生特点的创业培训课程，鼓励高校自主编制专项培训计划，或与有条件的教育培训机构、行业协会、群团组织、企业联合开发创业培训项目，实施开放式服务。各地区和具备条件的行业协会针对区域需求、行业发展，将定期发布创业项目指南，引导学生识别创业机会、捕捉创业商机。政策保障和资金支持平台服务更加有力，各地区、各有关部门将整合发展财政和社会资金，支持创新创业活动；各高等院校将优化经费支出结构，多渠道统筹安排资金，支持创新创业教育教学，资助学生创新创业；中国教育发展基金会设立大学生创新创业教育奖励基金，用于奖励对创新创业教育作出贡献的单位；更多社会组织、公益团体、企事业单位和个人将设立大学生创业风险基金，以多种形式向自主创业者提供资金支持，大学生创业引领计划深入实施，各项扶持政策和服务措施有效落实，互联网创业的扶持政策更加有力。推进建立国际化创新创业开放服务平台，坚持引进来与走出去相结合，加强国际交流合作，促进国际国内创新创业教育资源交流共享，创新创业教育国际化水平逐步提升。

十、创新创业教育评价更加有效

创新创业教育评价是促进高职创新创业教育自我完善，实现创新创业教育绩效提升的重要环节。高职将修订实施高职专业教学标准，明确高职创新创业教育目标要求，使创新精神、创业意识和创新创业能力成为评价人才培养质量的重要指标。高职创新创业考核评价将构建宏观、中观、微观三个层面的考核评价体系，使创新创业教育评价更加有效。宏观层面主要包括国家、省级教育主管部门和社会评估机构对企业参加创业扶持情况和高校创新创业教育与实践情况的评价；中观层面主要包括高职院校自身对创新创业教育质量的自我评价，企业对合作育人高职院校创新创业教育情况和大学生创业实践表现的评价；微观层面主要包括对学生和教师的创新创业能力、素质和效果的评价，学生对高校、政府、企业提供创新创业教育服务的满意度评价等。[102]将考核评价结果与评价对象的奖惩挂钩，政府评价结果与高职办学水平和经费投入挂钩，教师评价结果与其年度考核、津贴评定、职称晋升等挂钩，建立学分银行，将学生创新创业成果替换学分，并作为其评奖评优等的重要依据。

参 考 文 献

[1]张立昌.创新·教育创新·创新教育[J].华东师范大学学报(教育科学版),1999(04):3-5.

[2]游永恒.创新教育的基本特征[J].中国教育学刊,2000(03):25-27.

[3]吴华,罗海萍.创新教育与教育创新[J].清华大学教育研究,1999(04):3-5.

[4]张平.创业教育:高等教育改革的价值取向[J].中国高教研究,2002(12):45-46.

[5]高晓杰,曹胜利.创新创业教育——培养新时代事业的开拓者——中国高等教育学会创新创业教育研讨会综述[J].中国高教研究,2007(07):91-93.

[6]吴泽俊.高校创新创业教育及其启示[J].南昌工程学院学报,2007(05):18-22.

[7]王贤芳,孟克.论高校创新创业教育体系之重构[J].教育教学论坛,2012(02):118-120.

[8]教育部关于大力推进高等学校创新创业教育和大学生自主创业工作的意见(教办〔2010〕3号)[Z].

[9]国务院办公厅关于深化高等学校创新创业教育改革的实施意见(国办发〔2015〕36号)[Z].

[10]孙爱武.黄炎培职业教育目的观的内涵与路径思考[J].教育与职业,2013(35):29-30.

[11]梁素青等.职业指导[M].北京:石油工业出版社,1999:175.

[12]胡伟武.如何克服科技与经济"两张皮"[N].光明日报,2012-12-13(016).

[13]罗星海.高职创新创业教育的探索与实践历程[J].武汉职业技术学院学报,2017,16(04):18-21.

[14]罗星海,吴一丹.高职人才培养制度与人才培养模式的变革历程[J].教

育与职业, 2013(6)：12-15.

[15]施永川. 我国高校创业教育十年发展历程研究[J]. 中国高教研究, 2013 (4)：69-73, 69.

[16]习近平就加快发展职业教育作出重要指示[EB/OL]. http：//cpc. people. com. cn/n/2014/0624/c64094-25189804. html.

[17]张伟星. 以"全域教育"理念引领高校创新创业教育[EB/OL]. https：// www. sohu. com/a/229129047_ 267106.

[18]李萍, 郑旭. 美英日大学科技园创新创业人才培养特点及启示[J]. 科技 管理研究, 2012, 32(06)：96-99.

[19]胡桃, 沈莉. 国外创新创业教育模式对我国高校的启示[J]. 中国大学教 学, 2013(02)：91-94.

[20]R. adharamanan, Jeng-NanJuang. Innovation and Entrepreneurship Education in Engineering [M]// Proceedings of the 2nd International Conference on Intelligent Technologies and Engineering Systems (ICITES2013). Springer International Publishing, 2014.

[21]林雪治. 应用型高校创新创业教育课程体系构建研究——国外高校成功 经验的借鉴与启示[J]. 河北农业大学学报(农林教育版), 2015, 17 (05)：52-54, 59.

[22]郝杰, 吴爱华, 侯永峰. 美国创新创业教育体系的建设与启示[J]. 高等 工程教育研究, 2016(02)：7-12.

[23]谭德新. 浅谈大学生创新创业计划的重要性[J]. 教育教学论坛, 2014 (10)：47.

[24]张伟娟. 高职院校创新创业教育存在的问题及对策[J]. 文学教育(下). 2015(04)：105.

[25]刘洋. 高职大学生个性化教育与创新创业能力培养——以商务英语专业 为例[J]. 黄冈职业技术学院学报, 2015(01)：32-34.

[26]刘喻, 卢晓春, 陈玲. 高职院校创新创业教育课程体系构建[J]. 高教论 坛, 2017(07)：109-111.

[27]S Jones, S Underwood. Understanding students ' emotional reactions to entrepreneurship education：A conceptual framework [J]. Education & Training, 2017, 59 (3)：657-671.

[28]B Johannisson. Limits to and prospects of entrepreneurship education in the academic context[J]. Entrepreneurship & Regional Development, 2018, 28

（5-6）：1-21.

[29]白桂银，刘解放，刘艳平．职业技能大赛促推人才培养模式改革的实践探索[J]．教育与职业，2019（14）：105-108.

[30]陈燕，崔顾芳．新时代高职院校大学生创新创业实践探索[J]．教育与职业，2020（22）.

[31]李德平，游艺．基于高校创业教育的文化体系构建研究[J]．东华理工大学学报（社会科学版），2020，39（02）.

[32]杨勇，商译彤．高质量发展导向下高职创新创业教育系统构建的意义、取向与路径[J]．教育与职业，2020（08）.

[33]王莹，徐瑾．高职院校创新创业文化的构建[J]．职教论坛，2016（02）：39-41.

[34]高振发．常州高职园区创新创业文化的构建研究[J]．职教论坛，2016（26）：43-47.

[35]华坚，赵癸萍，强伟纲．高职院校培育创新创业文化路径的研究[J]．中国职业技术教育，2017（02）：92-96.

[36]陈向军，陈金波．创新创业文化及其发展[J]．宏观经济管理，2015（09）：75-77.

[37]吴刚，陈桂香．文化哲学视域下高校创新创业文化培育[J]．教育与职业，2014（32）：112-114.

[38]何孟原，吴金秋．"融入式"创新创业教育视阈下创新创业文化建设研究[J]．黑龙江教育（理论与实践），2014（02）：64-65.

[39]罗星海．高职院校开展创新创业教育的尝试——以湖北交通职业技术学院为例[J]．武汉船舶职业技术学院学报，2018，17（03）：1-6.

[40]熊枫．G省高校创新创业课程体系构建研究[D]．贵州师范大学，2018：23.

[41]王晶．创新发展视域下高职院校创新创业教育路径研究[J]．山西青年，2019（11）：48.

[42]仝焕君．高职院校创业教育课程体系建设研究[D]．河南大学，2016：17.

[43]刘杨．高校创业教育误区的原因分析及消解路径选择[J]．许昌学院学报，2019，38（01）：153-156.

[44]郭志平，丁艳峰，夏玲娜．大学生"链式"创新创业教育体系的实践探索[J]．浙江海洋学院学报（人文科学版），2016，33（03）：77-80.

[45]任秀英，王洋，方磊．高职院校创新创业教育与专业教育融合的问题与对策研究[J]．林区教学，2020(05)：46-49.

[46]朱小兵．高职双创教育课程现状调查与分析[J]．山东商业职业技术学院学报，2016，16(05)：56-59.

[47]潘堂忠．基于产教融合的高职院校创新创业教育与专业教育的融合研究[J]．现代职业教育，2018(28)：6-7.

[48]耿丹．新形势下大学生创新创业教育分析[J]．文存阅刊，2017(20)：76.

[49]何延宏，王志伟，高春．土木工程专业创新创业课程体系的建立与研究[J]．黑龙江高教研究，2016(10)：160-162.

[50]李瑞星．新常态下高职创新创业教育的现实困境与推进路径[J]．现代职业教育，2019(21)：82-83.

[51]杨静．高职院校创新创业教育体系构建研究[J]．金田，2013(06)：176.

[52]牛金成，陆静．以创业精神培育为主导的创业教育路径探析[J]．广州职业教育论坛，2013，12(01)：41-44，60.

[53]周文斌．职成院校在现代教育中的地位与育人功能[J]．科技风，2017(15)：51.

[54]段丽华，刘艺．基于"专业+"的高职院校创新创业教育体系研究与实践[J]．职教论坛，2016(28)：23-27.

[55]潘燕．我国高校创业教育课程建设研究[D]．中南民族大学，2010：27.

[56]周婧，文瑜．应用型本科院校创新创业教育现状研究[J]．当代教育实践与教学研究，2018(09)：170-171.

[57]张华，李洪波，杨启志，李耀明，徐占东．提升大学生创新创业的环境因素研究[J]．价值工程，2017，36(15)：163-165.

[58]孙斌．双创升级背景下高职院校开放共享型创业孵化基地建设与运行分析[J]．科技资讯，2020，18(14)：204-205.

[59]宁钟，李佩文．高校创业教育研究文献综述[J]．教育教学论坛，2012(39)：255-257.

[60]付琳娜．地方高师院校实践教学的现状与对策研究[J]．长春师范大学硕士学位论文，2017：24.

[61]单中惠．现代教育的探索：杜威与实用主义教育思想[M]．北京：人民教育出版社，2002：75.

[62]刘广利，汤慧丽．杜威的"从做中学"教学理论及对我国基础教育的启示[J]．继续教育研究，2008(5)：84-86.

[63]邹艳春．建构主义学习理论的发展根源与逻辑起点[J]．外国教育研究，2002，29(5)：27-29.

[64]杨维东，贾楠．建构主义学习理论述评[J]．理论导刊，2011(05)：77-80.

[65]顾明远．教育大辞典[Z]．上海：上海教育出版社，1998：178.

[66]甘霖．高校实践育人研究[M]．北京：人民出版社，2015：152.

[67]时伟．论大学实践教学体系[J]．高等教育研究，2013(07)：61-64.

[68]吴国英．高校人文社科专业实践教学体系的构建[M]．北京：中国社会科学出版社，2010：109.

[69]顾力平．高职院校实践教学体系构建研究[J]．中国高教研究，2005(11)：67-68.

[70]陆春萍，赵明仁．世界一流大学创业教育实践项目的特点分析——以麻省理工学院和斯坦福大学为例[J]．高等工程教育研究，2020(04)：174-179.

[71]于兆勤，张育广，刘琼辉，王长宏．创新创业训练与孵化基地建设探索与实践[J]．实验室研究与探索，2019，38(05)：238-240，248.

[72]张文才，何敏学．地方体育院校"一体四课堂"创新创业教育的实践与思考——以吉林体育学院为例[J]．职业技术教育，2019，40(26)：60-63.

[73]孙红艳．高职院校创新创业教育：理念转型和模式重构[J]．高等职业教育探索，2017，16(03)：8-13.

[74]李永道，林琳．高职院校大学生创新创业路径探究——以山东商业职业技术学院为例[J]．山东商业职业技术学院学报，2019，19(01)：62-64.

[75]陈玲，徐晓艳，林杭．工科大学生创新创业教育综合实践平台建设与实践[J]．实验室研究与探索，2017，36(12)：180-184，197.

[76]游艺，李德平．创新创业教育融入专业教育的实践教学改革探讨[J]．社会科学家，2018(02)：119-123.

[77]胡华中．基于实践导向的大学生创新创业教育模式[J]．教育与职业，2018(18)：85-88.

[78]夏亮．高校创业实践教学的现状、问题及改善[J]．教育现代化，2017(8)：41-43.

[79]赵毅．基于理论与实践相结合的高校创业教育体系构建探析[J]．经济研究导刊，2014，225(7)：261-262.

[80]郭志达，华菊翠．面向创新创业能力培养的地方高校实践教学改革研究

[J]．高等农业教育，2015（11）：56-60．

[81]刘鸫根，钟健．高职创新创业人才培养的实践与创新——以深圳职业技术学院为例[J]．职教通讯，2013（20）：12-16．

[82]杨勇．高职院校学生科技创新创业支撑平台的构建．产业与科技论坛，2012，11（05）：177-178．

[83]罗星海．高职院校开展创新创业教育的尝试——以湖北交通职业技术学院为例[J]．武汉船舶职业技术学院学报，2018，17（03）：1-6．

[84]居珈璇．高职院校学生创新创业实践平台的构建[J]．长沙民政职业技术学院学报，2014，21（03）：107-109．

[85]黄本笑，黄芮．大学生创新创业实践平台建设文献综述[J]．生产力研究，2014（01）：140-145．

[86]刘凯．高职院校学生创新创业平台建设研究[J]．船舶职业教育，2018，6（06）：77-79．

[87]彭鑫艳．高校实践育人创新创业载体和平台建设研究综述[J]．辽宁高职学报，2016（12）：74-76．

[88]肖汉．理工科大学生创新创业教育实践平台建设研究：以惠州学院为例[J]．惠州学院学报，2017（01）：125-128．

[89]于佳．高职大学生创新创业教育与创业实践平台建设的探索[J]．创新创业理论研究与实践，2018，4（08）：121-122．

[90]罗兰．高校创新创业教育评价体系构建策略研究[D]．东北师范大学，2018：31．

[91]教育测量与评价[M]．许建铖、赵世诚、杜智敏、郑晓齐编译．北京：教育科学出版社，1992：124．

[92]刘本固．教育评价的理论与实践[M]．杭州：浙江教育出版社，2000：171．

[93]陈雄一，胡明宝．构建素质教育评价体系的意义与原则[J]．湖南社会科学，2003（3）：154-156．

[94]国务院关于推动创新创业高质量发展打造"双创"升级版的意见[S]．国发〔2018〕32号．

[95]教育部关于大力推进高等学校创新创业教育和大学生自主创业工作的意见[S]．教办〔2010〕3号．

[96]教育部办公厅关于印发《普通本科学校创业教育教学基本要求（试行）》的通知[S]．教高厅〔2012〕4号．

[97]教育部办公厅等十四部门关于印发《职业院校全面开展职业培训促进就业创业行动计划》的通知[S]．教职成厅[2019]5号．

[98]王占仁．中国创业教育的演进历程与发展趋势研究[J]．华东师范大学学报(教育科学版)，2016，34(02)：30-38，113．

[99]宋之帅，王章豹．我国创新创业教育生态系统演进历程与发展趋势[J]．中国高等教育，2020(02)：38-39，54．

[100]王占仁．中国创新创业教育史[M]．北京：社会科学文献出版社，2016：176．

[101]李瑞星．中国创新创业教育模式发展趋势研究[J]．中国大学生就业，2016(08)：50-54．

[102]宋之帅，王章豹．我国创新创业教育生态系统演进历程与发展趋势[J]．中国高等教育，2020(02)：38-39，54．